Walter Volz

Reise durch das Hinterland von Liberia im Winter 1906-1907

weitsuechtig

Walter Volz

Reise durch das Hinterland von Liberia im Winter 1906-1907

ISBN/EAN: 9783956560248

Auflage: 1

Erscheinungsjahr: 2013

Erscheinungsort: Bremen, Deutschland

@ weitsuechtig in Access Verlag GmbH. Alle Rechte beim Verlag und bei den jeweiligen Lizenzgebern.

weitsuechtig

Dr. Walter Volz

Reise durch das Hinterland von Liberia
im Winter 1906—1907

Nach seinen Tagebüchern bearbeitet
von
Dr. Rudolf Zeller

Bern — Verlag von A. Francke — 1911

Jnhalts-Verzeichnis.

		Seite
I.	Einleitung	1
II.	Reise von Sherbro nach Baiima und zurück nach Freetown	14
III.	Von Baiima nach Kambahun	50
IV.	Von Kambahun nach Loma	73
V.	Loma	89
VI.	Von Loma nach Sigitta	107
VII.	Von Sigitta nach Bussamai	135

I. Einleitung.

Die geographische Erforschung *Liberias* ist im Vergleich mit den benachbarten Ländern, der Sierra Leone, der Elfenbeinküste und selbst des im Innern liegenden Nigergebietes, auffallend im Rückstand geblieben. Es kann dies auf die eigenartigen politischen Verhältnisse zurückgeführt werden, unter denen dieses Land heute noch steht.

Als sogenannte Pfefferküste war das heutige Liberia allerdings ebensowenig einladender Natur als die übrigen Küstenstriche Westafrikas. Sklavenhändler haben sich zuerst an diesen ungesunden Gestaden eingenistet, dann folgten langsam die Kaufleute. Während aber in Senegambien, in der Sierra Leone und neuerdings an der Elfenbeinküste die europäischen Staaten als Besitzer des Landes dasselbe wirtschaftlich und wissenschaftlich zu erschliessen suchten und hierin, dank der Mittel des Mutterlandes, schon seit geraumer Zeit Erhebliches geleistet haben, ging Liberia einen andern Weg.

Die Pfefferküste war von der im Jahre 1817 gegründeten amerikanischen Kolonisationsgesellschaft dazu ausersehen worden, die freigelassenen amerikanischen Neger aufzunehmen. Aber von der ersten Landung solcher am Kap Mesurado im Jahre 1821 bis in die neuesten Zeiten hinein war diese Kolonisation ein steter Kampf, zunächst gegen eingeborne Häuptlinge und spanische Sklavenhändler, dann gegen die Engländer, welche von der Sierra Leone her vertragsgemäss Liberia zugesprochene, aber von ihm nicht besetzte Gebiete wegnahmen, zuletzt bis vor wenigen Jahren gegen die Franzosen, welche von Osten und Norden her die nicht fest begrenzte Kolonie einzuengen suchten.

Bei alledem fehlte dem jungen Staatswesen das starke Mutterland. Hervorgegangen aus den Bestrebungen rein philanthropischer Kreise, entbehrte die Kolonie der schützenden Hand eines mächtigen Staates. Die Union, in deren Gebiet die Kolonialgesellschaft gegründet worden und auch ihren Sitz hatte, wagte nicht, tatkräftig für diese gleichsam private Schöpfung einzustehen, um es nicht allzusehr mit England zu verderben. So mussten die Ansiedler zunächst, von der Küste aus den Boden fast Fuss für Fuss erkämpfend, die Grundlagen ihrer Existenz erst schaffen, mussten sich von England namentlich die grössten Demütigungen gefallen lassen, ohne sich dagegen wehren zu können; denn es fehlte am Nötigsten, was zum Gedeihen einer Kolonie unentbehrlich ist, an Geld. Nur sehr langsam gewann das inzwischen selbständig gewordene Staatswesen festen Grund in den Küstengebieten, soweit sie ihm von England und Frankreich zugebilligt worden waren, und erst ganz neulich stand es im Begriff, auch im Hinterland festen Fuss zu fassen und durch Besetzung der Städte den Besitz nach aussen zu dokumentieren. Es war aber auch die höchste Zeit dazu; denn von Norden her drangen die Franzosen in breiter Front gegen Liberia vor, und bei den unleugbaren Vorteilen, deren sich die eingeborne Bevölkerung in den französischen Gebieten erfreute, waren die Grenzstämme nur allzugerne bereit, die liberianische Oberhoheit gegen die französische umzutauschen. Erst im Jahre 1908 ist es zu einem Abkommen mit Frankreich gekommen, so dass Liberia endlich nach allen Seiten hin feste Grenzen hat.

Die eben skizzierten Zustände lassen es nun sehr begreiflich erscheinen, wenn das Hinterland von Liberia noch heute auf den Karten als eine Art terra incognita dasteht. Die klimatischen Verhältnisse des Landes sind nicht einladend, die Flüsse nur wenig benutzbar; im übrigen ist das Land bis gegen die Nordgrenze hin ein unendlicher Urwald, der dem Eindringen und der Erforschung grosse Hindernisse in den Weg legt und in seiner Einförmigkeit von vornherein den Forscher nicht so reizt, wie ein Bergland oder wie grosse Flüsse dies vermögen. Es kommt hier auch in Wegfall der politische Hintergrund so vieler moderner Forschungsreisen, wo die wissenschaftliche Erkundung nur den Vorwand für die Besitzergreifung abgibt, und endlich fehlt dem Reisenden das Gefühl einer durch den Staat gewährleisteten Sicherheit, schreibt doch Hübner[1]) noch im Jahre 1903: «Die Macht der Republik reicht kaum eine Tagereise weit in den Busch.»

Die Hauptzüge in der Erforschungsgeschichte Liberias können daher in wenigen Worten dargestellt werden. Wohl ist die Literatur über Liberia nicht klein, aber wie schon Büttikofer hervorhebt, beschlägt sie hauptsächlich die Geschichte der Kolonie und Republik, so dass für das eigentlich Geographische nur weniges abfällt. Für das Küstengebiet sind die Reisen und Aufnahmen des Schweizers J. *Büttikofer* noch immer die bedeutendste Leistung und seine «Reisebilder aus Liberia» das standard work, bei dem man sich zuerst Rat holt. Seit 1890, in welchem Jahre dieses Werk erschien, ist nichts Besseres oder auch nur annähernd so Gutes über Liberia publiziert worden. Aber während die Küstenzone, nicht zum mindesten durch Büttikofers Arbeiten, nun doch einigermassen kartographisch festgelegt ist, sehen wir das Hinterland noch auf den neuesten Karten als weisse Fläche, durchzogen von gestrichelten Flussläufen und erkundeten alten Sklavenstrassen mit Ortschaften, die fast auf jeder Karte wieder anders lauten.

Das Nigerproblem, auf welches lange Zeit hindurch die Anstrengungen der Forschungsreisenden gerichtet waren, ist der oben geschilderten politischen Verhältnisse wegen von den europäischen Kolonien aus angepackt worden. Von Senegambien, dann namentlich von der Sierra Leone haben schon früh Vorstösse gegen das Mandingoland stattgefunden, und an der Elfenbeinküste sind es namentlich die Franzosen — ich nenne nur Binger — die in der geographischen und wirtschaftlichen Erschliessung Grosses geleistet haben. Aber beide zum Niger gerichtete Strömungen gingen an Liberia vorbei; es lag gleichsam in einem toten Winkel zwischen den zwei Explorationszonen im Westen und Osten. So blieb es bis in die neuere Zeit wesentlich den Liberianern vorbehalten, aufklärend von der Küste in das Hinterland einzudringen, und sie hätten dies gewiss auch

---

[1]) *Hübner, A.,* Ins Hochland von Liberia. Petermanns Mitteilungen 1903, Seite 174.

in erheblicherem und erfolgreicherem Masse getan, wenn die Vorbedingungen dafür in geographisch geschultem Personal und reichen finanziellen Hilfsquellen, verbunden mit staatlichem Schutz, vorhanden gewesen wären. So aber kam man nicht über einige an sich nicht wertlose, aber für die Wissenschaft unfruchtbare Versuche hinaus.

Derart unternahmen zwei Eingeborne bezw. Liberianer, *Seymour* und *Ash*, eine Expedition in das Innere bis in das Hinterland der Elfenbeinküste.[1]) Für die Wissenschaft bedeutsamer war die Reise von Benjamin *Anderson*, der im Auftrage und mit Unterstützung zweier Liberiafreunde, H. M. Schiffelin und C. Swan aus New York, von der Küste in einem Kreuz- und Querzuge bis nach der Stadt Musardu im Mandingo-Hinterland gelangte. Das war im Jahre 1868, und Anderson hat darüber eine Reisebeschreibung mit Karte publiziert.[2]) Anderseits verzeichnen die französischen Karten[3]) eine zweite Reise Andersons vom Jahre 1874, die eine Abzweigung der ersten und gleichsam einen neuen Rückweg nach Monrovia darstellt, aber in unglaublichen Hin- und Herzügen besteht, welche die grössten Zweifel erwecken würden, wenn Anderson nicht Geometer gewesen wäre. Diese ganz sonderbaren Zickzackrouten Andersons haben auch nicht ermangelt, den Verdacht wachzurufen, dass sie in Wirklichkeit nicht ausgeführt worden seien, und *Chr. vom Cassel*[4]) unternahm es 1903 nachzuweisen, dass die Reisen Andersons, abgesehen von ihrer unsicheren Datierung zwischen 1868 und 1874, unhistorisch seien und dass Anderson wahrscheinlich gar nicht weiter in das Innere gelangt sei, sondern seine Angaben von Gefangenen und andern, die zufällig den Weg zur Küste fanden, erhalten habe. Wie dem auch sei, zur geographischen Erschliessung des Hinterlandes haben diese Reisen wenig beigetragen. In wissenschaftlicher Art wurde das Problem erst angepackt von *J. Büttikofer*, damaligem Konservator am zoologischen Reichsmuseum in Leiden. Von 1879—1882 und dann noch einmal von 1886—1887

---

[1]) Prooced. Roy. Geogr. Soc. London 1860. S. 184.
[2]) Narrative of a Journey to Musardu, New-York 1870.
[3]) So z. B. die «Carte de l'Afrique» im Massstab von 1 : 2,000,000.
[4]) Géographie économique de la haute Côte d'Ivoire occidentale (Ann. géogr. 1903).

bereiste der Genannte zu zoologischen Forschungen die Küstengegenden vom Sinoe- bis zum Mafa-River und drang dem St. Paul-River entlang in das Innere bis Geweh. Wenn schon der Vorstoss landeinwärts kaum 100 km betrug, so sammelte anderseits Büttikofer einen solchen Schatz von Beobachtungen geographischer, naturwissenschaftlicher und ethnographischer Art, dass seine 1890 erschienenen «Reisebilder aus Liberia» heute noch, wie bereits erwähnt, das beste Buch der Liberialiteratur darstellen, und vieles, was für die der Küste näher gelegenen Waldgebiete charakteristisch ist, hat auch Geltung für das Innere. Trotz dem unbestreitbaren Erfolge der Büttikoferschen Publikationen[1]) vermochten dieselben die Erforschung des Hinterlandes nicht in Fluss zu bringen, und zwar wohl aus den eingangs genannten Gründen. Es vergehen fast zehn Jahre, bis wieder ein bedeutenderes literarisches Zeugnis über eine Begehung des Hinterlandes sich zeigt. 1891 erscheint das Buch «The Sherbro and its Hinterland» von *T. J. Alldridge*, langjährigem Distrikts-Comissioner von Sherbro, der während seiner mehr als 30jährigen Amtstätigkeit grosse Reisen gemacht und 1889 vom Sulima-River über Baiima und Kanre Lahun weit in das Innere von Liberia gekommen ist. Sein von guten Bildern unterstützter Reisebericht macht einen Teil des genannten Buches aus und gibt über grosse Gebiete überhaupt die ersten Nachrichten. Die kilometrische Länge dieser Reise ist grösser, als die dem Buche beigegebene Karte vermuten lässt. Die auch ethnologisch bedeutsame Publikation von Alldridge hat Volz jedenfalls als gute Vorbereitung, ja wohl geradezu als wissenschaftliche Basis gedient.

Einige Jahre später versuchte *A. Hübner* einen Vorstoss ins Innere von Monrovia aus, worüber er in Petermanns Mitteilungen 1903 kurz berichtet. Er gelangte bis nach Boporu, am Fusse des savannenartigen Golahlandes, und meint, die Franzosen hätten diese Stadt vom Sudan aus wohl schon öfters besucht. Trotzdem die Eingebornen dies erzählten, ist diese Tatsache, wie wir sehen werden, sehr unwahrscheinlich.

[1]) Ausser dem Reisewerk erschienen solche, diesem vorangehend, in der Tidskr. Nederland. Aardr. Genootsch. 1884 und 1886, sowie in den Jahresberichten der Geogr. Ges. von Bern 1883 u. 1885—87, endlich im Internationalen Archiv für Ethnographie, 1888.

Der damalige Stand der geographischen Kenntnisse findet sich zusammengefasst in der Sketch Map of the Republic of Liberia, welche H. H. *Johnston* einer kleinen Landeskunde von Liberia beigegeben hat,[1]) die 1905 erschien. Wir sehen darauf das Innere von Liberia durchzogen von punktierten und problematischen Flussläufen. Im übrigen sind wenige Völkernamen und noch weniger Orte verzeichnet. Nur die Zone Boporu-Monrovia einerseits, sowie die von den Franzosen erforschten Gegenden am Cavally im Osten zeigen reichere Details. Die Karte verrät nur zu gut die Dürftigkeit unserer Kenntnisse vom Innern und den geringen Umfang des staatlich organisierten Gebietes.

So gehörte demnach das Hinterland von Liberia trotz seiner relativen Küstennähe zu den unbekanntesten Gebieten Afrikas, und man begreift, dass Dr. Volz auf den Gedanken kam, die Erforschung dieser Gebiete, welche seit Alldridge von keinem wissenschaftlich geschulten Europäer betreten worden waren, in Angriff zu nehmen und von der Sierra Leone aus durch das Hinterland nach den französischen Besitzungen zu reisen. Der Plan war für ihn um so verlockender, als er in den schweizerischen Handelsfirmen in Freetown und Sherbro einen guten Stützpunkt hatte. Indem wir für die Einzelheiten seiner Reise auf das Tagebuch verweisen, sollen hier nur noch die neuesten Ereignisse auf dem Gebiete der Erforschung dieser Landstriche kurz gestreift werden.

Ein Jahr ungefähr nachdem Dr. Volz am Ende seiner Reise einen vorzeitigen Tod gefunden, nämlich am 18. April 1908, brach der damalige britische Generalkonsul in Monrovia, Captain *Braithwaite Wallis*, von Freetown auf zu einer Reise durch Liberia, welche den ersten Teil der Volzschen Route vielfach kreuzt und auf einigen Strecken mit ihr zusammenfällt. Wallis ist dabei mehrfach auf die Spuren von Dr. Volz gestossen und hat über seine Reise einen kurzen Bericht mit Karte veröffentlicht.[2])

Auch er begegnete ungeahnten Schwierigkeiten und entging mit knapper Not einem ähnlichen Schicksale wie sein Vorgän-

---

[1]) Geogr. Journal XXVI, 1905. Seite 130—153.
[2]) A Tour in the Liberian Hinterland. Geogr. Journal XXXV, 1910. Seite 285—295.

ger. Obschon die wissenschaftlichen Resultate seiner Expedition bereits publiziert sind, liegt kein Grund vor, die viel umfangreichern und grösstenteils auch andere Wege beschlagenden Beobachtungen von Dr. Volz als weniger neu und interessant einzuschätzen, und man kann sich nur freuen, dass die Erforschung dieser Gebiete, wie es scheint, nun einen neuen Anstoss erhalten hat.

Inzwischen haben auch die Grenzstreitigkeiten mit den Franzosen, denen Dr. Volz zum Opfer fiel, ihr Ende gefunden, und Liberia hat endlich nach Norden und Osten feste Grenzen erhalten. Zu Ende des Jahres 1907 ist zwischen dem Präsidenten von Liberia und der französischen Regierung in Paris ein Abkommen getroffen worden. Durch dasselbe fallen die Oberläufe der grossen Liberiaflüsse, deren Lauf übrigens nach wie vor auf langen Strecken unbekannt ist, an Frankreich. Von der Grenzkommission darf man nun weitere und wichtige Aufschlüsse erwarten, und ein Mitglied derselben, *M. Moret*, hat sich bereits über den östlichen Teil der Grenze beim Cavallyfluss vernehmen lassen.[1]) Das Aufhören der Grenzkriege, der Stammesfehden im Innern und die Befestigung der liberianischen Oberhoheit sind aber die Vorbedingungen für die wissenschaftliche Erschliessung eines Gebietes, in welchem Klima und Transportschwierigkeiten das Reisen und Arbeiten mühselig genug gestalten.

Es ist in Ansehung dieser Verhältnisse sehr zu bedauern, dass Volz seine Reise nicht ein Jahr später angetreten hat; er würde in dem Falle voraussichtlich in der Lage sein, seine Tagebücher selbst zu verarbeiten. Aber so wie die Sache damals lag, kann man ihm keinen Vorwurf daraus machen. Wohl gelangten dann und wann Nachrichten über die Kämpfe an der Grenze nach Europa und wurden sie auch Volz in Konakry wie in der Sierra Leone warnend mitgeteilt. Aber einen Mann von seiner Energie vermochte dies nicht abzuhalten. Und im übrigen war er wie geschaffen für eine tropische Forschungsreise. Ein mehrjähriger Aufenthalt in den Urwäldern Sumatras liess ihn für diese Aufgabe als wohltrainiert erscheinen, und wieweit sein Bildungsgang ihn befähigte, mag eine kurze biographische Skizze erweisen.

---

[1]) A travers le Libéria. La Géographie, XXI, 1. Seite 21 ff.

Geboren am 17. Dezember 1875 als ältester Sohn des Pfarrers A. Volz in Wynau (Kanton Bern), zeigte er als Knabe schon frühe eine ausgesprochene Neigung für Naturwissenschaften. Nach mehrjährigem Besuch des städtischen Gymnasiums in Bern (1884—1890) sehen wir ihn auf dem Technikum Burgdorf sich dem Baufache widmen, das er später in Montreux und Bern praktisch ausübte. Aber die ursprüngliche Vorliebe für die Naturwissenschaft schlug durch; er studierte in der Folge in Basel während sechs Semestern hauptsächlich Zoologie und vervollständigte seine Studien an der Akademie in Neuenburg. Eben gedachte er, ein weiteres Semester an der zoologischen Station in Neapel zuzubringen, als eine Anfrage, ob er als Geologe in den Dienst der kgl. niederländischen Petrolgesellschaft eintreten wolle, ihn veranlasste, Neapel aufzugeben und 1899 nach seinem neuen Wirkungskreis, Sumatra, abzureisen. Dort verblieb er 2½ Jahre und legte, soweit seine Berufsgeschäfte dies zuliessen, bedeutende zoologische Sammlungen an, die später von ihm und andern bearbeitet wurden. Ueber Amerika nach Bern zurückgekehrt, ordnete er zunächst seine Sammlungen und betrat dann als Assistent von Prof. Studer und später als Privatdozent für Zoologie die akademische Laufbahn. Schlag auf Schlag folgten seine wissenschaftlichen Arbeiten,[1]) aber die einmal entfachte Reiselust liess ihn nicht zu einer vollen Befriedigung kommen; es zog ihn wieder hinaus in die Weite. Diesmal galt es Afrika. Er bewarb sich um den seinerzeit den schweizerischen geographischen Gesellschaften übertragenen sogenannten Afrikafonds der schweizerischen Sektion der weiland Association internationale pour l'exploration du Congo und unterbreitete dem Verbande dieser Gesellschaften sein Projekt der Durchquerung Liberias. Der Plan wurde angenommen; Volz erhielt weitere Subsidien von der Regierung des Kantons Bern und der Burgergemeinde der Stadt Bern und konnte unter Beiziehung eigener Ersparnisse es wagen, eine kleinere Expedition auszurüsten.

Am 16. Mai 1906 verliess er Bern, besuchte zunächst in Rotterdam den Landsmann und Liberiaforscher Büttikofer, hielt

---

[1]) Ein vollständiges Verzeichnis seiner Publikationen siehe in *H. Rothenbühler:* Dr. Walter Volz. Verhandlungen der schweiz. naturforschenden Gesellschaft. Freiburg, 1907.

sich kurze Zeit in London auf und erreichte von Liverpool aus am 14. Juni Konakry. Der Gouverneur von Französisch-Guinea empfing ihn sehr liebenswürdig, machte ihn auf die an der Grenze sich abspielenden Kämpfe aufmerksam und bat ihn, zur gegebenen Zeit den Ort seines Uebertrittes auf französisches Gebiet mitzuteilen, damit die französischen Aussenposten von seiner Ankunft in Kenntnis gesetzt werden könnten.

Am 16. Juni landete Volz in Freetown und fand bei der dortigen Agentur der Schweizer Firma Stadelmann & Cie. freundliche Aufnahme. Sofort suchte er um eine Audienz beim Generalgouverneur der Sierra Leone nach und erbat sich von diesem die freie Einfuhr seiner Waffen und übrigen Ausrüstung, sowie die Erlaubnis, die Ostgrenze der Kolonie überschreiten zu dürfen, was beides bereitwilligst zugestanden wurde. Im übrigen hielt der Gouverneur es für unmöglich, bei dem derzeitigen Aufstande im Kissi-Gebiet mehr als 45 km in Liberia einzudringen. Auch Le Mesurier, ein Offizier und Kenner des Hinterlandes, hielt ein Vordringen in Liberia ohne eine militärische Eskorte von mindestens 50 Mann für unausführbar. Der Gouverneur suchte Volz zu bereden, seine Forschungen auf das Gebiet der Kolonie Sierra Leone zu beschränken, die wissenschaftlich noch gar nicht erforscht sei, und trug ihm den Posten eines Staatsgeologen an. Da eine solche Beschäftigung aber mit den bisherigen Plänen von Volz im Widerspruch stand und er sich seinen Mandataren gegenüber verpflichtet fühlte, sein Projekt durchzuführen, so lehnte er das wohlgemeinte Anerbieten des Generalgouverneurs ab.

Anlässlich einer Einladung bei letzterem hatte Volz einen Herrn Ingenieur May kennen gelernt, der nicht weit von Baiima, der Endstation der Sierra Leone-Bahn und der liberianischen Grenze, eine Brücke über den Manwa-River baute und der mit dem Oberhäuptling Fa Bundu in Kanre Lahun, bereits in Liberia gelegen, befreundet war. Volz glaubte, in Kanre Lahun einen günstigen Ausgangspunkt für seine Durchquerung Liberias wahrzunehmen und reiste daher am 26. Juni nach Baiima ab. Mit einem Empfehlungsbriefe des Herrn May versehen, besuchte er den Fa Bundu in seiner Residenz am 28. Juni. Volz machte verschiedene Vorschläge für die einzuschlagende Route, Fa Bundu hielt die über Kai-Lahun, Loma, Pendeme nach Musardu gehende für die beste. Sie berge keine Gefahr wegen der Kissi-

Leute, da man diese zur Linken lasse wie die kannibalischen Bele zur Rechten.[1]) Fa Bundu versprach Volz auch Führer, sowie seinen Schutz, machte aber darauf aufmerksam, dass seine Macht nicht sehr weit reiche. Volz versprach, im Oktober wieder vorbeizukommen, um die grosse Reise anzutreten und fuhr nach Freetown zurück, wo er am 2. Juli eintraf.

Die folgenden Tage bis zu seiner Abreise nach Sherbro verwendete Volz hauptsächlich zur Anlage einer ethnographischen Sammlung, wofür er von der ethnographischen Abteilung des Historischen Museums in Bern eine spezielle Instruktion und entsprechende Kredite empfangen hatte. Am 11. Juli traf er dann in Bonthe auf der Insel Sherbro ein und schlug sein Quartier in der Faktorei von Ryff, Roth & Cie., ebenfalls einer Schweizer Firma, auf, wo man ihm mit der grössten Liebenswürdigkeit entgegenkam und seine Bestrebungen nach allen Richtungen unterstützte. Auf zahlreichen Jagdausflügen zu Wasser und Land studierte er hier die Tierwelt. Am 2. August unternahm er mit einem der Angestellten der Firma eine Reise in das Flussgebiet des Kittam und Bum, worüber er in einem speziellen Rapport an die schweizerischen geographischen Gesellschaften berichtet hat.[2]) Auf diesem Ausfluge, der bis zum 27. August dauerte, brachte Volz den grössten Teil der interessanten ethnographischen Sammlung zusammen, welche nun in den Museen von Bern, Basel und St. Gallen liegt und die am XV. Kongress des Verbandes der schweizerischen geographischen Gesellschaften im August 1907 in Bern ausgestellt war und über welche auch kurz referiert wurde.[3])

Da der Regenzeit wegen an einen Aufbruch zur grossen Reise noch nicht zu denken war, verbrachte Volz die nächste

---

[1]) Ueber den Besuch bei Fa Bundu hat Volz in Form eines Aufsatzes berichtet im «Bund». Derselbe ist auch abgedruckt in: Dr. W. Volz, Reiseerinnerungen aus Ostasien, Polynesien und Westafrika, mit Einleitung von F. Lotmar. Bern, 1909. Merkwürdigerweise steht dort in bezug auf die oben erwähnte Ausführbarkeit der Route genau das Gegenteil: «Er versicherte mir, dass es mir unmöglich sein werde, zwischen Kissi und Belevolk durchzukommen.»

[2]) Eine Reise an die Flüsse Kittam und Bum in der Sierra Leone. XX. Jahresbericht der Geogr. Ges. in Bern, 1908.

[3]) *R. Zeller,* Einige Ergebnisse der Expedition von Dr. W. Volz nach Liberia. XXI. Jahresbericht der Geogr. Ges. in Bern, 1909.

Zeit, mit der Etikettierung, Aeufnung und Verpackung seiner Sammlungen beschäftigt, in Bonthe zu, begab sich aber am 25. September via Freetown nach Monrovia, um sich dem Präsidenten der Republik Liberia vorzustellen und ihn um Empfehlungen zu bitten. Im Gegensatz zu dem, was Volz während seines kurzen Aufenthaltes in Monrovia von liberianischen Verhältnissen sah und erfuhr, war er vom Präsidenten Barclay sehr entzückt und erhielt von ihm ein Empfehlungsschreiben an einen liberianischen Offizier Lomase, der mit einer Truppe von zirka 100 Mann ungefähr um die gleiche Zeit wie Volz das Hinterland bereisen sollte, sowie einen weitern allgemeinen Empfehlungsbrief an die Häuptlinge des Hinterlandes.[1]

Nach Freetown zurückgekehrt, suchte Volz nochmals den Gouverneur auf, um sich von ihm zu verabschieden und ihm seinen neuen Reiseplan mitzuteilen, wonach er Liberia nicht von Kanre Lahun aus, sondern weit südlicher betreten würde. Der Gouverneur war sehr unwillig, dass Volz an seiner Durchquerung Liberias festhielt und bemerkte, er habe bereits an das Kolonialministerium geschrieben und ihm zuhanden des schweizerischen Bundesrates mitgeteilt, dass er keinerlei Verantwortung übernehmen könne. Er suchte Volz zu bestimmen, jedenfalls nicht von englischem Gebiete auszugehen, sondern direkt von Liberia aus oder von Norden vom Fouta Djallon her in das Hinterland von Liberia einzutreten. Den Grund dieser Absichten vermochte Volz nicht herauszufinden und vermutete bloss, dass man ihn für einen französischen Agenten halte und hinter seiner Reise politische Ziele suche. Der Gouverneur bestimmte ihn auch, die Träger nicht aus dem Protektorat mitzunehmen, sondern solche jeweilen von Ort zu Ort zu engagieren.

Am 24. Oktober traf Volz wiederum in Bonthe ein, um das Ende der Regenzeit abzuwarten und die Vorbereitungen für die Abreise zu treffen; daneben half er als ehemaliger Architekt am Neubau der Faktorei von Ryff, Roth & Cie., vervollständigte seine Sammlungen und sandte sie ab. Seine Abreise wurde noch verzögert dadurch, dass er das längst bestellte Schrot nicht

---

[1] Der Präsident schien übrigens seinen Empfehlungen an die Häuptlinge nicht allzuviel Gewicht beizumessen und hatte schon im Juni dem Bundesrat gegenüber die Verantwortung für die Sicherheit der Expedition abgelehnt.

erhielt und ohne Munition für seine sieben Gewehre die Reise nicht antreten konnte.

Am 26. November 1906 endlich war alles reisefertig, und mit diesem Datum beginnt das Tagebuch, welches hier auszugsweise veröffentlicht wird. Natürlich hat Volz schon bis zu diesem Zeitpunkt ein ausführliches Journal geführt, das vier Hefte mit zusammen 682 Seiten umfasst und den in diesem Kapitel kurz geschilderten Aufenthalt in Freetown und Sherbro mit den in diese Zeit fallenden vorbereitenden Reisen nach Kanre Lahun, Monrovia, sowie in die Flüsse Bum und Kittam beschreibt. Dasselbe enthält aber weder geographisch noch naturwissenschaftlich wesentlich neues, sondern ergeht sich in breiter Schilderung persönlicher Erlebnisse. Ueber die Reise in das Flussgebiet des Bum und Kittam hat übrigens Volz selbst in dem früher angezogenen Aufsatze berichtet.

Es gelangen also hier nur die Tagebuchaufzeichnungen und Routenaufnahmen der letzten grossen Reise zur Publikation. Dass diese erst jetzt geschieht, hat seinen Grund zunächst in der Verzögerung des Eintreffens des Nachlasses von Dr. Volz und namentlich auch der fast um ein Jahr verspäteten, auf seinen Tod bezüglichen amtlichen Schriftstücke. Nachdem der Nachlass endlich eingetroffen und geordnet war, konnte man erst die Veröffentlichung der wissenschaftlichen Resultate ins Auge fassen, und es wurde der Schreiber dies von der Geographischen Gesellschaft von Bern im Einverständnis des Vaters, Herrn Pfarrer Volz, mit der Bearbeitung der Tagebücher beauftragt. Diese subtile und nicht ganz leichte Aufgabe schritt wegen anderweitiger Arbeitsüberhäufung nur langsam fort.

Volz selbst hätte voraussichtlich aus seinem Tagebuch ein flottes und anziehendes Reisewerk herausgearbeitet, bei dem die persönliche Erinnerung all das ergänzend beigebracht hätte, was das Tagebuch gelegentlich nur andeutet, und es ist für den Bearbeiter eine schwierige Sache, sichtend und erklärend das herauszugreifen, was für die wissenschaftliche Welt und die Allgemeinheit von Interesse ist. Glücklicherweise ist das Tagebuch regelrecht ausgeschrieben und besteht nicht bloss aus Stichwörtern und Andeutungen, sondern es bietet einen fertigen fliessenden Text. Es enthält selbstverständlich viel Persönliches, das sich weder für eine Publikation eignet noch für weitere Kreise bestimmt ist; dann ist ein grosser Raum den jeweiligen Verhandlungen mit den Häuptlingen wegen Trägern etc. eingeräumt, und endlich enthalten die Blätter scharfe Ausfälle gegen das liberianische Regiment im Hinterland, die sich aus seinen Schicksalen sehr gut erklären, aber trotzdem eine Wiedergabe in extenso doch nicht rechtfertigen.

Es konnte sich demnach nur um eine auszugsweise Darbietung des Tagebuches handeln, und so ist alles, was irgendwie zur geographischen Kenntnis des Landes und der Bevölkerung beiträgt oder interessante Streiflichter auf die dortigen Verhältnisse wirft, als Zitat wiedergegeben. Aber auch in den Zitaten musste da und dort ein Ausdruck ersetzt, ergänzt oder des Verständnisses wegen etwas anders gefasst werden, und zumal die Datumsangaben sind in den Text hineingearbeitet. Sachlich wird durch diese Ergänzungen nichts geändert. Bei der Beurteilung des Stiles möge man bedenken, dass das Tagebuch nicht als Manuskript für eine Publikation, wie sie hier vorliegt, geschrieben wurde. Daher das unvermittelte Abspringen von einem Thema auf ein anderes. Das muss man nun eben in den Kauf nehmen, da es dem Verfasser der Blätter nicht bestimmt sein sollte, seine Aufzeichnungen selbst zu einem lückenlosen Ganzen zu verarbeiten. Da und dort hat der Text auch erklärende Zusätze nötig gemacht, die als Fussnoten und als vom Bearbeiter stammend gezeichnet sind.

Die Route durch das Hinterland von Liberia wurde zunächst nach den Originalblättern von Volz, die er mit Kompass und Pedometer aufgenommen hatte, von einem seiner Freunde, Major Hirsbrunner in Thun, konstruiert und auch eine Uebersichtskarte angefertigt. Es erwies sich als notwendig, die Originalaufnahmen auch noch einem Spezialisten für Routenkonstruktionen, Herrn Dr. Max Groll in Berlin, zu unterbreiten, der dann das Itinerar auf Grund der neuesten Karten neu konstruiert hat. Der Plan von Loma hingegen war von Volz selbst noch ins Reine gezeichnet worden und wurde von Major Hirsbrunner übergezeichnet und reduziert. Leider fehlt eine Legende, aber auch so ist der Plan ein interessantes Dokument als erste genauere Aufnahme dieser merkwürdigen befestigten Siedelungen.

Von den vielen photographischen Aufnahmen sind gerade diejenigen der letzten Reise nicht aufgefunden worden, sie hätten wesentlich zur Belebung und zum Verständnis des Textes beigetragen; einige Aufnahmen seiner Karawane seitens der letzten europäischen Begleiter, sowie einige Bilder von dem zerstörten Bussamai, wo Volz den Tod fand, und die man den französischen Unteroffizieren verdankt, sind bereits in dem erwähnten Buche publiziert worden, in welchem Volzens bisherige populäre Reiseschilderungen posthum zusammen abgedruckt wurden.[1])

II. Reise von Sherbro nach Baiima und zurück nach Freetown.
(26. November bis 17. Dezember 1906.)

Volz schreibt unterm 26. November:

«Mein Aufenthalt in Westafrika währt nun etwas über sechs Monate. Bisher reiste ich aber, abgesehen von zwei Abstechern mit der Eisenbahn nach Baiima und mit dem Boot in den Kittam und Bum, nur in der Nähe der Küste. Das ändert sich jetzt, und der eigentliche Zweck meines Hierseins, die Erforschung des unbekannten Innern von Liberia, wird nun seinen Anfang nehmen.»

Dr. *Volz mit seinen 5 Begleitern vor der Abreise in das Innere.*

---

[1]) W. Volz, Reiseerinnerungen aus Ostasien, Polynesien und Westafrika.

«Am 23. November wurde mein Gepäck in einem Leichter der Firma Ryff, Roth & Cie. mit dem Dampfer «Yandehun» nach Yonni am obern Kittam gebracht; es besteht aus 6 gelben Blechkoffern, 1 schwarzen Stahlkoffer, 1 Holzkoffer, 1 grossen Sack mit dem Bett, 5 Ballen mit Tauschwaren und 3 Holzkisten. Total werden es etwa 20 Traglasten sein.»

«Nach einer Revision dessen, was ich in meiner bisherigen Wohnung zurückliess, zusammen mit einem Herrn der Faktorei, wurde ein Ruderboot beladen und zur Abfahrt bereit gemacht. Mein Abschied von den Herren in Bonthe war kurz und herzlich; wir hatten ihn eigentlich schon am Abend vorher gefeiert.»

«Das Boot war mit sechs Mann und dem Kapitän besetzt, ausserdem fuhr Herr Rupli mit.[1]) Leider hatten wir nicht die Spur von Wind, und es musste deshalb unaufhörlich gerudert werden. Zudem war es sehr heiss. Bum und Kittam waren immer noch recht hoch, obschon niedriger als im letzten August. Einzelne flache Stellen ragten beinahe aus dem Wasser und waren vollständig von einer kleinblättrigen Wasserpflanze bedeckt, deren zarte, rosarote Blüten diese stellenweise wie grosse rote Teppiche erscheinen liessen. Hier herrschte ein äusserst reiches Vogelleben. Neu darin waren mir die zahlreichen weissen Reiher, den Grössenunterschieden nach zu schliessen, verschiedenen Arten angehörend; ferner die Spornflügelgans[2]) in vielen Exemplaren, meist zu Trupps von drei bis sechs Stück vereinigt, äusserst stattliche Vögel von der Grösse unserer Hausgans, aber schwarzweiss gefärbt. Wir trafen die Tiere noch öfter, und zwar sowohl im Sumpf als auch auf Bäumen sitzend. Scharen der kleinen, braunen, weisswangigen Enten,[3]) nach Hunderten zählend, sassen auf Schlammbänken oder am Ufer. Noch einen andern mir neuen Vogel traf ich, den man hier Kuhvogel (Cowbird) nennt, nämlich einen kleinen weissen Reiher, der sich in der Trockenzeit hier aufhält, stets in Gesellschaft der weidenden Kühe, um denselben die Zecken abzulesen. Es ist offenbar ein Zugvogel, der hier den Winter verbringt, vielleicht der Silberreiher.[4])

---

[1]) Der Agent von Ryff, Roth & Co. A. d. H.
[2]) Plectropterus gambensis. A. d. H.
[3]) Gemeint ist die Baumente (Dendrocyna viduata). A. d. H.
[4]) Wohl eher der Kuhreiher (Bubulcus ibis). A. d. H.

Da Herr Rupli grosse Eile hatte, nach *Yonni* zu kommen, um von dort so rasch als möglich eine grosse Quantität Palmkerne herunterzuholen, weil die Preise momentan in Europa sehr hoch sind, so beschloss er, direkt nach Mopalma zu fahren. Abends landeten wir in *Gbapp*, einem kleinen Dorfe, und während unsere Boys mit der Herstellung der Abendmahlzeit beschäftigt waren, besuchten wir die Familie des Häuptlings, der zugleich ein Geschäftsfreund der Firma Ryff, Roth & Cie. ist. Im Boote nahmen wir dann das Essen ein, während ringsum völlig nackte Männer, Frauen und Kinder badeten. Ein schön gebautes nacktes Mädchen, das bettelte, war sehr erfreut, ein paar Tabakblätter geschenkt zu erhalten. Der Tabak wird nämlich nicht nur geraucht, sondern dient als Geld. In Bonthe kostet das Pfund 1 Schilling, weiter oben wird er teurer, und die Bündel, die in Bonthe aus zirka zehn Blättern bestehen und als Kopf (head) bezeichnet werden, öffnet man im Inland und vereinigt je vier Blätter zu einem Bündel. Sie repräsentieren auf diese Weise den Wert von 3 Pence.»

«Nach Einbruch der Dunkelheit fuhren wir weiter flussaufwärts. Leider stellte sich auch während der Nacht die ersehnte Brise nicht ein, so dass beständig gerudert werden musste. Das dauerte die ganze Nacht, und da auch wir manchmal, statt zu schlafen, am Steuer sassen, so war der Steuermann oft frei und half beim Rudern. Die Moskitos fielen mir die Nacht über sehr lästig, und ich litt sehr darunter.»

«Als wir am nächsten Morgen, den 27. November, in den obern Kittam einbogen, stellte sich eine schwache Brise ein, die uns zwar nicht gestattete zu segeln, immerhin aber das Rudern etwas erleichterte, und dies hatten die armen Kerle nötig. Seit 30 Stunden hatten sie ununterbrochen auf ihren Bänken gesessen; einigen von ihnen waren die Hände wund, aber es hätte nichts genützt, warten zu wollen, denn einerseits waren die Dörfer sehr spärlich, anderseits hatten wir sehr grosse Eile. Man versprach ihnen deshalb einen baldigen freien Tag und in Mopalma Salzfleisch.»

«Um 2 Uhr kamen wir dort an und liessen halten und abkochen. Eigentlich hatten wir im Sinne gehabt, nach zwei Stunden nach Barma weiterzufahren und von dort noch zirka 15 km zu Fuss zurückzulegen, aber die Boys waren zu müde. So beschlossen wir, in *Mopalma* zu übernachten und am nächsten

Morgen früh die Reise fortzusetzen. Statt nun aber zu schlafen, zogen sich die Boys hübsch an und gingen ins Dorf, um dort die «Bigmen» zu spielen.»

«Um 3 Uhr morgens des 28. November war Tagwacht. Wir fuhren bis *Barma*; nach einer kleinen Mahlzeit marschierten wir auf gutem Wege gegen *Pujehun*, wobei wir unterwegs eine kleine Schmiede antrafen, auf welcher ein Mann aus Europa eingeführte Hackmesser zurechtmachte. Ich war erstaunt, auf der ganzen Reise weder ein Reis- noch ein Cassadefeld[1]) zu treffen, dagegen war sehr viel Guineakorn[2]) angepflanzt, was ich bisher noch nirgends so häufig gesehen hatte. Auch Oelpalmen hatte es eine Menge.»

«Mittags 12 Uhr kamen wir nach *Yonni*, wo die «Yandehun» inzwischen eingetroffen war, und abends spät fuhren wir noch nach *Diah*, um dort Palmöl zu verschiffen. Es wird in Fässern von 175 Gallonen zu 4,5 Liter verladen, und da keine Kräne zur Verfügung stehen, werden die Boote, mit denen sie verfrachtet werden, vorher vollständig mit Wasser gefüllt und die Fässer ins Wasser geworfen, worauf sie mit Leichtigkeit in das Boot gerollt werden können. Gegenwärtig blüht hier der Handel mit Kolanüssen,[3]) da kürzlich Ernte war. Mehrere Händler und Händlerinnen, Kreolen und eine Mulattin aus Bonthe halten sich hier auf, um die Nüsse zu kaufen. Wie der Preis der Palmkerne und des Palmöls, so schwankt auch derjenige der Kola; während aber bei jenen die Schwankungen von Europa ausgehen, so ist bei dieser hauptsächlich der westliche Sudan massgebend. Die Kolaernte war dies Jahr aussergewöhnlich reich, daher sind die Preise niedrig. Wie die Europäer gelegentlich gegenseitig die Preise für Landesprodukte in die Höhe treiben, so tun es auch die Kolahändler. Die meisten wollten für ein gewisses Quantum 6 Schilling bezahlen; aber einer von ihnen sandte Boten in den Dörfern herum, um mitteilen zu lassen, er würde deren 8 bezahlen. Die Händler taten sich nun zusammen und beschlossen, den Preis auf 7 Schilling festzusetzen.»

---

[1]) Cassade oder Cassave, eine Knollenfrucht (Manihot utilissima) der Maniok der Amerikaner. A. d. H.

[2]) Negerhirse, Durra (Andropogon Sorghum). A. d. H.

[3]) Samen der Cola acuminata, Baum der Familie der Sterculiaceen.

Am 29. November hatte Volz mehrere Unterredungen mit Leuten über seine Reise. « Die Ansichten über das zu besuchende Innere von Liberia sind dabei sehr verschieden. Als wir auf den Kannibalismus zu sprechen kamen, sagten die einen, dieser sei sozusagen eine Sage geworden. Früher hätten die Leute allerdings Menschenfleisch gegessen, aber seit der Islam sich auch dort fühlbar mache, sei dies nicht sehr Brauch. Bald darauf kam ein anderer Mann, ein Prinz, der grosse Bedenken äusserte, falls ich dorthin gehen würde. Die Richtung des Weges wurde mir im allgemeinen als richtig, d. h. mit meinen Karten

Trägerkolonne nördlich von Yonni.

übereinstimmend beschrieben. Darnach hatte ich zuerst nach Falaba, hierauf nach Bandasuma am Sulima- oder Moa-River zu reisen, dann von dort über Gorahun nach Bulina, hierauf durch das Gouraland nach Maleima. Dann würde ich die Grenze in östlicher Richtung zu überschreiten haben, um in das Loma- land zu kommen. Doch liegt dazwischen eine grosse Strecke Urwald, der nur sehr spärlich bevölkert zu sein scheint. Von Loma aus wäre das Beleland zu erreichen. Dort soll ein grosser

Häuptling sein, namens Bombolu, der früher am untern Kittam lebte und dort in der Ortschaft Carlu (Dorf oberhalb Barma) bedienstet war.»

«Abends gingen wir zu Boccary Serah, dem Oberhäuptling von Pujehun. Dieser Mann, mager, abgelebt, habgierig, ist nach Aussage von Herrn Rupli der niederträchtigste Lump, den er im ganzen Lande herum kennen gelernt hat und stets nur darauf erpicht, Geld zusammenzukratzen, wobei ihm Mittel und Wege völlig gleichgültig sind.»

«Wir hatten zunächst noch zu warten, da Boccary Serah eben beim Gebete war. Nach einiger Zeit wurden wir in sein Haus geführt. Der Häuptling sass in einem Lehnstuhl auf einer Art Veranda, zu seiner Rechten der Unterhäuptling Scapha Coromah. Zwei Stühle standen für uns bereit. Herr Rupli machte den Sprecher, erkundigte sich über das Befinden des Chefs, fragte nach Neuigkeiten, wobei man zu antworten pflegt: «Nichts Schlechtes.» Nach längerer Einleitung fragte man ihn: «Weisst du wohl, Häuptling, warum wir kommen?» Trotzdem ein Bekannter von uns am gleichen Tage schon mit ihm darüber gesprochen hatte und beinahe eine Stunde bei ihm weilte, wobei jedenfalls kaum von etwas anderem als von meiner Reise die Rede war, sagte der Häuptling: «Nein, ich weiss nichts.» Man teilte ihm nun mit, ich hätte im Sinne, eine Reise nach der Ostgrenze des Protektorates zu unternehmen mit Wissen und Unterstützung des Gouverneurs und ich benötigte zu diesem Zwecke Träger. Die erste Frage war, ob ich gedenke, dieselben zu bezahlen, was ich bejahte. Nun entstand eine lange Unterredung, wie weit mir die Träger zu folgen hätten, wobei ich vorschlug, bis an die Landesgrenze, d. h. bis ins Malcimaland, zirka fünf Tagereisen. Er weigerte sich indessen aufs hartnäckigste, versichernd, dies würde in keinem Falle angehen, da seine Macht nur bis Falaba, zirka sechs Wegstunden nördlich seiner Stadt reiche und es ausserdem nicht anginge, seine Leute durch das Gebiet anderer Häuptlinge reisen zu lassen. Ich sollte mich vielmehr jeweilen mit denselben in Verbindung setzen und sie um Leute bitten. Wenn ich die Träger bis ausserhalb seines Gebietes mitnehme, so sei es absolut sicher, dass diese weglaufen.»

«Boccary konnte sich also nur dazu verstehen, mir die Leute bis Falaba mitzugeben. Während wir sprachen, begann er von

Zeit zu Zeit sich zu erkundigen, wie viel ich ihm denn bezahlen würde. Jedoch lehnte ich stets ab, mich zu entscheiden, bevor die Sache mit der Distanz erledigt sei. Endlich erklärte er sich bereit, mir die Leute bis Bandasuma am Sulimafluss zu geben. Nun kam der Geldpunkt. Ich offerierte pro Tag und Mann 1 Schilling, sowie für die Rückreise 6 Pence, jedoch ohne Verpflegung. Nach kurzer Diskussion wurde diese Frage in meinem Sinne entschieden. Mit grossem Interesse erkundigte er sich nun, was er denn für seine Mühe erhalte, da er doch die Leute zusammenbringen müsse. Ich werde ihm 1 Pfund geben, sagte ich. Nun meinte er, eigentlich sei sein jüngerer Bruder derjenige, der die Träger zusammenrufe; ich solle ihm doch 5 Schilling geben, und er marktete und bettelte um dieses Geld in der ekelhaftesten Weise, aber ich trat nicht darauf ein. Daraufhin nahmen wir bald Abschied von dem Burschen, nachdem er mir versprochen hatte, die Leute Sonntag, den 2. Dezember, bereit zu halten. Das Geld für die 20 Träger, total 3 Pfund, soll nicht diesen, sondern dem Führer derselben, einem Sohn Boccarys, ausbezahlt werden, und jene erhalten natürlich davon keinen Penny.»[1)]

«Am Morgen und Nachmittag des 30. November beschäftigten wir uns mit Photographieren, wobei sich die Leute sehr verschieden verhielten. Während es für die einen kein grösseres Vergnügen zu geben schien, als von sich eine Aufnahme machen zu lassen, waren andere nur mit grosser Mühe so weit zu bringen, und noch andere liessen es um keinen Preis zu, nicht nur scheue Buschmädchen, sondern auch «bessere Frauen», letztere allerdings aus dem Grunde, weil sie nicht schön gekleidet waren.»

«Mit dem 1. Dezember ist der letzte Tag angebrochen, den ich vollständig in Gesellschaft eines Weissen zubringe. Morgens nahm ich noch einige Bilder auf, worunter einen Tänzer, der unter den Klängen mehrerer einheimischer Musikinstrumente und ausgerüstet mit einem Fächer aus Pfauenfedern in der Rechten und einem schwarzen Tuch in der Linken auf der

---

[1)] Die Verhandlungen wegen Trägern sind hier «gleichsam als Typus» wenn nicht ganz, so doch mit geringen Weglassungen aus dem Tagebuch zitiert. In der Folge sollen diese sich stets wiederholenden Szenen nur auszugsweise wiedergegeben werden. A. d. H.

Strasse allerlei Kapriolen machte. Dann gab es zwei Palaver, weil Herrn Rupli fünf Säcke gestohlen worden waren.»

«Am 2. Dezember badeten Herr Rupli und ich schon morgens 6 Uhr im Kittam, während noch kühle Nebel an den Hügeln und den Ufern hingen und langsam über den Fluss hinabschwebten. Erst gegen 8 Uhr stellten sich die 20 Träger ein. Auch Boccary Serah kam mit seinem hagern, habgierigen Gesicht, in einen biedern Schlafrock gehüllt, in gelben Schuhen, gestrickter Mütze, am Halse eine Sklavenpeitsche tragend. Wenn an der Stirne noch zwei Hörnchen wachsen, was ich gar nicht für ausgeschlossen halte, und am Schlafrock hinten ein Schlitz für einen Schwanz gemacht wird, dann haben wir den «Leibhaftigen» vor uns. Natürlich gab es ein unendliches Gezänke um die leichtern Lasten, und die schweren sollten stehen gelassen werden. Man kennt dies ja aus den Beschreibungen aller Afrikareisenden. Die Konfusion und der Lärm wurden durch das Eingreifen von Boccary Serah nur erhöht, und ich sagte ihm schliesslich, er möge sich nicht damit abgeben. Um so besser war das energische Auftreten Herrn Ruplis und Mr. Adams,[1]) denn letzterer hatte des Sonntags wegen frei und wollte es sich nicht nehmen lassen, mich mit Herrn Rupli noch ein Stück weit zu begleiten. Endlich konnte es losgehen. Wir liessen immer ein paar Träger zusammen mit einem unserer gewehrtragenden Leute gehen, die ich in Freetown und Sherbro angeworben hatte. Zuhinterst folgten die beiden Führer, derjenige von Boccary Serah und meiner, namens Mussah. Letzterer trug ausserdem den Rucksack mit den Instrumenten; Mustapha hatte den Photographenapparat, Fodeh eine Botanisierbüchse und die Kleider der fünf Boys, Sory mein Lederköfferchen und allerlei Kleinigkeiten; Mohammed ist die Aufgabe geworden, jeweilen dem Manne, der das Bargeld trägt, auf dem Fusse zu folgen und eine Flasche kalten Tees bereitzuhalten. Wir Weisse marschierten zuhinterst. In Massahun wurden noch zwei Aufnahmen gemacht, dann verabschiedete ich mich von den beiden Herren, vielleicht den letzten Weissen, die ich sah.»

«Den Weg, den wir nun folgten, habe ich schon früher beschrieben; er berührt zwischen *Yonni* und *Fuendu* die Ortschaften *Massahun, Fulawahun, Kuranko,* Manjamah, *Helumah,*

---

[1]) Vertreter der Firma Ryff, Roth & Co. am obern Kittam.

Bokomah, *Bakuh*, *Bandamah*, Nejamah, Gandahun, Tokombuh, Manafullah, Yaluahun, *Fuendu* (auf der Karte sind nur die in Kursivschrift gesetzten Orte angegeben, zum Teil anders geschrieben). Er hat auch gegen Falaba hin denselben Charakter; nur werden die Hügel vielleicht ein wenig höher; der Unterschied zwischen Talsohle und Hügelkuppen mag stellenweise gegen 100 Meter betragen. Zahlreiche, doch meist kleine Dörfer mussten

Halt in Massahun (2. Dezember 1906).

durchzogen werden, und nun sah ich auch, warum ich auf dem Wege Barma-Pujehun keine Reisfelder angetroffen hatte. Der Reis war nämlich geerntet, und zwischen den Stoppeln wuchs Guineakorn. Nur in einem Felde stand noch Reis, und zwar blühender; es war sogenannter Poto-poto-Reis, der im Sumpfe wächst. Die Brücken, die wir zu passieren hatten, waren stellenweise sehr schlecht oder fehlten gänzlich. Anfänglich liess ich mich von Mohammed auf seinem breiten Rücken durch das Wasser tragen; dadurch entging mir aber an einem breiten und wundervoll klaren Bache die Besichtigung eines kleinen Tempelchens, das dem Bachgeiste geweiht war.»

«Es ist schade, dass kein gut erzogener und englisch sprechender Mendi bei uns ist. Man hätte so vieles zu fragen, was man unterwegs trifft und dessen Sinn die begleitenden Mohammedaner kaum kennen. So war z. B. an einer andern Stelle ebenfalls ein ringsum geschlossenes niedriges Häuschen, in welchem ein paar Rinderschädel lagen; an einer andern Stelle war der Wald auf eine kurze Strecke durch eine ziemlich hohe Wand aus Matten abgeschlossen, in der sich nur ein Loch befand, das gerade das Durchkriechen eines Menschen gestattet hätte. Anderwärts traf ich Leopardenfallen, deren Einrichtung mich interessiert hätte. Vor einem Dorfe hatten die Leute ein Stück Boden von der Vegetation gereinigt und darauf einem Tennisplatz ähnlich gerade Linien gezogen. Es solle, sagte mir Sory, dies den Grundriss einer Moschee vorstellen. Wahrscheinlich hätte das Dorf keine solche, und die Murray-Männer, wie die Mohammedaner hier genannt werden, beteten deshalb da.»

«Einige der Träger waren übrigens faule Burschen. Ihrer drei blieben beständig zurück und zwangen so einen meiner Leute, bei ihnen zu bleiben. In den Dörfern rasteten wir zeitweise, um die Nachzügler abzuwarten; meist fand sich niemand, der englisch sprach, weshalb man sich auf den landesüblichen Gruss beschränkte. Wenn irgendwo im Dorfe gerastet wurde, so benutzte man dazu das Gemeindehaus (Bare oder Jemebu im Mendi), ein meist nicht allzu grosses, ringsum offenes Gebäude, in welchem einige Hängematten angebracht sind, von denen man mir jeweilen die beste ohne weiteres zur Verfügung stellte. Hier waren stets ein paar Männer zu treffen, welche schliefen oder plauderten, und in dem Dorfe vor Fuendu, wo wir eines leichten Regens wegen ziemlich lange warten mussten, spielten neben mir zwei Männer regelrecht Damenbrett, nur hatte dasselbe je 11 Felder, und die Damen waren nicht kenntlich, sondern man merkte sich dieselben einfach, da die Steine mehr Schachtürmen gleichen und deshalb nicht aufeinander gestellt werden konnten. Sehr häufig trifft man auch in den festen Grund der Strasse ein Thé- oder Po-Spiel eingegraben, das die Träger von Palmkernen unterwegs während ihrer Rast benutzen. Solche Träger und Trägerinnen trifft man sehr häufig an.»

«Wir hielten unterwegs nicht an, und um 4 Uhr langten wir in *Fuendu* an, wo ich durch Herrn Rupli an einen seiner Geschäftsfreunde namens Gbatoh empfohlen war. Er führte die Träger in eines seiner Häuser, wo zwei Räume zur Verfügung standen. Den einen benutzte ich, im andern sind die Lasten untergebracht und schliefen meine fünf Burschen. In einem weitern Hause wurde gekocht. Gbatoh versteht kein Englisch; das ist vorteilhaft, weil ich dadurch langen Unterredungen enthoben bin. Murray spricht sehr gut Mendi, ist aber meist zu beschäftigt, um zu dolmetschen. Als die Träger kamen, mich um Reis zu bitten, schlug ich es ihnen ab, da ich mit Boccary ausgemacht hatte, er würde die Verpflegung übernehmen, resp. die Leute würden sich selbst verpflegen. Er hatte aber die Träger weder mit Geld noch mit Reis versorgt, und sie drohten nun, falls sie nichts zu essen bekämen, morgen nicht arbeiten zu wollen, und da hatten sie vollkommen recht. Gbatoh hatte mir gleich bei der Ankunft ein Huhn und ein grösseres Quantum Reis geschenkt, und da ich überdies einen Bündel Reis mitführte, gab ich den Trägern eine genügende Menge, worüber sie sehr erfreut waren. Wir sind übrigens hier in Fuendu ganz komfortabel, jedoch fühle ich mich etwas unwohl, wahrscheinlich infolge des langen Fastens.»

«Am Morgen des folgenden Tages (3. Dezember) nahm ich mein Wohnhaus und seinen Besitzer Gbatoh photographisch auf, und dann gingen wir gegen das nur 20 Minuten entfernte *Falaba*. Unterwegs kommt man über einen kleinen Fluss, den *Massavui*, über den eine jener bekannten Hängebrücken führt. Sie besteht aus einer Anzahl starker und langer Lianen, die an den Aesten und Bäumen beider Ufer befestigt sind; sie bilden den Boden der Brücke. Auf ihnen ruhen kleine Querhölzer, und da die beiden Brückenenden ziemlich stark ansteigen, sind zum bessern Halt für die Füsse der Passanten aus dünnern Lianen gemachte, etwas mehr als tellergrosse Ringe auf dem Fussboden angebracht, so dass man nicht ausrutscht. Beidseitig befindet sich auch ein Geländer, ebenfalls aus langen, gespannten Lianen, und damit die Brücke nicht allzustark nach seitwärts schwanken könne, ist in der Mitte der Seitenränder noch je eine Liane an einen über dem Ufer hängenden Baum gebunden. Trotz dieser seitlich angebrachten Verbindung schwankt die Brücke bedenklich, wenn ein paar Träger darüber hingehen, was deshalb ziemlich langsam und vorsichtig geschieht. Von der Brücke aus folgt die Strasse noch etwas dem ostwärts fliessenden, viele grosse Steine enthaltenden Massavui, der schon ein Nebenfluss des Sulima- oder Moa-Rivers ist. Wir haben also das Kittam- oder Wanjegebiet verlassen.»

«In Falaba hielten wir uns nicht auf, sondern wir wandten uns nach OSO gegen *Bandasuma*. Dieser Ort ist nicht mit dem frühern Distriktshauptort Bandajuma zu verwechseln, der am Wanje liegt. Die Namen beider Orte werden übrigens gleich ausgesprochen, und es gibt noch eine ganze Anzahl Bandajumas in der Gegend.[1]) Weil diese aber die beiden hervorragendsten sind, hat man sie als Bandasuma und Bandajuma unterschieden. In Falaba traf mein Mustapha eine «Schwester» aus Freetown. Schwestern werden nicht nur alle verwandten jüngeren Frauen, sondern auch Freundinnen und gute Bekannte genannt. Die Wegstrecke von Falaba nach Bandasuma unterscheidet sich in einigen Punkten von der gestrigen. Es gibt nur drei kleine Dörfchen, und der Verkehr ist minim, was schon daraus hervorgeht, dass Ryff, Roth & Cie. östlich von Falaba keine Kunden mehr besitzen. Wir trafen nur wenige Träger von Palmkernen an und fast keine Mädchen und Frauen. Dagegen führte der Weg streckenweise durch hohen Wald, den ich für ziemlich ursprünglich halte, da er hohe und dicke Bäume und ein unendliches Gewirr von Schlingpflanzen enthält. Wild kam uns übrigens nie zu Gesicht, wie überhaupt die Tiere gar nicht hervortraten. Nur Ameisen kreuzen hin und wieder den Weg und benutzen auch die Brücken, um auf die andere Flussseite hinüber zu gelangen, sehr zu ungunsten der nackten Füsse der Träger. Einmal sahen wir einen Regenwurm von 50 cm Länge, den ich im ersten Momente für eine Schlange hielt. Sehr angenehm waren stellenweise mannshohe Salvien, in Habitus und Farbe unserer Wiesensalbei ähnlich und mit ihren schönen violetten Blüten wohltuend gegen das ewige Grün abstechend.»

«In den paar armseligen Dörfern [2]) wurde jeweilen ein kleiner Halt gemacht, den meine Leute regelmässig benutzten, um gegen ein Blatt Tabak eine Anzahl Orangen oder feine Bananen einzutauschen. Gegenwärtig sind nämlich die ersteren reif, und

---

[1]) Dasselbe gilt übrigens vom Namen Falaba. Der bekannteste Ort dieses Namens ist der schon 1822 von Major Leing besuchte Hauptort des Sulimalandes, im Norden der Sierra Leone gelegen und in der geographischen Literatur oft erwähnt. A. d. H.

[2]) Es sind dies: Bakajema Giema der Karte), Tuba, Jakama am Fluss-Segwima. Das auf der Karte verzeichnete Mamina wurde von den Bewohnern verlassen und existiert nicht mehr.

es gewährt einen hübschen und zugleich vielversprechenden Anblick, nahe den Hütten die dunkellaubigen Orangenbäume zu sehen, von denen herab die gelbgrünen Früchte glänzen. Die Orangen werden hier nämlich nicht gelbrot, sondern bleiben grün. Abgeerntete Reisfelder gab es nur wenige. Sie waren alle mit Guineakorn und zum Teil auch mit Mais bepflanzt. Doch bemerkte ich, dass das erstere sehr oft von einem Pilz befallen war, der mich sehr an den Ustilago Maydis erinnerte. Rings um die Dörfer standen Kolabäume, und wir trafen denn auch in Manina, dem letzten Dorfe vor Baiima eine Frau aus Bonthe, welche Kola kaufte und sich sofort erkundigte, wie die Preise ständen.»

«Bevor wir an den *Moa* kamen, hatten wir mehrere zum Teil recht hohe Hügel zu übersteigen und waren deshalb bei unserer Ankunft am Flusse recht müde. Der *Moa-* oder der *Sulima-*River mag bei Bandasuma, das an seinem linken, östlichen Ufer liegt, zirka 250 Meter breit sein. Er ist denn auch auf der Karte der Sierra Leone von 1898 bis hier entsprechend eingezeichnet, während er von hier aus bis hinauf an die Eisenbahn bei Kenema unbekannt ist. Zwischen Sulima, wo er sich ins Meer ergiesst, und Bandasuma scheint er der vielen grossen Steine wegen, die das Flussbett versperren, keinen Schiffsverkehr zu gestatten. Ober- und unterhalb der Stadt Bandasuma ziehen sich solche Felsriffe quer über den Fluss, während man bei der Stadt selbst von den paar Hütten des Westufers in kleinen Einbäumen ungefährdet übersetzen kann. Dies taten auch wir; es ging aber bei der Kleinheit der Kähne und der Menge der Güter und Leute ziemlich langsam. Ich wartete am Ufer bis zuletzt, um die wissenschaftlichen Instrumente, Photographieapparat etc. unter persönlicher Aufsicht übersetzen zu lassen, wohl wissend, dass sich die Ruderer mehr Mühe geben, einen Weissen nicht ins Wasser fallen zu lassen als etwa einen Rassegenossen.»

«Bei der Ankunft in *Bandasuma* hatte Mohammed schon ein Haus gemietet, eine echte Negerhütte von rundem Grundriss, aber sauber und hell und grösser als sie gewöhnlich sind. Ihr Durchmesser beträgt 6 Meter, die Höhe, da wo das Dach beginnt, 3 Meter, bis zur Spitze 8 Meter. Auf zwei gegenüberliegenden Seiten ist je eine Türe angebracht, und die Fenster, die durch Laden verschliessbar sind, beleuchten das Innere,

das nur aus einem einzigen Raume besteht und absolut nichts
enthält. Der Boden ist aus hartgestampftem Lehm gefertigt und
erhebt sich etwas über die Strasse des Dorfes. Neben dem Hause
liegt ein niedriger Schuppen, die Küche. Das Dorf Bandasuma
und seine Umgebung stehen unter einer Königin. Doch ist die
Dame leider momentan nicht hier. Da vor wenigen Wochen der
Bezirkshauptort von Bandasuma nach Kenema verlegt wurde,
zog vor kurzer Zeit die Königin mit dem grössten Teile der Bewohner Bandasumas eine gute Tagereise Moa-aufwärts, um dort
eine neue Stadt — Zele — zu gründen. Bandasuma ist daher
wie ausgestorben. Uebrigens fiel mir gleich zu Beginn auf, dass
die Ortschaft so regelmässig gebaut ist. Mehrere grosse Strassen führen durch das Dorf und sind beidseitig von gleich aussehenden Häusern, zum Teil runden, zum Teil viereckigen begrenzt, so dass man von diesem Ort zum Unterschied von den
meisten übrigen mit Recht als von einer Stadt sprechen kann.
Hier war nämlich früher eine Niederlassung englischer Soldaten, und ich glaube auch weisser Beamter. Hier hielt Alldridge
die erste grosse Versammlung der Häuptlinge des östlichen
Mendigebietes ab, an der auch ein Gouverneur teilnahm.[1]) Nun
scheint der einst bedeutende Platz dem Untergang geweiht,
denn wenn die neue Residenz der Königin fertiggestellt ist,
zieht alles nach dorten.»

«In Bandasuma war kein Vertreter der Königin, und ich
konnte deshalb für die Weiterreise keine Träger finden. Ich
beriet am Abend mit dem Besitzer unseres Hauses, der übrigens,
wie kein Mensch auf dem Platze, nicht Englisch versteht, wie
ich mich aus der Sache ziehen könne. Selbst zu Ihrer Majestät
zu reisen, hätte mich zu viel Zeit, mindestens zwei Tage, ge-
kostet und mich zudem aus der gewollten Richtung gebracht.
Wir beschlossen endlich, am nächsten Morgen einen Boten an
den Häuptling von Sembehun zu senden. Diese Stadt liegt auf
meinem Wege nach Gorahun und steht unter der Königin. Der
dortige Häuptling soll eher imstande sein, mir Träger zu verschaffen. Der Hausbesitzer erklärte sich bereit, am Morgen einen
Boten an den Häuptling zu senden und ihn zu bitten, mich am
Nachmittag zu einer Besprechung zu erwarten.»

«Am Abend waren wir nicht nur alle sehr müde, sondern
ich war auch an mehreren Stellen meiner Füsse wund, so wird

---

[1]) Alldridge, The Sherbro and its Hinterland. Seite 259 ff.

der halbe Ruhetag nichts schaden. So sass ich bei Mohammed und brachte ihm die Zubereitung von Maggisuppe bei. Der Tee wird aus Sparsamkeit meist ohne Zucker genossen. Diese Nacht schlief ich zum erstenmal in meinem Feldbett, und wenn ich nie schlechter schlafe, so komme ich gesund nach Europa zurück.»

«In der Nacht vom 3. zum 4. Dezember machten meine Träger und andere mit Trommeln einen starken Lärm; doch hinderte ich sie nicht daran, seit ich sehe, dass meinen Leuten eigentlich nicht viel anderes übrig bleibt. Die Dörfler schlafen tagsüber meist ein Stündchen, folglich mögen sie nicht gleich abends nach dem Dunkelwerden wieder schlafen gehen. Die ganze Beleuchtung ihrer Wohnungen besteht nur in dem in der Vorhalle oder auch dem einzigen Zimmer brennenden Herdfeuer. So etwas wie die heimelige Damarlampe der Malayen, die man zwar alle Minuten putzen muss, bei deren biederem Scheine man aber doch eine Zeitung buchstabieren kann, ist diesen Negern unbekannt, was vielleicht durch das Fehlen harzreicher Hölzer begründet ist.»

«Schon früh kamen meine bisherigen Träger, um mir zu sagen, sie gingen nun weg, aber ich merkte wohl, dass sie noch etwas auf dem Herzen hatten und entweder Reis oder Tabak wollten. Sie baten um beides, erhielten aber nur von ersterem, denn ich hatte zugleich einen Brief an Boccary Serah zu schreiben begonnen, worin ich ihm mitteilte, dass ich die Beköstigung der Träger, für welche ich gegen den Vertrag hatte aufkommen müssen, von dem vereinbarten Lohne abziehe. Zugleich sandte ich einen Boten an den Häuptling in Sembehun und liess ihm mitteilen, er möge mich am Nachmittag erwarten.»

«Nach dem Mittagessen ging ich dann, begleitet von Mohammed und Fode, von denen der erstere, des Mendi vollkommen mächtig, die Rolle des Dolmetschers spielte, während Fode mit dem Gewehr eine Art Wache bildete. Selten habe ich eine so gute Strasse gesehen wie die von Bandasuma nach Sembehun. Namentlich in der Nähe der beiden Orte nimmt sie den Charakter einer eigentlichen Landstrasse an mit seitlichen Böschungen von 4—5 Meter Breite. Dazwischen allerdings ist sie nur ein breiter Fussweg, aber gut unterhalten, und das gleiche gilt auch durchwegs für die Brücken. Direkt ausserhalb von Bandasuma liegen die Begräbnisplätze, doch sind nur noch wenige Gräber erkennbar, und auf einem derselben lag am Kopfende ein Blatt mit gekochtem Reis, Palmöl, etwas Cassave und dem Blute und den Federn eines weissen Huhnes, sowie eine leere Rumflasche. Das alles hatte man dem Toten, der, wie man mir sagte, schon viele Jahre hier liegt, zum Opfer gebracht. Auf dem Wege trafen wir sehr viele Driver-Ameisen,[1]) die oft dicht verknäuelt, zu Hunderten durcheinanderwimmelten, und wenn man den Haufen auseinanderzerrte, fanden sich die Ueberreste eines grossen Tausendfusses oder eines Wurmes, einer Schlange oder einer kleinen Schildkröte. Leute begegneten wir unterwegs nur wenige, meist waren sie mit dem Sammeln von Palmkernen beschäftigt.»

«Vor dem Eingang zum Dorfe hört man im Westen das gewaltige Rauschen des Moa. Hier hat man auch auf guter Brücke einen kleinen Nebenfluss desselben zu überschreiten, der vollständig durch ein hohes Fischwehr aus Palmblättern abgeschlossen ist. Nach unten hat man eine grosse Reuse angebracht, und es dürfte keinem Fisch, der sich oberhalb des Wehres befindet, gelingen, in den Fluss zu kommen. Auf der andern Seite der Brücke stand ein alter Mann, nur mit einem übergeschlagenen Tuch bedeckt. Ich pflege solchen alten Leuten stets Bua = guten Tag zu sagen und wenn sie nahe am Wege sind, auch die Hand zu geben. So tat ich es auch hier. Als ich dann aber den Weg fortsetzen wollte, rief mir Mohammed zu, es sei der Häuptling, weshalb ich umkehrte und durch Vermittlung des Dolmetschers ein Gespräch mit ihm begann, wobei wir langsam dem Dorfe zugingen. So schritten wir den Hügel hinauf, auf dessen Spitze *Sembehun* liegt, als der Häuptling den Hauptweg verliess und zu seinem Hause abbog. In der Vorhalle desselben brannte ein Feuer, zwei bis drei Hängematten waren aufgehängt, in der einen schlief ein Unterhäuptling. Ein Armstuhl, wie sie im Lande sehr hübsch hergestellt werden, stand für mich bereit, ein anderer gegenüber für Mohammed, während Fode und der von Bandasuma mitgekommene Führer in der Nähe der Türe sich auf eine Art Kanapee setzten. Der Häuptling legte sich in die andere Hängematte. Nach und nach stellten sich auch noch einige ältere Männer ein, die da und dort auf dem Boden sassen, und zahl-

---

[1]) Sogenannte Wanderameisen (Anomma spec.) A. d. H.

reiche Kinder und Frauen sammelten sich vor dem weiten Eingang des Häuptlingshauses oder guckten durch die Fensteröffnungen. Natürlich begann das Gespräch mit allerlei Allgemeinheiten, dann ging ich dazu über, meine Absichten und den zukünftigen Reiseweg darzulegen, wobei ich mich nach den Distanzen, Dörfern, Landes- und Häuptlingsnamen erkundigte, und endlich fragte ich um 20 Träger, die meine Ladung nach Gorahun bringen könnten. Nach langem Hin- und Herreden, wobei die Einigung über Zeit des Aufbruches und Gehalt der Träger die meisten Schwierigkeiten verursachten, kamen wir endlich überein, er solle mir am nächsten Tage 20 Träger nach Bandasuma senden, die meine Güter nach Sembehun brächten, wo wir die nächste Nacht zubringen wollten, und am übernächsten Tage würden sie dann dieselben nach Gorahun tragen, wobei pro Mann 1 Schilling und dem Häuptling ein Extrageschenk versprochen wurde. Er nahm sich übrigens gleich einen Vorschuss, um Kola zu kaufen. Nach ungefähr einstündiger Verhandlung verliessen wir befriedigt den Platz. Nach der Rückkehr bettelten mich meine Leute um Fischangeln an, hatten aber beim Fischen kein Glück, und mir selbst ging es nicht besser, doch sah ich beim Sitzen am Ufer viele Vögel. Ein paar dunkelkehlige Bienenfresser sassen auf den Bäumen ringsum und unternahmen kurze Ausflüge aufs Wasser hinaus, um Insekten zu fangen. Auf dem riesigen Wollbaum, der seine mächtige Krone über mich breitete, waren ein paar Raben (Corvus napolatus) beim Nestbau beschäftigt; gegenüber in einer Bucht befand sich eine Kolonie von Webervögeln, denen meine Anwesenheit Schrecken einzujagen schien, und damit ich nicht der einzige Europäer sei, flogen zahlreiche, hier überwinternde Rauchschwalben flussaufwärts.»

«Gegen Mittag des 5. Dezember kamen die 20 versprochenen Träger an, aber etwa sechs von ihnen waren nur halberwachsene Buben, und da natürlich, wie überall auf der Welt, auch hier der Stärkere im Vorteil ist, so erhielten die Kleinsten die schwersten Lasten. Mit Gebrüll ging's dann in starkem Schritt gegen Sembehun zu, so dass ich kaum zu folgen imstande war. Wenn ich die Trägerkolonne im Laufe eines ordentlichen Marsches an mir vorbeidefilieren lasse, so muss ich jeweilen lachen beim Anblick von Fode, der über die eine Schulter sein Gewehr hängen hat, was vorzüglich zu seiner kräftigen Gestalt passt, während an der andern Seite die friedliche Botanisierbüchse baumelt.»

«Bei der Ankunft in *Sembehun* war die Hälfte des Gepäcks im Hofe der Häuptlingswohnung untergebracht, wo Fode mit seinem Gewehr Wache stand, während die andere unter Mussas Aufsicht vor einem Hause lag, das eben gereinigt wurde und für mich bestimmt ist. Das Wohnhaus besteht aus einem mittleren, grösseren Raum, der auf zwei Seiten je eine Türe besitzt, die nach aussen in eine Art gedeckter Veranda führt, und auf den beiden übrigen Seiten grenzen daran noch zwei Räume, in deren einem gekocht wird, während im andern sich das nicht gebrauchte Gepäck befindet.»

«Das Dorf Sembehun ist nicht eines von den kleinern, die ich sah; es besitzt etwa 40 runde und viereckige Hütten, nebst Bare, Hühner- und Ziegenställen. Die Bevölkerung ist recht zahlreich, namentlich die weibliche. Viele Frauen und Mädchen, unter den ersteren eine grosse Anzahl recht schön entwickelter, kamen aus Neugier herbei oder um Tabak zu betteln. Dieser beginnt mehr und mehr das Geld zu verdrängen, das in kleiner Münze wie 3—8 d. nicht mehr gerne angenommen wird, während Kupfermünzen schon gänzlich fehlen. Einige der Produkte waren denn auch sehr teuer, wenn man sie mit Geld bezahlte, so z. B. kostete ein altes Huhn 1 Schilling. Mit den Eiern fielen wir hinein, denn alle waren zirka 14 Tage bebrütet. In Sembehun bemerkte ich auch ein paar schöne Rinder, worunter ein ganz weisses, und einem kleinen Stier hatte man über die Hörner ein Stück Holz gebunden, so dass er sie nicht hätte benutzen können, und zudem führte ein Mann das Tier an einem Hinterbein mit einem Strick wie bei uns die Schweine. Auch zahlreiche Schafe gab es hier, während in Bandasuma nur ein paar Ziegen herumrannten.»

«Bald nach dem Dunkelwerden kam der Häuptling mit seinem Gefolge, und es fand ein neues Palaver statt, obschon wir ja gestern die Bedingungen, unter denen die Leute kommen sollten, festgesetzt hatten. Die Beratung dauerte sehr lange, auch die Träger nahmen daran teil und versuchten, eine grössere Anzahl von Leuten und bessere Bezahlung durchzusetzen. Sie hatten indes keinen Erfolg. Die feierliche Beratung wurde übrigens einmal gestört, indem eine Kuh, die ein halberwachsenes Kalb säugte, plötzlich auf dem Platze erschien und da sie sehr bös war, die Leute auseinanderjagte. Sogar der Häuptling ergriff die Flucht.»

«Ich hörte hier, dass noch zahlreiche Schimpansen in der Gegend sich aufhalten sollen und gelegentlich bis in das Dorf kommen, um Bananen zu stehlen. «Sie können ihre Kinder tragen», sagte man mir, was heissen soll, die Mütter bringen oft ihre Jungen an der Brust mit. Wir hatten während des Marsches hierher oftmals auf dem Wege Exkremente gesehen, die solchen von Menschen in Form und Farbe etwas ähnlich sahen, aber zahlreiche unverdaute Fruchtreste und Fasern enthielten. Man behauptete mir mit absoluter Sicherheit, dass sie vom Babu (Schimpansen) stammten.»

«Am Morgen des 6. Dezember kamen die Träger, und wir marschierten ab, ich zuhinterst, gefolgt von etwa 20 Frauen und Mädchen jedes Alters, von denen ich mich schliesslich herzlich verabschiedete. Die Strasse war ein guter Fussweg. Wir passierten die Dörfer *Gawiamah*, *Somatica* und *Teweiama*, von denen letzteres das grösste ist und zugleich das letzte in Baliland. Mitten im Dorfe dehnt sich ein grosser, viereckiger Platz aus, der vollkommen mit feinem, braunem Kies bedeckt ist. Nun kamen wir für etwa fünf Stunden in den Wald, und zwar richtigen Urwald, der bei Gorahun gänzlich unbewohnt ist. Mächtige Bäume und zahllose Schlingpflanzen, ganz wie in Sumatra, nur fehlten die Rotanpalmen und die Blutegel. Der Weg führte oft halbe Stunden eben über die Kämme von Hügeln hin, und ist hier ebenfalls mit jenem feinen Kies bedeckt, der jedem Parke zur Ehre gereichen würde, und in Form, Grösse und Farbe vollkommen an unser Gohnerz erinnert. Verkehr gab es auf dieser ganzen Strasse keinen. Nur trafen wir mitten im Walde eine Gruppe von Kolabäumen, die vielleicht auf eine frühere Niederlassung deuten. Sie waren miteinander durch Schnure verbunden und an den meisten von ihnen hingen Scheuchen (*Guregore*), wie ich solche schon früher in den Cassavefeldern zum Schutz gegen Diebe gefunden hatte. Bei der Ankunft in *Gorahun* war ich allen Trägern weit voraus, obschon, wie sich später zeigte, sämtliche frühern Wunden an den Füssen aufs neue aufgerissen waren. Ich ging ins Bare, wo ich einige Leute traf, die eben eine Partie Damenbrett beendigt hatten. Da nur einer den Eindruck des Häuptlings machte, lud ich ihn zu einer Partie ein, die er nach hartem Kampfe gewann. Bald kam ein halbwegs europäisch gekleideter Mann, der englisch sprach und sich als Sekretär des Oberhäuptlings vorstellte. Er sagte mir, der Mann, mit dem ich soeben gespielt, sei der Vertreter desselben, letzterer selbst sei sehr alt und verlasse das Haus nie. Ich suchte ihn nun in seinem Hause auf, wo ich ihn als ein altes, schittriges Männchen traf. Ich forderte ihn zum Sitzen auf und er tat dasselbe; wir setzten uns auf sein Bett, da sonst nichts da war. Wir sprachen mit Hilfe des Schreibers und Mustaphas, der sich nun auch eingestellt hatte, und der Schreiber brachte gleich die Trägerfrage aufs Tapet. Obgleich es mir meiner Füsse wegen lieber wäre, hier einen Tag zu rasten, möchte ich doch das Anerbieten, mir schon morgen Träger zu verschaffen, im Interesse einer raschen Fortsetzung der Reise nicht ablehnen. So gute Gelegenheiten sind hierzulande selten genug. Ueber das Beleland hörte ich nur Ungünstiges und nur von Kannibalismus. Einer der Dörfler wollte sogar Mustapha abwendig machen, dorthin zu gehen, wobei er aber an den Unrechten kam.»

«Das Haus, das man mir schliesslich anbot, ist zweiteilig, gross, viereckig und unterscheidet sich nicht von demjenigen, das mir in Sembehun zum Aufenthalt diente. Auch über die Leute ist nichts besonderes zu sagen. Sie brachten dies und jenes zum Verkauf, auch kleine Geschenke und Früchte, stets auf Tabak spekulierend. Im Dorfe bemerkte ich mit Vergnügen mehrere gezähmte Tiere, u. a. Affen, welche frei herumliefen. Hinter einem Knaben kam eine zahme schwarze Zibetkatze. Doch flüchtete sie sich bald, weil eine Henne, welche für das Leben ihrer Küchlein fürchtete, ihr wütend an den Kopf flog.»

« Hunde und Katzen sind in den Dörfern recht selten, während aber die Katzen erbärmlich mager sind, habe ich die Freude, mehrere fette oder wenigstens wohlgenährte Hunde zu sehen.»

«Gegenüber meinem Hause befand sich die Moschee, ein Gebäude, das einem Bare durchaus ähnlich war. Hier versammelten sich abends und leider auch vor Tagesanbruch mehrere Mohammedaner zum Gebete. Allah möge sie dafür strafen. Mit dem Islam ist es hier eine eigene Sache. Ich hatte mich schon in Sembehun erkundigt, ob es hier Murraymen, d. h. Mohammedaner gebe. Mehrere Männer waren nämlich mit dem Rosenkranz in der Hand herumgegangen. Der Mann, den ich darüber befragte, teilte mir mit, die eigentlichen Murraymen, womit

Susu, Mandingo, Fullah etc. gemeint sind, kämen nur gelegentlich hierher, um Handel zu treiben und namentlich Kühe zu bringen. Doch seien mehrere Eingeborne, worunter auch er selbst, Mohammedaner. Als ich nun fragte, ob er auch Rum trinke, bejahte er dies mit Schmunzeln und bat mich zugleich um eine Flasche. Es macht mir den Eindruck, als ob es bei den Dorfgrössen zum Ansehen gehöre, Mohammedaner zu sein und sich so zu kleiden. Nach Einbruch der Dunkelheit begaben wir uns zum Häuptling, dessen Name Amara Jawama ist, während sein Berater Gobah heisst. Der alte Chef ist ein vollkommener Trottel; seine Frau, ebenfalls eine alte, blöde Person, war sehr lüstern nach einer Zigarre. Ich gab ihr und ihrem Mann je eine, wovon er die seiner Frau erst anzündete und dann ihr gab, während er auf das Rauchen, das überhaupt mehr durch die Weiber als durch die Männer ausgeübt wird, verzichtete. Wir konnten uns sehr gut verständigen, und der Alte versprach mir alles mögliche. Wir entschieden uns für die rechts von Gorahun nach Maleima führende Strasse. Dann verhandelten wir über den Preis, und man verlangte an und für sich nicht zu viel, jedoch wollte man mich einfach in den nächsten Dörfern des Maleimalandes absetzen, und zwar in einer Ortschaft, wo es nach ihrer Aussage nicht möglich war, neue Träger zu erhalten. Der Häuptling und sein Berater Gobah widersetzten sich energisch, mir die Leute weiter hinein zu geben, einesteils weil dies gegenüber dem dortigen Kollegen eine grosse Unhöflichkeit wäre, anderseits, weil sie mit Maleima von alters her in Fehde lägen. Kurz, ich musste den Plan, fast in gerader Linie von Gorahun nach Madina zu reisen, aufgeben und dafür den auf der linken Seite über *Gegbina*, *Pujahun*, *Juru* und *Mendehama* wählen, der allerdings besser sein soll. Man versprach mir Träger bis *Kuhuru*, der ersten Stadt des Gouralandes. Die Strecke dahin beträgt nur zwei schwache Tagereisen, und dafür war der geforderte Preis viel zu hoch. Sie sagten nun, ich solle die Türe reinigen, d. h. ich solle machen, dass ich fortkomme, sie wollten die Sache bis morgen überlegen und mir dann Bericht geben; ich wollte sofort eine Entscheidung haben, doch es war nichts zu machen. Draussen fand unterdessen ein Umzug durch das Dorf statt mit Musik und Gebrüll, später hörte ich zwischen Buben und Alten einige sehr hübsche Wechselgesänge.» Volz verhandelte dann wegen den Trägern separat mit Gobah und brachte diesen durch Geschenke und Schmeicheleien dahin, dass die Trägerfrage in seinem (Volzens) Sinne entschieden wurde, und Gobah am andern Morgen (7. Dezember) meldete, es sei alles bereit.

«So zogen wir denn nach *Gegwima*, dem Dorfe zwischen Gorahun und Juru, bei dem die Strasse von Bandasuma einmündet. Wir kamen dabei durch die Dörfer Gundama, Njaiahun, Taninahun und Duomah. Die Strasse ist sehr gut, von dem letzterwähnten Dorfe bis Gegwima könnte man sogar fahren. Unterwegs kamen wir bei einem verlassenen Dorfe vorbei und trafen sehr viele Kolabäume auf den Gräbern vor den Dörfern. Die Leute wären nicht umsichtig genug, Kola zu pflanzen, dagegen geben sie den Toten manchmal Kola mit ins Grab oder legen sie als Opfer auf dasselbe; deshalb deuten Kolabäume meist ehemalige Gräber an. In Taninahun trafen wir einen Kolahändler, einen Fullah, der diese edlen Früchte hier aufkauft und nach Kenema an der Eisenbahn bringt und sie von dort via Freetown nach Gorée und an den Senegal transportieren lässt. Der Mann hatte ein viel feineres und klügeres Gesicht als die Mendi und legte für diese eine gewisse Verachtung an den Tag. Mir schenkte er ein paar Kola, von denen ich eine zur Hälfte ass und dabei die Beobachtung machte, dass der Saft dieser Frucht die Kleider total ruiniert und nicht mehr wegzubringen ist. Bevor wir nach Gegwima kamen, hatten wir einen klaren Fluss zu kreuzen, der stets nach Osten fliessen soll, also zum Mano-River. In *Gegwima* kamen wir schon kurz nach Mittag an. Viele Schafe und Kühe standen auf dem reinen Dorfplatz, an den auf der einen Seite das Bare, auf der andern aber ein so schönes Haus grenzt, wie ich es bisher noch nie gesehen hatte. Ueber den drei Türen, die in ebensoviele Räume führen, befinden sich hübsch ausgesägte Verzierungen und vor dem Hause ist eine gedeckte Veranda mit Brüstung. Bald stellte sich auch der Häuptling ein, ein älterer Mann, namens Driser, der sich darüber beschwerte, dass man ihm meine Ankunft nicht angezeigt habe, und sich entschuldigte, dass kein Haus für mich bereit sei. Sofort begann man, den mittelsten Raum des schönen Hauses zu säubern und es zeigte sich, dass das Haus der Regierung gehört und für Durchreisende bestimmt ist. Die Grenze des Verkehrs nach dem Sulima und nach der Eisenbahn liegt also nicht etwa in dem grossen Waldkomplex zwischen Sembehun und Gorahun. Die Träger verabschiedeten sich hier, nachdem der Obmann dem Häuptling mitgeteilt hatte, er habe mir morgen 20 Träger zu stellen und zwar gratis. Die Sache sei schon in Gorahun bezahlt worden. Darüber war nun dieser sehr erbost und weigerte sich erst, dies zu tun, wenn wir ihn nicht extra bezahlten. Nach einer kurzen Beratung versprach er, die Träger zu stellen. Trotzdem unser heutiger Tagemarsch gering war, konnten wir doch zufrieden sein, denn am Nachmittag brach ein heftiges Gewitter los und es regnete so stark wie im August oder September, wobei sich leider unser Hausdach als nichts weniger als wasserdicht erwies. Immerhin war das für unsere Waren besser, als wenn wir draussen marschiert wären. Jm Laufe des Nachmittags brachte ein Mann eine tote Ziege ins Dorf, welche eben von einem Leoparden geschlagen worden war. Da es aber zu stark regnete, auch der Platz zu weit entfernt war, verzichtete ich darauf, auf den Anstand zu gehen.»

«Am folgenden Tage (8. Dezember) schien das Wetter, das uns bisher stets günstig gewesen war, ändern zu wollen. Unter der Hitze oder wenigstens unter Sonnenbrand hatten wir fast nie gelitten. Am Morgen standen stets Nebel in den Wäldern, und etwa um 8 Uhr hatte die Sonne diese vertrieben. Bis 10 Uhr schien sie vom wolkenlosen Himmel, aber alsdann wurde es all die Tage durch dünstig in der Luft, so dass man trotz der gelegentlichen Ausschnitte im Wald keine Fernsicht hatte. So blieb es meist bis gegen Abend. Heute aber war es von Tagesanbruch an trübe gewesen und waren gleich einzelne Tropfen gefallen. Als ich hinauskam, erkundigte ich mich sogleich beim Häuptling nach den Trägern, und bald darauf zog ein älterer Knabe durch das Dorf, mit lauter Stimme alle Männer zusammenrufend. Diese erschienen denn auch zögernden Schrittes, und wir brachten endlich die nötigen 20 Träger zusammen. Dann zogen wir ab. Wir hatten nur einen kleinen Tagemarsch, weil, wie ich schon gesagt, die Leute nur bis Kuhuru, dem ersten Dorfe des Gouralandes, mitkommen wollten. Wir passierten die Dörfer Gutabu, Gamasun und Jau. Ueberall liefen mir, der ich den Zug beschloss, um sicher zu sein, dass alle Lasten da seien, die Weiber nach, um Tabak zu betteln. In *Gamasun*, dem grössten der Dörfer, sammelte sich viel Volk, und meine Träger verlangten vom Häuptling, dass er sofort einige Leute zur Aushilfe mitgebe, was er denn auch in beschränktem Masse tat. Der Weg bis hierher war durchweg in gutem Zustande. Wir hatten übrigens wieder die Wasserscheide zwischen Mano- und Moa-River überschritten und waren wieder im Gebiet des letzteren. Die Höhendifferenz betrug 40 Meter (Gegbima 165 Meter, Kuhuru 135 Meter). In Kuhuru setzte ich mich ins Bare, umdrängt von Frauen und Kindern, die hier weniger Scheu zeigen als weiter südlich. Hier war momentan kein Häuptling, da der vorige vor Monatsfrist gestorben war. Ich erkundigte mich deshalb bei den Dorfältesten nach Trägern, die mir denn auch für morgen in Aussicht gestellt wurden, da angeblich die Leute in den Feldern seien. Das Dorf wimmelte zwar davon, und als wir nach Besichtigung eines grossen, von mehreren Familien besetzten Hauses uns für ein kleines, leeres, rundes Haus entschieden, füllten sie es an, um alles zu bestaunen. Vor allem erregt stets mein Feldbett die Bewunderung, die Art und Weise, wie es auseinandergenommen wird und dass das Ganze in dem kleinen Sack Platz findet, entlockt stets ein Gelächter, überhaupt der Ausdruck für Gefühl, Erstaunen und Bewunderung. Ich habe mich anfangs über dieses stete Gelächter im Geheimen geärgert, seit ich aber herausfand, dass es zum mindesten harmlos ist, mag ich es nicht ungern. Der Dorfälteste brachte mir, gleich wie in Gegbima, ein Huhn und eine bedeutende Portion Reis, so dass wir eigentlich niemals Reis oder Hühner zu kaufen brauchten. Hier im Gouraland entsprechen 5 Kopf Tabak zu 4 Blättern einem Schilling, bisher waren es 7 Kopf gewesen. Unsere Tabakvorräte haben also an Wert bedeutend gewonnen. Es wäre gut, die Karte dieses Landesteiles zu revidieren, um die Hügel einzuzeichnen, ferner haben einige Hauptorte gewechselt, so z. B. Baschemma, ebenfalls Bulma, von dem man mir sagte, es sei verlassen. Auch Pudjehun und Mendehama kommt nicht mehr die Bedeutung grosser Ortschaften zu. Der Häuptling Bunduha, der Höchste des Gouralandes, sitzt z. B. in *Jandahun*, welche Stadt auf meiner Karte fehlt.»

Am Abend erörterte Volz mit den Dorfältesten die Trägerfrage und nach langen Verhandlungen wurden ihm Träger bis Manina zugesagt. Und am folgenden Tage, den 9. Dezember, konstatierte er, dass er nun bereits 8 Tage auf dem Marsche sei und mit seinen Fortschritten zufrieden sein könne, und dass er namentlich bezüglich der Träger grössere Schwierigkeiten erwartet habe. Ueber den weitern Verlauf der Reise berichtet er unterm 9. Dezember also:

« Wir verliessen in Kuhuru die Gorahun-Juru-Mendchama-Strasse und begaben uns auf die andere Hauptstrasse Gorahun-Kwanno-Lalehun-Manina, wobei wir bis zur Ortschaft Gagbima einen kleinen Weg benutzen mussten. Derselbe führte mehrere Male durch lange, brückenlose, z. T. ziemlich tiefe Sümpfe, welche hauptsächlich mit Weinpalmen bestanden waren, die reichen Ertrag zu liefern schienen, denn man hörte mehrere Male Leute aus den Gipfeln herunter rufen, und öfters brachte man mir auch eine grosse Flasche Palmwein zum Geschenk, das ich jeweilen mit Tabak zurückgab, aber den Wein unter die Leute verteilte, da er mir gar nicht zusagt. Auch Kola wurde mir häufig von alten Mütterchen gebracht, und wenn ich etwa vergass, der Geberin Tabak zu schenken, so erinnerte sie mich bald genug an diese meine Pflicht. Bevor wir nach Gagbima kamen, passierten wir die Dörfer *Gahun* und *Jarra* und hatten mehrere niedrige Hügel zu überschreiten, von denen aus gelegentlich andere Hügel, namentlich ost- und westwärts, sichtbar waren und die sich zirka 100 Meter über das übrige Gelände erhoben. Da wir dabei stets nur dem kleinen Fussweg folgten und lange Aufenthalte entstanden, so verirrten wir Nachzügler einmal, doch konnte ich mich nach der Sonne zurecht finden. Unser Weg führte uns nun wieder über die Wasserscheide, und bei dem Dorfe *Gagbima* überschritten wir den Mahofluss, einen der grössten rechtsufrigen Zuflüsse des Mano- oder Bewa-River, der allerdings hier noch klein ist. Unsere Träger beabsichtigten, hier zu schlafen, ich aber nicht; nach kurzem Aufenthalt befahl ich Abmarsch, mit Lalehun als Ziel für heute. Die Träger sagten aber, das sei unmöglich, weil wir einen hohen Hügel zu überschreiten hätten und wir deshalb Lalehun vor Einbruch der Nacht nicht erreichen könnten. Es zeigte sich aber, dass sie gelogen hatten, denn wir kamen schon ungefähr um 4 Uhr dorthin. Unterwegs trafen wir die kleine Ortschaft *Biwugbu*, die 160 Meter hoch liegt. Dann begann der Weg bedeutend zu steigen, stets durch Urwald. Rechts und links, oft sogar mitten im Weg lagen grosse Felsblöcke. Das rasch abfliessende Wasser der Regenzeit hatte die Wurzeln vieler Bäume entblösst, kurz, es war bergaufwärts ein recht mühsames Klimmen. Oben ist der Hügel ziemlich flach und bietet daher gar keine Aussicht, obschon diese jedenfalls interessant sein müsste. Die höchste gemessene Stelle war 260 Meter ü. M. Noch langsamer als der Aufstieg machte sich der Abstieg nach Lalehun, das am Nordabhang dieses Bekaiie genannten Hügels in einer Meereshöhe von 220 Meter liegt. Der Häuptling dieser kleinen, armseligen Ortschaft war zum Verkaufe von Palmkernen an die Eisenbahn hinauf gereist. Ein Mann, der sein Stellvertreter zu sein scheint, zeigte mir ein paar elende Hütten zum übernachten, wovon ich die beste nahm. Später brachte er mir Reis und ein Huhn, wofür er ein Gegengeschenk erhielt. In einer der Hütten war unmittelbar hinter dem Eingang eine kleine Rumflasche in den Boden gegraben, so dass nur ihre Oeffnung zu sehen war. Darin befand sich von Murraymen geweihtes Wasser, welches das Haus und seine Bewohner vor Unglück bewahren soll. Mitten im Dorfe befanden sich, wie übrigens anderwärts auch, einige Gräber, kenntlich an den vier den Rand umgebenden Baumstämmen, an den Stöcken, die in grosser Anzahl in den Erdhügel gesteckt und mit einem Fähnchen aus weisser Baumwolle versehen sind, sowie endlich an den alten irdenen Töpfen und Rumflaschen. Je eine der letzteren enthielt Palmöl, und gegen Abend kamen ein paar ganz nackte Mädchen, um mit einem Stöcklein, das sie in dieses Oel tauchten, eine kleine Quantität davon herauszuholen, um sich damit gegenseitig den Körper einzusalben, da dies, wie man mir sagte, eine schöne, glänzende Haut erzeugen soll. Wir waren noch keine halbe Stunde in Lalehun, als sich ein heftiges Gewitter über uns entlud, wobei sich zeigte, dass das Dach meiner Hütte an allen Ecken und Enden leck war. Der sehr starke Regen dauerte aber nur kurze Zeit. Nach dem Essen war der Himmel wiederum wolkenlos und prächtige Sterne funkelten überall.»

«In der Nacht vom 9. auf den 10. Dezember wurde ich durch heftige Donnerschläge geweckt, so dass die wie schwarze Eiszapfen von der Decke herunterhangenden, völlig mit Russ gefüllten Spinngewebe massenhaft auf mein Moskitonetz fielen, und dann hörte ich, wie langsam das Plätschern eines heftigen Regens näher kam. Kaum ergoss er sich über das Dorf, als er auch schon stromweise in mein Bett floss, so dass ich rasch aufstand, in die Stiefel schlüpfte und das Bett abbrach. Den trockensten Platz der Hütte reservierte ich für die Instrumente, den zweittrockensten für meine beiden Schlafgenossen, Nelly, den Hund, und das gestern geschenkt erhaltene Huhn. Ich selbst setzte mich auf die Trümmer meines warmen Bettes und rauchte eine Pfeife nach der andern. Als es nach einer Stunde etwas aufhörte, ging ich in der Finsternis zum Bare, wo alles totenähnlich schlief, und weckte Mustapha. Wir stapelten ein paar Kisten aufeinander und fanden Platz, das Bett doch noch an einer relativ trockenen Stelle aufzuschlagen, worauf der Regen mit erneuter Heftigkeit einsetzte und bis lange in den Morgen hinein anhielt.»

«Der Weg nach Manina wäre nun zu weich gewesen und zudem würden die nassen Büsche für meine Güter nicht von Vorteil sein. Ich fürchtete aber, falls wir blieben, möchten die Träger noch einen Tagesgehalt mehr beanspruchen. Meine Leute beruhigten mich aber über diesen Punkt und sagten, wenn sie als Neger einen ganzen Tag gratis zu essen hätten und nichts zu tun brauchten, dann sei das der Gipfel des Glückes. So musste ich mich denn, wenn ungern, darein fügen, heute hier zu bleiben. Den Morgen benutzte ich zur Nachführung des Tagebuches; dann kam ein Mann mit der Keule eines grössern Tieres, das er Gore nennt, und die ich ihm abkaufte. Seiner Beschreibung nach ist es eine Zwergantilope (Cephalolophus). Da der kleine Fluss, der hier vorbeifliesst, auf der Karte als Malefluss bezeichnet wird, Male oder Mali aber das Flusspferd (Hippopotamus liberiensis) bedeutet, so erkundigte ich mich nach ihm. Es soll im Morro-River und ferner in einem Flüsschen namens Wehi, das in der Nähe von Patama vorbeifliesst und ein Zufluss des Moa ist, ziemlich häufig vorkommen.»

«Meine Träger füllten die Zeit aus, indem sie mit einer Art von Kreiseln auf einer Matte spielten. Jch habe das Spiel früher, gelegentlich meines Aufenthaltes in Yonni, gesehen. Als Kreisel benutzten sie grosse Palmnüsse, deren Schalen sie konisch abgeschliffen hatten. Sie wollten um etwas spielen, besassen aber nichts, und so durfte der, dessen Kreisel den eines andern von der Matte herunterschlug, dem Besitzer des letzteren mit der flachen Hand, so stark er konnte, eins auf den nackten rechten Unterarm schlagen.»

«In der Morgenfrühe des 11. Dezember marschierten wir von Lalehun weg. Der Weg war bis Bandajuma, dem ersten Dorfe des Maleimalandes, unter aller Kritik und bisher die schlechteste Route von allen. Eine ganze Menge von Hügeln musste überschritten werden, und über keinen der Flüsse, die anfänglich ostwärts, später aber sämtlich westwärts fliessen, führt eine Brücke. Entweder fehlten sie vollkommen, oder aber sie lagen in Trümmern. Da die Szenerie an solchen Furten meist eine sehr schöne war, weil sehr oft Felsen aus dem Wasser ragten, so wäre zur Aufnahme manch schönen Bildes Gelegenheit gewesen. Jedoch nahm ich mir nicht Zeit dazu, denn wir hatten einen sehr starken Tagesmarsch vor uns, falls wir heute Manina erreichen wollten. Mehrere Dörfer, die auf der Karte verzeichnet sind, existieren nicht mehr. Wo sie standen, ist noch eine grosse Lichtung im Wald; an den frühern Eingängen stehen noch Kolabäume und Bananenstauden, der ganze Platz ist bedeckt von Unkraut und verwilderten Kulturpflanzen, worunter sehr viel Canna indica. Da wo früher Häuser standen, ist der Erdboden erhöht, weil der Lehm, der die Wände bildete, zusammengefallen und das Holzwerk eine Beute der Termiten geworden war.»

«Vor *Patama*, dem letzten Dorfe des Gouralandes, trafen wir noch ein Reisfeld in Blüte an. Alle die Dörfchen, welche wir durchzogen, waren sehr klein und nur aus wenigen Häuschen bestehend. *Kotumahun* und *Jenne* sind nicht mehr. In *Bandajuma* machten wir einen Halt zum Kochen. Auch in diesem Dorfe gab es eine Schmiede und daneben lag ein riesiges Schulterblatt, wahrscheinlich von einem Elefanten, denn solche gibt es hier in der Gegend. Schon in frühern Dörfern war mir eine neue Art von Haus aufgefallen, die in diesen armseligen Oertchen meist in ein oder zwei Exemplaren auftrat. Es sind Mehrfamilienhäuser, ziemlich langgestreckte, viereckige Lehmhütten, die auf der einen Längsseite drei bis sechs Eingänge haben, jeder in einen Raum führend, der von einer Familie bewohnt wird. Beim Weitermarsch hatten wir zwischen den einzelnen Hügeln oft recht lange Sümpfe zu durchqueren. Namentlich rechts von uns erhoben sich bedeutende Hügel, die schon zu den *Kamburi-Hills* gehören, welche sich nordöstlich von Manina ausdehnen, durch einen grossen Teil des Protektorates ziehen und zwischen Kenema und Segwima von der Eisenbahn durchquert werden. Sie bilden nordöstlich von Manina auch die Sprachgrenze zwischen dem Mendi- und dem schon zirka zwei Tagereisen von der Grenze entfernt liegenden Bande-Land, wo das Bande gesprochen wird. Bande soll übrigens mit Mendi nahe verwandt sein und von Mendis sehr rasch erlernt werden können. Im Guma-Lande mit der Hauptstadt Vahun, das östlich von Baiima liegt, aber schon zu Liberia gehört, wird z. B. noch Mendi gesprochen, auf der andern Seite der Kamburi-Hills jedoch Bande. Doch sollen die meisten Gumaleute beide Sprachen sprechen, da vom Bandeland her, seit der Eröffnung der Eisenbahn bis Baiima, etwas Handel getrieben wird. Die Ware, welche von den Bande und den östlich an sie anschliessenden Lome und Bele am liebsten gekauft wird und den höchsten Wert hat, ist das Salz.»

«Beim Uebergang über den letzten Hügel vor Manina fühlte ich eine grosse Müdigkeit und ich schleppte mich eigentlich nur noch langsam dahin. Das Fieber machte sich schon etwas bemerkbar. Auf dem letzten Hügel, dessen Nordabhang von Bäumen befreit ist, weil hier Felder stehen, hat man eine schöne Uebersicht über das breite Tal, in dem sich auf einer kleinen Erhöhung die Stadt *Manina* erhebt. Die Seiten dieses Tales sind namentlich im Westen und Osten von hohen Hügeln begrenzt, die vielerorts 150 bis 200 Meter über die Talsohle ragen. Auf unserem Hügel trafen wir auf eine Gesandtschaft, bestehend aus zwei alten Unterhäuptlingen und zwei jungen Leuten, die mir vom Häuptling Bambu, dem Beherrscher des Maleimalandes, entgegengeschickt worden waren. Wir begrüssten uns feierlich und stiegen dann langsam in das Tal hinunter. Bevor wir die Stadt erreichen konnten, hatten wir noch einen kleinen Sumpf zu durchwaten, und einer der Delegierten liess es sich nicht nehmen, mich dort durchzutragen. Dann gewahrte ich unter einem Baume eine dichte Menschengruppe, von der sich beim Näherkommen eine Gestalt ablöste und mir, die Mütze in der Linken, mit ausgestreckter Hand entgegen kam. Es war der alte Häuptling Bambu, barfuss, in einem alten, sehr schmutzigen Gummimantel, der eine dicht behaarte Brust freiliess. Er teilte mir gleich mit, er sei nicht wohl, und führte mich dann in seine Stadt, eine schmutzige, sehr unregelmässig gebaute Ortschaft, und wies mir ein Haus an, das auf zwei Seiten offen stand. Es war im Innern völlig mit neuen Matten ausgelegt, konnte mir aber nicht auf die Dauer als Wohnung dienen, da jede einzelne meiner Handlungen durch hundert neugierige Augen kontrolliert wurde. Vorläufig wartete ich aber den Rest meiner Träger ab. Bambu brachte mir eigenhändig ein Huhn und einer seiner Leute eine grosse Menge schönen Reises. Ich vernahm auch, dass am folgenden Morgen der Distrikts-Comissioner D. Maxwell hierher kommen werde, was ich für mich günstig deutete. Nachdem alle Lasten vollzählig eingetroffen, sandte ich Mohammed zum Häuptling, um denselben um ein anderes Haus bitten zu lassen, was auch gewährt wurde. Ich erhielt darauf mitten in der Stadt ein längliches Haus, dessen schmale Seiten abgerundet waren. Es hatte aber den grossen Nachteil, dass es ganz neu war, so dass der Boden und die Wände noch feucht waren.»

«Ich war so müde und abgespannt und fühlte zudem Fieber, dass ich, ohne das Geringste zu geniessen, sofort zu Bette ging. Dort mass ich 38,4° C. Es ist nun eine bekannte Tatsache, dass man sich bei niedrigem Fieber unwohler fühlt als bei hohem. Mein Zustand war sehr unangenehm. Als ich nach einiger Zeit erwachte, war es finster geworden, aber das Fenster oder das Loch, welches als solches dient, sowie die Türe standen völlig geöffnet da, und auf meinen Ruf nach dem Wächter erhielt ich keine Antwort. Mustapha, der sich geweigert hatte, die Wache zu beziehen, wurde von mir bestraft, worauf er sich zu den übrigen ins Bare verzog und dort jedenfalls Pläne schmiedete, deren Ausführung mir viele Unannehmlichkeiten kosten sollte.»

«Mein Fieber hatte über die Nacht vom 11. zum 12. Dezember nicht nachgelassen, war aber auch nicht stärker geworden. Ich zog mich am Morgen weiss an, um den erwarteten Distrikts-Comissioner, den obersten Beamten des Distrikts, würdig begrüssen zu können, und ging demselben auch ein paar 100 Meter auf dem guten Weg in der Richtung gegen Baiima entgegen. Schliesslich kam er an, voraus ein Polizeikorporal mit einem kuzen Säbel unter dem Arm, dann der D. C.[1] in einer Hängematte. Die Träger, der Koch etc. waren schon vor zirka einer Stunde angelangt. Der D. C. grüsste mich von der Hängematte aus sehr herablassend und reichte mir die Hand. Doch stieg er nicht aus, sondern tat dies erst, als die Strasse durch eine Barriere versperrt war. Der Häuptling und die Würdenträger von Manina waren ihm ebenfalls entgegen gezogen; nachdem er sie begrüsst, liess er sie stehen. Wir gingen hinauf ins Dorf, wo eine einfache aber gute Hütte mit Veranda, Tisch und ein paar Stühlen für ihn bereit standen.»

«Dieser D. C., der dem Range nach etwa einem Kontrolleur von Niederländisch Indien entspricht, und einen Jahresgehalt

---

[1] Die übliche Abkürzung für Distrikts-Comissioner.

von 500 £ bezieht, hat mit den meisten seiner Kollegen, die ich hier kennen lernte, eine Eigenschaft gemein, er zeigt nämlich stets, dass er ein D. C., das heisst ein Beamter ist, dem man Respekt schuldet und der viel Gewalt hat. Während Residenten, Gouverneure und andere hohe Beamte sich ohne weiteres auf den Standpunkt des einen Gentleman gegen den andern stellen, und selten oder nie zeigen, dass sie eigentlich, wie man bei uns sagt, «grosse Tiere» seien, kann so ein D. C. oder ein Kontrolleur gar nicht aus seiner Rolle kommen. Spricht man über das Land, über die Sitten seiner Bewohner, über diesen oder jenen Häuptling, über die Konfiguration des Bodens, über ausbeutbare Mineralien, über die Vegetation und die Nutzpflanzen, über die Fauna und seltene Tierarten etc., dann weiss das der D. C. schon längst oder er weiss es besser. Dass ich niemals den Ton des Belehrenden anschlug, wird jeder glauben, der mich kennt; ich hätte den Mann ja auch gar nicht belehren können, der hier seit vielen Jahren ist. Aber ein Vergleich der Verhältnisse dieses Landes, des einzigen, das er ausser England kennt, mit andern Kolonien, die ich hatte kennen lernen, schien ihn zu beleidigen, weil er da nicht mit konnte. Die Andeutung, dass die Abschaffung der Sklaverei im Protektorat doch eigentlich nur auf dem Papier stehe, liess ihn für längere Zeit ganz verstummen. Ich konnte dem Manne nichts recht machen und fühlte je länger desto deutlicher meine Nichtigkeit neben dieser Grösse, die alles wusste, alles sogar besser wusste, die zur Rechtfertigung von Boccary Serah, des elenden Sklavenhändlers und Betrügers, einwendete «he is a very clever man», der auch mein Lob der Leute im allgemeinen, der vielen Schönheiten des Landes, des durch die Eisenbahn gesteigerten Handels usw. mit Misstrauen aufnahm. Es waren keine gemütlichen Momente, die ich mit diesem Weissen verlebte; sie erinnerten mich aber lebhaft an ähnliche Unterredungen mit Leuten, die ihm im Rang etwa gleichstanden. Da ich mich sehr unwohl fühlte, so hatte ich einen guten Grund, mich bald zurückzuziehen.»

«Inzwischen war aber ein anderes Ereignis eingetreten. Als ich nämlich nach einer dieser Unterredungen nach meinem Hause zurückkam, traf ich dort Sory in sehr niedergeschlagener und trüber Stimmung. Er teilte mir nichts Geringeres mit, als dass meine vier übrigen Begleiter weggelaufen seien. Meine erste Frage galt den Schlüsseln und Sory verstand sehr wohl, was ich meinte, indem er gleich den Schlüssel zu jenem Koffer brachte, der das Geld enthielt. Es war aber alles intakt, nichts fehlte von meinem Hab und Gut. Sory schlug mir vor, den Leuten nachzulaufen und sie zurückzurufen, was ich schliesslich bewilligte. Sie kamen schliesslich, und in einer langen Unterredung suchte ich sie beim Ehrgefühl zu nehmen, aber da tat ich einen argen Missgriff, sie hatten nämlich gar keines. Andererseits bat ich die Leute nicht mit einem Wort zu bleiben, sie sollten ja nicht glauben, dass der Erfolg meiner Reise von ihrer Anwesenheit abhängig sei. Sie waren nur bange, ich möchte dem D.C. Klage gegen sie eingereicht haben wegen ihres Weglaufens, aber ich teilte ihnen wahrheitsgemäss mit, ich hätte bisher gegen ihn kein Wort über die Sache verloren. Mohammed wurde in diesem Moment abgerufen, da er zum Häuptling solle, und bald stellte es sich heraus, dass letzterer meine Leute des Weglaufens wegen beim D.C. verklagt hatte. Dieser liess Mohammed vor sich rufen, fragte ihn, wie lange er bei mir sei und ob er nun weg wolle, und als Mohammed dies bejahte, sagte der D.C. nur, er sei frei zu tun was er wolle. Dies sei eine Sache, die ihn nichts anginge. Damit hatte er völlig recht; aber es scheint mir, er hätte seine D.C.-Würde einen Augenblick ablegen und den Rassegenossen von mir hervorkehren dürfen. Ich weiss bestimmt, dass ich im umgekehrten Falle so gehandelt hätte, aber ich bin eben kein D.C. Die vier liefen nun weg in der Richtung nach Baiima, ich stellte Sory frei, ebenfalls wegzugehen, aber er weigerte sich des Entschiedensten, mir diesen Schurkenstreich, wie er es selbst nannte, zu spielen und versicherte mir in seinem Englisch, falls ich ihn nicht wegjage, bleibe er bei mir in jeder Not und Gefahr. Da ich fror, liess ich einen der Ballen aufmachen, der drei riesengrosse Badtücher enthielt, die, wenn man sie vierfach zusammenlegte, gerade gute Bettdecken bildeten. Ich sagte gegen Abend dem D.C. Lebewohl und kroch unter diese 3×4 Decken und meine Bettdecke. Dort verbrachte ich den ganzen folgenden Tag, es war der 13. Dezember, in Fieber und Frost. Die Temperatur betrug morgens und abends 39,5°, also nicht besonders hoch, aber unangenehm. Draussen war es tagsüber sehr heiss, aber trotz der 13 Decken zitterte ich im Bett vor Kälte. Da ich eigentlich meist in einem totenähnlichen Schlafzustand lag und nichts genoss, kam Sory gegen Abend und weckte mich. Er war bange, ich möchte sterben; da ich ihm für diesen Fall tags zuvor ein paar Instruktionen gegeben hatte und er in seinem Negerkopf nun meinte, es gelte gleich Ernst.»

«Am Morgen des 14. Dezember war das Fieber auf 38° gesunken. Da ich auch nichts zu geniessen vermochte und das Chinin regelmässig erbrach, war von viel Bewegung nicht die Rede. Abends nach Einbruch der Dunkelheit vermisste ich den Hund, und Sory fand ihn auch nicht im Dorfe. Offenbar hatte man ihn gefangen und versteckt. Im ganzen Dorfe gibt es keinen Hund, wohl aber ausserordentlich viele Mohammedaner fanatischster Sorte. Ihre gemeinsam abgehaltenen Morgen- und Abendgebete lassen die Luft erzittern. Ihnen war vielleicht der unreine Hund unangenehm. Ich liess nun den Häuptling auffordern, den Hund suchen zu lassen. Drei Leute gingen durch das Dorf, laut rufend und mitteilend, man suche nach meinem Hund. Zwei Minuten später sprang Nelly freudig ins Haus hinein. Wer da im Spiele war, ist natürlich nicht herauszubekommen.»

«Am gleichen Abend hatte ich noch ein anderes kleines Pech. Es wimmelte im Hause von zahlreichen, winzigen, braunen Rüsselkäfern, die so klein waren, dass sie zwischen den Maschen des Moskitonetzes durchkamen. Beständig fühlte ich sie irgendwo krabbeln. Eines dieser Tiere geriet mir nun in den Rachen und in das obere Ende der Speiseröhre, wo es sich anklammerte und durch nichts zu vertreiben war. Tee zu trinken nützte nichts, und da es sich schliesslich in die Schleimhaut einbohrte, wurde dadurch ein sehr starker Brechreiz ausgelöst, der die mit Mühe genossenen kleinen Quantitäten Tee wieder entleerte. Noch lange während der Nacht, in der ich viele Stunden schlaflos lag, spürte ich das lästige Tier, aber am Morgen war es verschwunden und mit ihm auch der letzte Rest von Fieber. Aber ich war so schwach, dass ich nach dem Aufstehen taumelte. Wie sehr mich all das mitgenommen, kann daraus ersehen werden, dass ich am 17. Dezember, also 14 Tage nach der Abreise von Jonni, um fast 20 engl. Pfund leichter war, und dieser Gewichtsverlust hat jedenfalls zumeist während den allerletzten Tagen stattgefunden.»

«15. Dezember. Ich konnte wieder etwas aufstehen, musste aber den ganzen Tag durch in dem feuchten Lehmhause zubringen, natürlich ohne Appetit.»

Manina ist eine ziemlich grosse Stadt, jedoch sehr enge
gebaut, und zwischen den einzelnen Häusern in den schmalen
Gässchen ist viel Schmutz. Ganz nahe bei der Stadt, nicht über
30 Meter vom letzten Hause entfernt, steht eine neu erstellte
Leopardenfalle. Der Viehstand ist zahlreich, Pferde fehlen
zwar. In der Stadt gibt es mehrere Bare, von denen eines sehr
stark erhöht ist, indem der Boden ungefähr eine Dicke von
1 Meter hat. Dieses Bare lag direkt neben meinem Hause, und
hier fanden den ganzen Tag Palavers statt, bei denen es wichtig
ist, dass sowohl der Häuptling, wie Ankläger und Verteidiger
ausserordentlich lange Reden halten, wobei sie ihrer Stimme
keinen Zwang antun. Die Nachbarschaft dieses Bare war mir
deshalb lästig, aber ich tröstete mich jeweilen mit dem Gedanken an das auf zwei Seiten offenstehende Haus und war
befriedigt, hier doch vier Wände um mich zu haben. Dazu
konnte man schon etwas Lärm und Geschrei mit in Kauf nehmen.»

«Hier in Manina halten sich zahlreiche Fremde auf, meist
Mohammedaner, Fullahs mit ihren phantastischen Zöpfen um
den Kopf, Mandingos in ihren weiten farbigen Kleidern. Hier
konnte ich auch zum ersten Male Waffen sehen, denn ausser
2—3 Speeren, die ich gelegentlich in der Hand der uns Begeg-
nenden getroffen, hatte ich nie bei den Mendi Waffen bemerkt,
Messer schon gar nicht. Hier tragen viele Männer Messer und
Dolche in hübschen Lederscheiden. Die berühmten Lederarbeiten
der Mandingo traten hier zum ersten Male auf, und ich sah
mehrere Leute, welche auf Bögen, die einem Pfeilbogen ähnlich
sind, aus langen feinen Lederstreifen schöne Arbeiten flechten.
Unter den Fremden befand sich auch ein Christ aus Sulima,
der zwar wie ein Mohammedaner gekleidet war, aber meist
Schuhe trug, was jene nie tun, sondern sich mit Sandalen oder
Pantoffeln begnügen. Er sprach gut englisch und erwies sich
als ein weitgereister Händler. Von ihm erhielt ich ein paar
Auskünfte über das Land, das ich besuchen wollte. Er sagte
mir, wie auch schon der D. C., dass es für meine Expedition ausser
am Unterlaufe des Mano-River nirgends möglich gewesen wäre
(was ich ja selbst erfahren hatte), irgendwo über die liberianische
Grenze zu kommen. Zwischen Sierra Leone und West-Liberia
dehnen sich 3—5 Tagereisen breite, vollkommen unbewohnte
Wälder aus, die reich an Gummi und Elefanten sind, aber ausser

für eine Expedition, die über eigene Träger, viel Lebensmittel und genügend Leute mit Hackmessern, für jeden unzugänglich seien. Wege führen nicht hindurch und um nach Ini oder Giehun im Liberianischen zu gelangen oder nach Boporu, muss der Weg durch das Guma-Country über Vahun eingeschlagen werden, von dort führt ein Weg nach Giehun. In dem grossen Dreieck, das im Nordwesten durch den Morro-River, im Osten durch die liberianische Westgrenze und im Süden durch den Mano- oder Bewa-River begrenzt ist, befindet sich kein einziges Dorf ausser zwei kleinen menschlichen Ansiedlungen, die ganz nahe am Morro-River liegen. Auch falls aber Wege existieren würden, wäre es doch ganz ausgeschlossen, Träger zu erhalten, denn die Häuptlinge würden bange sein, dieselben möchten nicht mehr zurückkehren. Mannah sagte mir, übereinstimmend mit dem D. C., ich müsse von Maleimaland nach Guma, dort die Kamburikette überschreiten, worauf ich ins Bandeland gelange. Hier werde die Bandesprache gesprochen, die vom Mendi abweiche, jedoch damit verwandt sei. Weiterhin käme ich dann nach Loma, dessen früherer Häuptling ein wilder Krieger gewesen, aber vor ein paar Jahren gestorben sei. Dort durchzukommen und ins Bele- (Gbele-, Belele- oder Bere-) Country zu gelangen, halten sie für möglich. Das wichtigste und meist verlangte Tauschmittel sei Salz. Es werden auch Sklaven verkauft und Kriegsgefangene gefressen, sonst sei aber der Kannibalismus verschwunden.»

«Am Abend fragte mich Bambu etwas brutal, wie lange ich noch hier zu bleiben gedenke, entschuldigte sich aber gleich darauf und sagte, er wolle mich nicht vertreiben. Ich antwortete, es sei mein Bestreben, sobald als möglich wegzukommen und bat ihn um Träger. Er versprach mir deren 26 bis Baiima, worauf ich ihm ein Geschenk machte. Ich wünschte die Träger morgen früh zu haben, was er mir versprach.»

«16. Dezember. Ich hatte gestern noch ein einfaches Gestell machen lassen, an dem die Hängematte angebracht werden konnte und das man mit einem der grossen landesüblichen Tücher, welches Bambu mir ungeheissen lieh, bedeckte. Vier Mann sollten mich nämlich tragen, da ich zum Marschieren unfähig war. Da am Morgen kein Mensch erschien, liess ich den Häuptling rufen und fragte ihn nach der Ursache. Er sagte, er sei mit dem Zusammenbringen der Träger beschäftigt. Nun tropften die Leute nach und nach an. Ich zählte einmal ihrer 12, dann verschwanden sie wieder, neue kamen, vom Häuptling hergebracht, sobald er aber wegging, um die Fehlenden zu suchen, gingen sie auch wieder weg. Ich hatte niemals solche Schwierigkeiten gehabt. Wenn wieder ein paar da waren, behaupteten sie, die Lasten seien zu schwer, wogen sie, brachen in lautes Gelächter aus und liefen davon oder drückten sich auch unbemerkt durch die dichten Scharen der Zuschauer. Ich stand dabei etwa drei Stunden in der brennenden Sonne, die stets höher und höher stieg, und verzweifelte. Ich nahm endlich Bambu her, sagte ihm gehörig meine Meinung und drohte über seine Machtlosigkeit an den Gouverneur zu rapportieren. Da hatte er die Frechheit, für die Träger über den Kontrakt hinaus noch eine Extra-Entschädigung zu verlangen, was ich natürlich abschlug. Unterdessen waren die Träger wieder verschwunden. Endlich machte man es so, dass jeder herangeschleppte Träger gleich seine Last empfing und damit losziehen musste. Da ich dabei keine Kontrolle hatte, in welcher Richtung sie gingen, und Sory bei mir bleiben musste, um einen Dolmetsch zu haben, so bekam ich Angst, man möchte mich bestehlen. Das war glücklicherweise aber nicht der Fall. Immerhin waren noch mehr als die Hälfte der Lasten ohne Träger, ebenso meine Hängematte. Da mischte sich endlich Mannah in die Sache. Seine Rede schien zu wirken und Last um Last verschwand. Auch die Hängematte wurde schliesslich ergriffen und dann sagte ich Bambu Lebewohl. Mannah begleitete mich noch ein paar Schritte und erzählte, die Unzufriedenheit sei durch die Unterhäuptlinge geschürt worden, die vergeblich auf ein Geschenk von mir gerechnet hätten. Ich war froh, endlich in der Hängematte unterzukommen und Manina, wo ich so viel Unglück gehabt, den Rücken zu drehen.»

«Die Strasse nach *Baiima* ist recht gut; stets so breit, dass die Hängematte bequem getragen werden kann. Jedoch ist sie auf der Karte nicht verzeichnet und führt westlich von Gorahun vorbei. Man passierte die Dörfer *Gumama*, *Ngiko*, *Ngawama Yuja* (zwischen den beiden letztern Ortschaften liegt die Grenze zwischen Maleima und Mando), *Dahoma*, wo wir übernachteten, *Manduruh* und Baiima. In Maleima ist die Strasse schon deshalb besser als in Mando, weil hier die Brücken vorhanden sind, was später nicht mehr der Fall ist; im letzteren Lande sind alle, ursprünglich sehr guten, Brücken eingefallen. Die Strasse ist oft in die Abhänge der Hügel gegraben, wo sich sehr schöne Lateritbildungen zeigen; anderwärts durch niedrigen Grund ist sie auf Dämmen angebracht. Alle Dörfer sind klein und der Verkehr anfänglich gering. Später, gegen Baiima, trifft man dann allerdings viele Karawanen, namentlich mit Palmkernen, z. T. aber auch mit Palmöl beladen. Wir hatten um 5 Uhr nachmittags etwa zwei Drittel des Weges zurückgelegt, als meine Träger, ohne zu fragen, vom Hauptwege abbogen und mich ins Dorf Dahoma trugen. Hier erwarteten wir im Bare den Rest der Träger, der lange auf sich warten liess. Dann wurde mir eine Hütte angewiesen und kam man endlich zum Kochen.»

Am 17. Dezember konstatiert Volz seinen Geburtstag:

«Heute bin ich 31 Jahre alt und trotzdem ich mich freue, nach Baiima und dadurch wieder in den Bereich der Kultur zu gelangen, ist das Totalgefühl doch ein unangenehmes und der Geburtstag ein unerfreulicher, denn statt vorwärts zu kommen in fremde Länder, gehts wieder einen Schritt zurück. Es wird mir nämlich weder in Baiima noch in irgend einer andern Station der Eisenbahn möglich sein, ein paar ständige Begleiter zu engagieren, so dass ich gezwungen bin, nach Freetown zu fahren, was mich viel Geld und Zeit kostet.»

«Wir brachen früh auf und ich liess mich mit Vergnügen durch den kühlen, nassen Wald tragen. Leider waren die Brücken sehr schlecht und auf einer derselben brach ich ein, wobei ich mich an einem Pfahl nicht unerheblich verletzte. Unterwegs stellte sich plötzlich ein älterer Mann ein, der freiwillig den einen meiner Hängemattenträger ablöste, und da er augenscheinlich diese Beschäftigung sehr gut verstand, die andern darin unterrichtete, und sie auch zum Traben aufforderte. So langten wir schon zeitig, ungefähr 9 Uhr morgens, in Baiima an, wo ich mich nach der Faktorei von Paterson, Zochonis & Co. tragen liess, deren Leiter ich früher kennen gelernt hatte. Unsere Ladungen wurden in der Faktorei untergebracht und wir nahmen nur ein paar notwendige Gegenstände zur Reise nach Freetown mit.»

III. Von Baiima nach Kambahun.
Vom 19. Dezember 1906 bis 9. Januar 1907.

Am 19. Dezember war Volz wieder in *Freetown* angekommen. Er besuchte in den folgenden Tagen den Gouverneur und dessen bereits eingetroffenen Nachfolger und unterbreitete den beiden seinen Plan, von Baiima direkt ostwärts in Liberia einzudringen. Man erklärte ihm, es ständen seinem Vorhaben keinerlei Hindernisse entgegen, doch hätten sie lieber gesehen, wenn Volz von Baiima nordwärts durch Panjuma in die Nähe der Nigerquellen gezogen wäre, um baldigst auf französisches Gebiet zu gelangen. Sie versprachen ihm bis dorthin allen Schutz. Da dieses Gebiet jedoch geographisch bekannt war, lehnte Volz ab und war zufrieden, die Bewilligung zur Ausführung seines eigenen Planes zu erhalten. Offenbar hatten die beiden Gouverneure bereits Kenntnis von den Verwicklungen, welche sich an der liberianischen Nordküste vorbereiteten und wollten deshalb Volz von seinem Plane, das unruhige Gebiet zu betreten, abbringen.

Volz engagierte hierauf ausser seinem bisherigen Begleiter Sory noch zwei Susu, Kaiba und Molaih, von denen der eine auch Fullah, der andere Mendi sprach, sowie einen gewissen Laminah Sumbuja. Da am Weihnachtstage kein Zug fuhr, musste er die Abreise auf den 27. Dezember verschieben, was ihm um so weniger schwer fiel, als er sich immer noch etwas schwach fühlte.

Bei starkem Harmattan, der mit grosser Kälte verbunden war, reiste Volz am 27. und 28. Dezember mit seinen vier Begleitern nach Baiima. Die Unterhandlungen mit dem Häuptling von Baiima wegen der Anwerbung von Trägern führten zu keinem Resultat, hingegen machte Volz durch Vermittlung einiger Europäer die Bekanntschaft des Sohnes des Paramount-chief (Oberhäuptling) von Mando-Land, der in Gorahun residiert. Dieser versprach ihm, für den 30. Dezember 21 Träger zu stellen. So konnte an diesem Tage der Aufbruch stattfinden. Man folgte zunächst eine Strecke weit dem Trasse der von Baiima nach Nordosten projektierten Eisenbahn. Längs des Weges standen Hütten handeltreibender Kreolen, eigentlicher Zwischenhändler, welche den Eingebornen, die Produkte aus dem Innern herbringen, diese abjagen und mit etwas Gewinn an die in Baiima niedergelassenen Firmen verkaufen. Dann bog Volz, einem guten Fussweg folgend, nach Osten und Südosten ab. Das Ziel des Tages war *Bomaru*, eine Ortschaft nahe der liberianischen Grenze. Nach der besten, Volz zur Verfügung stehenden Karte, der des War Office in Alldridge, führten von Baiima nach Bomaru nur zwei grosse Umwege; Volz verliess sich darauf, dass seine Mannschaft noch einen direkten, kürzern Weg kennen würde, und es war auch so. Er schreibt: «Wir kamen zuerst zu einer grossen Ortschaft und trafen nachher nördlich von Saki-gemma den von Pendembo herführenden Weg. Und zwar trifft man ihn am Abhange eines hohen und steilen Hügels, der oben breit und flach ist und auf dem die Ortschaft *Saki-gemma* in 270 Meter Meereshöhe liegt. Während des Aufstieges liefen wir oft auf nacktem Fels, der von breitern und schmälern Quarzgängen durchzogen ist, die im allgemeinen südliche Richtung haben. Der grösste Teil des Hügels ist übrigens mit hohem Wald bedeckt.» Von Saki-gemma ging es nach *Jura*, wo der Weg nach Nordosten umbiegt und bei der Ortschaft *Barivalla* den gleichnamigen Fluss auf guter Brücke überschreitet. Das Land ist das kleine, zwischen Maleima und Guma eingeschobene *Diah-Country*. In grossen Gartenbeeten pflanzen die Bewohner Tabak (sog. Bombara-Tabak), Frauen und Mädchen tragen häufig auf der Vorderseite des Körpers Tätowierungen, die in der Umbilicalgegend beginnend gegen die Brust sich hinaufziehen und aus Gruppen von je fünf divergierenden Schnitten bestehen. Die hier häufigen Mandingo oder Fullah haben den Vorderkopf rasiert, sie verfertigen vorzügliche Lederarbeiten, so namentlich wundervolle Dolch- und Schwertscheiden. Die Schwertgriffe werden mit Silber und Elfenbein, Speere und Schmuckgegenstände vielfach mit Kauris verziert.

Vor *Bomaru* wurde auf einer hohen Hängebrücke der Maimbefluss überschritten; das Dorf selbst bestand aus kleinen runden Hütten, die teilweise aus Laterit gefertigt und deshalb rot waren. Vor dem Dorfe befand sich in unmittelbarer Nähe des Begräbnisplatzes der Eingang zu einem Bundubusch, der stets durch eine Hecke angedeutet ist, in welcher sich die durch eine Matte geschlossene Tür befindet. Volz drang dort ein, fand aber ausser einer ringsum offenstehenden runden Hütte und einem grossen Feuerplatz nichts bemerkenswertes. Im Dorfe selbst konstatierte er trotz der äussern Armut einige Hausindustrie. Gebrannte Töpfe waren häufig, schienen aber nicht hier verfertigt zu sein. Der Webstuhl ist der feststehende westafrikanische Typus, bei welchem der Zettel an einem Brett oder einem Fellstück befestigt ist, das man mit Steinen beschwert hat, so dass die Fäden straff gespannt, aber doch nachgezogen werden können. Das Schiffchen hatte die Form eines Canus. Die von Frauen ausgeübte Färberei beschränkt sich auf das Eintauchen des Garns in Indigo. Junge Mädchen bereiteten Palmöl, und vor dem Dorfe befand sich eine Feldschmiede.

In Bomaru wurden neue Träger engagiert bis *Bonumbu*, dem ersten grössern Dorfe in Liberia. Ueber die Reise dorthin berichtet Volz: «Wir verliessen Bomaru ungefähr um 7 Uhr. Nach dem wir eine Strecke zurückgelegt, ich, wie immer, zuhinterst, kam in scharfem Trabe der Häuptling von Bomaru angerannt, gefolgt von vier Weibern, und machte mir verständlich, er habe auch die Absicht, nach Bonumbu, unserem heutigen Ziele, zu gehen. Bomaru liegt 195 Meter hoch, auf einem Hügel, von dort führt der anfangs gute Weg in ein kleines Tal und beginnt dann bald wieder zu steigen, bis er die Höhe von 275 Meter erreicht. Später kommt man wieder in Täler (die Sohle eines solchen liegt in 150 Meter), so dass man also ziemlich bedeutende Höhenunterschiede zu überwinden hat. Der Weg ist in dieser Strecke schlecht und sehr steinig, beidseitig meist prachtvoller Urwald, mit einer Unmenge von Lianen und Epiphyten besetzt. Bevor wir aber die Spitze des 275 Meter hohen Hügels erreichten, überschritten wir die Grenze zwischen der Sierra Leone und Liberia. Der Häuptling, welcher vorangegangen war, wartete mir dort und machte mich auf eine am Wege stehende Oelpalme aufmerksam, deren unterer Teil etwa zwei Meter hoch mit Steinen umgeben war. Ferner liess sich erkennen, dass in nordsüdlicher Richtung einmal ein Weg bestanden hatte, der jetzt aber ziemlich wieder zugewachsen war, eben jener Weg, den ein mir bekannter englischer Offizier vor einiger Zeit wieder offen gekappt hatte. Diese Grenze ist ausserordentlich willkürlich, verursacht auch den Engländern wie den Liberianern viel Kopfzerbrechen, namentlich aber den Häuptlingen. Sie schneidet in hiesiger Gegend z. B. das Guma-, Bambara-, Bombali- und Luawaland entzwei, zum Teil in beinahe gleiche, zum Teil in sehr ungleiche Teile. Luawa, dessen Oberhäuptling Fa Bundu ist, liegt z. B. zum grössten Teile in Liberia, aber Fa Bundu ist ein grosser Freund der Engländer und verabscheut die liberianische Regierung. In seiner Hauptstadt Kanre Lahun, die aber in Liberia liegt, halten sich sehr oft englische Offiziere auf, und Soldaten, die zum Kissikrieg nordwärts ziehen, kommen fast täglich durch das liberianische Gebiet. Von Guma, zu dem Bomaru gehört, liegt ebenfalls der grösste Teil in Liberia. — Trotzdem wir nun in Liberia waren, merkte ich keinen grossen Unterschied in der Güte des Weges. Auf den ebenen Plateaus der Hügel und in den Tälern war derselbe durchwegs gut, und an den Abhängen nicht schlechter als z. B. zwischen Goura und Maleima. Jedoch scheinen Brücken eine unbekannte Einrichtung zu sein. Die einzige Ortschaft, die wir trafen, ist *Folima*, ein kleines, elendes Dörfchen, das aber doch seinen Bundubusch besitzt, der in einem Haine riesiger und zahlreicher Bambusse liegt. Ziemlich weit rings um die Ortschaft ist der Wald gekappt, was auf eine frühere bedeutendere Grösse des Dorfes schliessen lässt, und an seiner Stelle steht hohes Gras, wie ich es bisher nie gesehen. Manche Stengel messen sechs bis sieben Meter. Von Folima (240 Meter) führt der Weg fast eben zu dem gleich hoch gelegenen *Bonumbu*. Er ist hier vorzüglich und oft auf lange Strecken eingeschnitten. Wie eigentlich diese Einschnitte zustande kamen, ist mir nicht recht klar. Von einem Bache können sie nicht herrühren, da sie steigen und fallen. Die einzige Erklärung für diesen merkwürdigen Weg scheint mir die zu sein, dass es sich um einen ehemaligen Elefantenpfad handeln könnte. In Sumatra habe ich sehr oft gesehen, welch erodierende Macht Elefantenfüsse haben. Dort folgte ich oft stundenlang fast geradeaus laufenden Elefantenwegen, die keine Vegetation zeigten und gelegentlich tief eingeschnitten sind. Namentlich ist dies der Fall an Stellen, wo der Weg an einem steilufrigen Bach hinunterführt. Dort haben die Elefanten oft eigentliche Durchzüge geschaffen, tiefe Einschnitte, wie sie ein Ingenieur kaum besser erstellen würde, und zudem waren die Seitenwände, die 3 bis 4 Meter hoch sein konnten, von den Dickhäutern völlig glatt gescheuert.»

«Plötzlich trafen wir auf der Strasse eine Anzahl von europäisch gekleideten Schwarzen, welche zum Teil mit Hinterladern bewaffnet waren und die man der gleichförmigen, schmutzigweissen runden Mützen wegen als Soldaten ansehen konnte. Dann dehnte sich ein grosser Platz vor uns aus, der von einem mächtigen Wollbaum und einer riesigen Akazie beschattet war und auf dem sich auch einige alte Gräber mit den dazu gehörenden Kolabäumen befinden. Auf der andern Seite stieg der Weg zum Dorfe *Bonumbu* empor, an dessen Eingang wohl Hunderte von Leuten standen, von denen sehr viele Gewehre, andere Schwerter trugen. Ich las auf allen Gesichtern ein grosses Erstaunen, hier plötzlich einen Weissen auftauchen zu sehen. Dann entdeckte ich neue Uniformierte und eine gehisste liberianische Flagge. Meine Karawane hatte sich, wie immer, nach dem Bare begeben, wo sie mich erwartete. Nachdem ich Dutzenden von Susu, Mandingo und Fullah die Hand gedrückt, forderte ich jemanden auf, mich zum Häuptling zu führen. Das geschah denn auch nach einigem Zögern und ich traf einen der üblichen alten Herrn. Nach der gewöhnlichen Begrüssungsformalität bat ich um ein Haus. Der Häuptling wies mir eine gegenüber seinem Hause aufgehängte Hängematte an. Kaum hatte ich mich dort gesetzt, als ein kleines, etwas schmutziges Männchen mich ziemlich barsch in amerikanischem Englisch fragte, wer ich sei und was ich hier wolle. Obschon ich grosse Lust hatte, ihn zu fragen, ob ihn das vielleicht etwas anginge, gab ich ihm Auskunft. Ich fügte bei, dass ich wohl nicht irre, wenn ich annehme, Lieutenant Lomase, an den ich von S. Exz. dem Präsidenten von Liberia Empfehlungen besitze, sei in der Nähe. Das Männchen sagte etwas weniger barsch, doch immer noch unhöflich genug, er sei selbst im Dorfe und er wolle ihm mitteilen, dass ich da sei. Darauf verschwand er, tauchte aber nach kurzer Zeit wieder aus dem Kreise der Umstehenden auf und rief mir, ihm zu folgen. In der Veranda einer Hütte lag Lieutenant Lomase, in einer Hängematte, eine alte illustrierte Zeitschrift in der Hand. Er hielt es unter seiner Würde aufzustehen und reichte mir nur höchst herablassend die Hand.»

Volz beschreibt im weitern das geckenhafte und vernachlässigt-pompöse Aussehen Lomases in seiner Uniform; das kleine Männchen entpuppte sich als sog. «Komander» mit dem Range eines Kapitäns.

Da der Oberhäuptling des Gumalandes vor einiger Zeit gestorben war, hatte die Expedition Lomases einen neuen zu wählen, was tags vorher auch geschehen war. Heute (31. Dezember 1906) sollte nun die Krönung stattfinden, und es wurde dazu auf dem eingangs erwähnten Platze ein sogenanntes Council abgehalten. Lomase und die übrigen Offiziere erschienen in goldstrotzenden Galauniformen und gruppierten sich um einen Tisch, auf welchem die Akten, das Buch von Alldridge über die Sierra Leone[1]), ein Revolver und eine liberianische Flagge in malerischer Unordnung umherlagen. Dazu die Soldaten, eine Musik, die Dorfbewohner, Kinder und alte Frauen. Die jüngern Frauen und Mädchen waren in den Busch geflohen, um vor den Zudringlichkeiten der Soldaten sicher zu sein. Von den Verhandlungen erwähnt Volz folgende Hauptpunkte:

[1]) *Alldridge*, T. J. The Sherbro and its Hinterland. 1901.

1. Wurde dem Volke eingeschärft, dem neuen König zu gehorchen, und diesem selbst, dem Präsidenten und der Regierung Gehorsam zu leisten.

2. Den Handel bei schwerer Busse nicht nach der Sierra Leone zu leiten, sondern in die liberianischen Hafenplätze. Zuwiderhandelnde würden mit Gefängnis und hoher Geldbusse bestraft. Auch sei aller Handel ohne spezielle Erlaubnis der Regierung untersagt und sämtliche Handeltreibenden hätten einen Erlaubnisschein zu lösen.

3. Sklaverei sei untersagt; diejenigen Sklaven, welche wollen, können bei ihren Herrn bleiben und keiner dürfe weg, ohne sich vorher losgekauft zu haben. Im übrigen mische sich das Gouvernement nicht in diese Angelegenheit.[1])

4. Jeder dürfe so viele Weiber haben als er unterhalten könne. Belästigungen einer Frau werden mit 5 £ bestraft. Die Hauptfrau des Häuptlings sei unantastbar. Sie soll ihrerseits sich befleissen, mit andern Männern keinen Verkehr zu haben. Diese Bestimmung gelte für die übrigen Frauen nicht. Wenn zwei sich lieben, sollen sie sich nehmen dürfen. Der Mann habe dafür ihrem Vater zirka 15 Schilling zu bezahlen.

Guma hatte bisher nicht unter liberianischer Oberhoheit gestanden. Deshalb wurde ein Kontrakt zwischen dem neuen Oberhäuptling und den andern Häuptlingen einerseits und Lomase andrerseits geschlossen und unterzeichnet. Da keiner der Eingebornen des Schreibens kundig war, so berührten sie jeweilen nur das obere Ende des Federhalters, während Lomase ihren Namen schrieb. Dann erhielt der neue König seine Ernennungsurkunde, musste dieselbe küssen und zugleich erhielt er eine liberianische Flagge geschenkt. Nach der Krönung wurde Volz vorgerufen, dem Oberhäuptling vorgestellt und sein Empfehlungsschreiben laut verlesen. Später fanden auf einem der öffentlichen Plätze Bonumbus Festlichkeiten statt. Zunächst eine Parade der Soldaten, dann begannen bei der Musik dreier Holzklaviere mehrere Schwerttänzer, meist Susu, ihre Evolutionen. Sie schienen gegen einen unsichtbaren Feind zu kämpfen, wobei das Hauptstück darin bestand, sehr nahe an jemanden heranzugehen und ihm beinah den Säbel um die Ohren zu schlagen, aber ohne ihn

---

[1]) Volz bemerkt dazu: „Sehr nett für einen Staat, dessen Mitglieder sämtlich von ehemaligen Sklaven abstammen, zu deren Befreiung so viel Blut geflossen und Geld ausgegeben worden."

zu berühren. Ein kleiner Knabe machte dieselben Künste mit
einem hölzernen Säbel. Dann traten Mandingo auf mit Gewehren,
die sie in die Luft warfen, wieder auffingen und schliesslich
damit schossen. Hierauf kam eine Mendi-Musikbande, ein paar
Männer, die an Eisenröhren schlugen, vier Weiber mit Kürbis-
rasseln, einer europäischen Pauke, einer einheimischen Trommel
und zwei Pfanndeckeln. Dazu wurde auf Mendiart getanzt. Dann
erschien ein Bunduteufel[1]) mit einer sehr schönen, silberverzier-
ten Maske. Sein Graskleid war nur auf die Halsgegend beschränkt,
dafür trug der Teufel eine dickwollene Decke doppelt umgeschla-
gen. Hinter ihm ging die übliche Frau mit der Matte[2]). Zuletzt
brachten vier Männer in einer Hängematte den neuen König,
der darin unsichtbar wie in einem Sarge lag. Auf dem Fusse
folgte die Militärmusik. Man machte eine Gasse durch die Zuschauer, und die Leute trugen ihren König etwa fünfzigmal hin
und her. Damit war das Tagesprogramm erschöpft.

Volz hatte Lomase und den Komander zum Nachtessen eingeladen. Der erstere witterte immer noch irgend eine versteckte
Absicht hinter der Reise, da er nicht glauben konnte, sie sei rein
wissenschaftlicher Art. Volz suchte seine Zweifel zu zerstreuen.
Lomase erwies sich als ein guter Kenner von Liberia, wenn er
auch stets Mühe hatte, sich auf der Karte zurechtzufinden. Er
war auch drei Jahre lang Distrikts-Comissioner in Loma gewesen.
Zunächst will er nun nach Luawa gehen und sich mit Fa Bundu
ins Einvernehmen setzen. Er hat die Absicht, Fa Bundu zu fragen,
ob er das liberianische Gebiet beherrschen wolle oder das englische und in letzterem Falle für das liberianische Territorium
einen neuen Häuptling wählen. Das kann bei Fa Bundus Macht
und der Nähe der englischen Truppen unangenehm werden. Dann
geht Lomase wieder ein Stück nach Süden und will am 20. Januar
in der Nähe von Loma sein, um von dort gegen Beyla zu gehen
und womöglich die Grenzverhältnisse mit den Franzosen zu regeln.
Er lud Volz ein, seine Expedition mitzumachen, was letzterer
dankend ablehnte. Später kam noch der König mit einem seiner
Weiber, während draussen mehrere Musikbanden einen ohren-
betäubenden Lärm verführten. Endlich trennte man sich und

---

[1]) So nennen die Kolonisten die Priesterinnen der Bundugesellschaft, eines
Geheimbundes von Frauen. Vergleiche Anmerkung S. 180.

[2]) Die Frau hüllt die Maskenträgerin in ihre Decke, wenn diese die Maske
etwas lüften will, um zu verschnaufen.

Volz begleitete seine Gäste nach Hause, wobei der Komander, der schon stark angetrunken zum Nachtessen erschienen war, wie ein Rohr im Winde schwankte.

Am folgenden Morgen, es war der 1. Januar 1907, machte Volz bei Lomase seinen Gegenbesuch und nahm die Karten mit zu einer Besprechung des zukünftigen Reiseweges. Aus der Art und Weise, wie Lomase und seine anwesenden Offiziere mit ihm verkehrten, erhielt Volz den Eindruck, dass man sehr misstrauisch gegen ihn sei. Immerhin wurde er von Lomase zu einem für die Verhältnisse opulenten Nachtessen eingeladen.

Der 2. Januar verging mit allerlei Kleinigkeiten und mit Unterhandlungen wegen Trägern. Der neu gewählte Häuptling Bagba hatte Lomase die Lieferung von Trägern zugesagt, worauf Volz ihm eine Anzahl Geschenke überbrachte; er nahm sie in Empfang, ohne sie anzusehen oder zu danken, sagte aber Volz ebenfalls die Träger zu.

Eine für die Folge sehr wichtige Abmachung vollzog sich folgenden Tages zwischen Lomase und Dr. Volz. Ersterer machte nämlich den Vorschlag, man möchte sich Ende Februar an der liberianischen Nordgrenze, nahe Beyla, treffen. Dort sollte er, wie schon oben bemerkt, mit den französischen Offizieren, die schon grössere Gebiete Liberias durch französische Truppen hatten besetzen lassen, über die Grenzfrage verhandeln. Bei dieser Gelegenheit sollte Volz als Dolmetscher amten. Volz sagte zu unter zwei Bedingungen, nämlich: 1. dass die Zeit nicht nach Ende Februar sein dürfe; 2. dass er in den Verhandlungen völlige Neutralität bewahren würde. Lomase war sehr froh über diese Abmachung und anerbot Volz 1—2 seiner Soldaten als Begleitung. Volz nahm dies an, indem er einen solchen zu erhalten wünschte, der die Sprachen der Stämme des zu durchreisenden Gebietes beherrschte. Lomase schickte den Second Corporal Thomas Brggs und gab Volz die Reiseroute an, die über Loma führen sollte und folgende Tagemärsche umfasste:

1. Bonumbu-Mimolahun
2. Mimolahun-Kambuhun
3. Kambuhun-Sambetahun
4. Sambetahun-Passolahun
5. Passolahun-Konehun-Loma
6. Loma-Jeneh
7. Jene-Buë
8. Buë-Sigitta
9. Sigitta. (zu 2 Häusern im unbewohnten Lande)
10. 2 Häuser-Bussedu
11. Bussedu-Kuankan
12. Kuankan-Jogbeidugu
13. Jogbeidugu-Beyla, wo franz Truppen stehen.

In Bussedu befinde sich eine kleine liberianische Garnison unter Sergeant Carr, an den Volz ein Empfehlungsschreiben erhielt. Kuankan, obschon liberianisch, sei momentan von den Franzosen besetzt und zwischen beiden Orten hätten Kämpfe zwischen den Eingebornen und den Franzosen stattgefunden. Inzwischen waren statt 21 nur 18 Träger erschienen und erst nach zweistündigem Warten konnte Volz endlich aufbrechen (3. Januar).

«Der Weg von Bonumbu nach Vahun und weiter führt fast völlig in westlicher Richtung, aber er ist im grossen und ganzen recht schlecht, obschon zirka 1—1½ Meter breit das Gebüsch weggeschlagen ist. Oftmals, namentlich an den Abhängen der niedrigen Hügel, ist der eigentliche Pfad so eng, dass man nur einen Fuss vor den andern setzen kann. Nach etwa zwei Stunden waren wir in *Vahun* (265 Meter), der eigentlichen Hauptstadt des Gumalandes und Heimat des neuen Oberhäuptlings. Sie steht aber an Grösse bedeutend hinter Bonumbu zurück. Früher war Vahun eine sehr grosse Stadt, was man noch jetzt an der ausgedehnten Lichtung erkennen kann. Es fanden aber Ende der 90er Jahre des 19. Jahrhunderts hier heftige Kämpfe zwischen den Engländern und den Gumaleuten statt, wobei zahlreiche Dörfer verbrannt wurden, die Leute und der damalige Häuptling von Guma, Baurumeh, der seinen Sitz in Vahun hatte, über die Kamburiberge nach Osten in das Bandeland flüchteten und sich schliesslich in Loma im Beleland niederliessen. Vahun wurde damals ebenfalls vollständig zerstört und noch im Jahre 1903, als die Grenzregulierung zwischen Liberia und der Sierra Leone stattfand, stand nur noch eine Hütte. Seither hat die Ortschaft wieder etwas zugenommen und mag heute aus ungefähr 20 Häusern bestehen, die sehr unregelmässig über die Lichtung zerstreut sind. Der neue Oberhäuptling hat aber die Absicht, Vahun gänzlich wieder aufzubauen und es wieder zur Hauptstadt des Gumalandes zu erheben.»

In Vahun wollten die Träger davonlaufen und es gelang Volz nur mit Mühe und Gewalt, sie zu den Lasten zurückzubringen. Da hier die Karte aufhörte, so nahm Volz von hier ab die Route auf. Auf dem Wege nach *Mimolahun* querte man den *Manwa*-River, ein bescheidenes Flüsschen mit kaltem und klarem Wasser. Die Hängebrücke war defekt und unbrauchbar. Die kleine Ortschaft Mimolahun liegt, wie die meisten Dörfer, auf der Kuppe eines Hügels. Hier wurde übernachtet und da am nächsten Tage ein langer Marsch bevorstand, wurde früher Aufbruch angeordnet. Daraus wurde aber nichts, weil der Häuptling des Dorfes erst auf eine neue Aufforderung hin nach Trägern aussandte und wegen der Bezahlung Schwierigkeiten entstanden. Endlich kam man los und nach zwei Stunden Marsch und Durchwatung eines breiten Sumpfes — Volz liess sich dabei gewöhnlich von einem seiner Leute hinübertragen — erreichte die Karawane das auf einem Hügel liegende kleine Dörfchen *Brama*. Da die Abhänge des Hügels zum grössern Teil abgeholzt waren, bot sich eine gute Aussicht. Im Süden und Südwesten beobachtete Volz mehrere Reihen langgestreckter Berge, die *Kamburi Hills*, zirka 200 Meter über die Umgebung sich erhebend. Sie waren dicht bewaldet.

In Brama fand sich ein vollständiger Albino von einer Weisse, wie Volz sie noch nie gesehen hatte. Er war deshalb auch sehr empfindlich gegen das Licht. Sein Vater war ein schöner, dunkler Mann mit gutem Bartwuchs, die Mutter ebenfalls vollkommen schwarz. — Hier musste Volz auf die Träger warten und konnte erst später den Weg fortsetzen, über den er sich äussert: «Das war nun freilich ein überaus hartes Stück Arbeit. Eine grosse Anzahl von Hügeln, ja Bergen musste überschritten werden. Beständig ging es bergauf und -ab und zwar oft sehr steil. Dass der Weg hier sehr schlecht war, braucht eigentlich nicht noch bemerkt zu werden. Es benötigt wahrhaftig ein vollgerüttelt Mass von Ausdauer, Gewissenhaftigkeit und Freude am angefangenen Werk, in solchen Lagen, in der Brutsonne des Januar, in den Wasserdämpfen des Waldes, auf 45 und mehr Grad geneigten Abhängen, auf elenden Wegen, die auf die Bodengestaltung nur geringe Rücksicht nehmen, auszuhalten und dazu den Barometer abzulesen, den Pedometer zu verfolgen, jeden 1000. Schritt zu markieren, jede Krümmung des Weges nach dem Kompass abzulesen und einzutragen. Die Aufmerksamkeit auf die Instrumente und auf den Weg, das Papier nicht mit Schweiss zu bedecken und es vor Dornen zu hüten, wäre eigentlich genug, ich habe aber auch Nachzügler unter den Trägern anzutreiben, habe auf die Geologie und Vegetation zu achten. — Die höchste abgelesene Höhe war 525 Meter über Meer. Die Bäche führten äusserst reines und sehr kaltes Wasser, das ich ohne Bedenken und mit viel Behagen trank. Sie flossen alle nordwärts. Der Weg hatte eine allgemein östliche Richtung und bewegte sich meist, auf und abwärts gehend, auf dem Kamm der Berge. Nach und nach milderten sich die Höhen, und der Boden wurde ebener. Wir kamen durch abgeerntete Reisfelder, wo nun stellenweise Guineakorn stand; endlich stiegen wir auf einen niedrigen flachen Hügel, auf dem die Ortschaft *Jandehun* steht. Wir waren im *Vassa-Country* angelangt.

Der grosse, schön gewachsene Häuptling des Dorfes zeigte schon durch seinen Körperbau, noch mehr aber durch seine Frisur, dass wir es nicht mehr mit einem Mendi zu tun hatten, trotzdem er die Mendisprache völlig beherrschte. Er trug um den Wirbel des Kopfes eine Partie langer Haare, deren längste hinten zu einem kleinen Zöpfchen zusammengebunden waren. Dieses ragte wiederum nach vorne. Der Vater des Häuptlings, ein altes kleines Männchen, das von seinem Sohne über jede Frage konsultiert wurde, trug die Haare am ganzen Kopfe lang. Er hatte sie in zahlreiche kleine Zöpfchen geflochten, die überall am Rande unter seiner schmutzigen Mütze hervorschauten. Die häufigste Frisur ist folgende: Man lässt die Haare in einzelnen grössern Bündeln oder gebogenen Linien lang wachsen und rasiert alles dazwischen liegende weg. Die langen Haare werden dann ebenfalls zu Zöpfen geflochten, wobei auf Symmetrie keine Rücksicht genommen wird, im Gegenteil, so dass frisierte Köpfe nicht nur absonderlich sondern geradezu abscheulich aussehen. Bärte sind namentlich bei alten Männern sehr in Mode und gut entwickelt. Dorfstutzer verwenden auf ihre Frisur jedenfalls viel Zeit. So hatte einer eine Art Kranz, von einem Ohr zum andern über den Vorderkopf laufend, wobei die einzelnen Zöpfchen von fünf Zentimeter Länge alle dem Kopfe hart anlagen und senkrecht zur Stirne gerichtet waren. Der ganze Hinterkopf, die Seiten und der Oberkopf waren glatt rasiert. Ebenso originell war ein anderer. Er hatte eine Rosette von winzigen Haarknötchen und Zöpfchen auf dem Vorderteil des Kopfes, das mich an die Zuckerornamente auf Torten erinnerte. Alle übrigen Haare waren wegrasiert. Auch die Frisuren der Weiber unterscheiden sich von denen der Mendi. Die Frauen haben hier hohe Haartürme, d. h. es sind eigentlich Haarkeile, deren Schneide von vorne nach hinten läuft. Manchmal zieht sich am Rande der Haare, dem Gesicht entlang, ein schmaler Haarstreif, durch einen Scheitel vom übrigen geschieden. Manchmal finden sich auch zwischen den Ohren und dem Mittelkeil kleinere Aufwölbungen. Die ganze Haartracht erinnerte mich lebhaft an die Bundumasken meiner Sammlung[1]). Nicht nur dieser merkwürdigen, geradezu hässlichen Frisuren wegen, sondern namentlich infolge der Bemalung mit weisser Farbe sahen diese Weiber wild und abstossend aus. Sie tragen sehr oft einen Schmuck, bestehend aus einer langen Armschiene, die auf einer Seite offen ist und aus Silber besteht. Diese Armspangen, sowie die silbernen Schmuckgegenstände, welche die Häuptlinge bei festlichen Gelegenheiten an Kettchen am Hals oder an den Armen zu tragen pflegen, sind alle durch eingeborne Silberschmiede aus französischen Fünffrankenstücken gearbeitet. Leider scheinen aber die ursprünglichen Ornamente zu verschwinden und durch imitierte europäische Dinge ersetzt zu werden. So fand ich z. B. auf einer Schmuckdose, die ein Häuptling am Arme hängen hatte, zwei Kanonenrohre befestigt, die aber ganz unproportioniert waren, indem das Vorderende im Verhältnis zum hintern sich viel zu sehr verjüngte.[2]) — Das Dorf Jandehun besteht meist aus runden Hütten, deren Kegeldächer oft noch einen kleinen Aufsatz tragen. Sehr häufig findet man vor den Hütten noch unter dem Dachvorsprunge eine Art Bank aus angehäuftem Lehm, der mit einem flachen Holz festgeschlagen und geglättet wurde.» Am Abend kam der Häuptling in Begleitung einiger Männer zu Volz, brachte Geschenke, als Zeichen des Friedens ein grosses schwarzes Huhn, und versprach Träger, die während der Nacht eintreffen würden.

Da die vergangene Tagesleistung eine grosse gewesen war, so beschloss Volz am folgenden Tage, den 5. Januar, in Jandehun zu rasten. Nachmittags nahm er den Häuptling mit ein paar Grössen des Dorfes photographisch auf. «Die Männer trugen alle Waffen, Lanzen oder Schwerter. Der Häuptling selbst trug einen mit Krokodilshaut verzierten Staatsspeer. Die Spitze steckte als Zeichen des Friedens in einem Futteral. Die Männer tragen hier sehr oft aus blau oder weiss gestreiftem Baumwolltuch gefertigte Zipfelmützen mit durch den Gebrauch ausgefransten Rändern.

---

[1]) Vergleiche damit die Abbildung solcher Haartrachten in Alldridge, The Sherbro etc. (Fig. 34.)

[2]) Die Kanone spielt im ganzen westafrikanischen Kulturkreis als Dekorationsmotiv eine grosse Rolle. Wir finden sie vielfach dargestellt bei den Goldgewichten der Aschanti, bei den Silberarbeiten von Dahomé und an den grossen Schiffsschnäbeln der Kameruner Einbäume. Sie scheint den Eingebornen gewaltig imponiert zu haben. A. d. H.

— Am Abend war ein grosses Tanzfest. Zwei Knaben schlugen auf kleine Trommeln, die sie unter den linken Arm geklemmt hatten[1]) und erzeugten damit einen dezenten Lärm. Nur Männer und Knaben tanzten, wobei sich ein langer Kerl besonders hervortat. Er hatte zu viel Palmwein getrunken und unternahm die unglaublichsten Sprünge und Drehungen seines Körpers. Fiel ihm dabei das schmale Tuch, das er zwischen den Beinen durchgezogen und vorn und hinten an einer um den Leib gebundenen Schnur befestigt hatte, herunter, so wollte der Jubel unter den Zuschauern, Männern und Weibern, kein Ende nehmen. Die Vassafrauen sind ebenfalls als gute Tänzerinnen bekannt. Sie weigerten sich aber, aufzutreten, da sie in der letzten Zeit damit beschäftigt seien, die Knaben des Dorfes in die Tanzkunst einzuweihen, was offenbar ein eigenes Zurschaubringen der Frauentänze ausschliesst.»

Die Erkundigungen nach dem Wege ergaben nicht viel. «Der Häuptling und seine Leute suchten diesen Fragen auszuweichen. Fragte ich z. B., ob es von Jandahun nach Kolahun ebenso weit sei wie von ersterem Platz nach Mimolahun, so antwortete man, der Weg sei sehr weit, jedoch hätten sie ihn nie gemessen. Ich fragte nach der Anzahl der Hügel. Man sagte, von Mimolahun nach Jandahun gebe es nur einen Hügel, während von Jandahun nach Kolahun viele Hügel seien. So machte ich mich wieder auf grosse Anstrengungen gefasst.»

Es folgten wiederum langwierige Verhandlungen wegen den Trägern, was den Aufbruch am Morgen des 6. Januar wesentlich verzögerte. Es gab wieder eine Menge von Hügeln zu überschreiten, jedoch keine so hohen wie tags vorher und der Weg war deshalb viel weniger ermüdend. Auf einem dieser Hügel war der Weg durch eine Leopardenfalle gesperrt. «Er war beidseitig durch dicht aneinander gereihte, fest in den Boden gesteckte Palmblätter derartig abgeschlossen, dass diese eine eigentliche Wand bildeten. Die beiden Wände gingen beidseitig reusenartig auseinander und verengerten sich gegen die Mitte zu, so dass dort nur ein etwa 40 Zentimeter breiter Durchgang blieb. Dieser hatte eine Länge von ungefähr drei Meter und etwa zwei Meter

---

[1]) Es handelt sich um die im westafrikanischen Kulturkreis verbreitete sogenannte Sandurtrommel, deren beide Felle durch Schnüre gespannt werden, die man durch den Arm zusammendrücken kann.

über dem Boden befand sich ein in der Längsrichtung aufgehängter Baumstamm, der noch mit Steinen beschwert war. Auf der Mitte am Boden befand sich eine Einrichtung, bei deren Berührung der Baumstamm und die Steine herunterfallen und etwas im Durchgang Befindliches zerschlagen mussten. Aehnliche Fallen für Tiger habe ich in Sumatra gesehen. Meist sind die Leopardenfallen so eingerichtet, dass das Tier lebend erwischt wird. Damit die Leute auch passieren können, war, wie die Skizze zeigt, je eine Tür angebracht, die ebenfalls aus Palmblättern bestand. Bald darauf sahen wir am Rande des Feldes noch eine andere Falle, die für räuberische Affen bestimmt war. Man sah ein niedriges Gerüst, an dem sich an einem gekrümmten, elastischen Stock eine Schlinge befand, ganz nach dem Prinzip unserer Drosselsprenkel.»

Wir kamen unterwegs in die Stadt *Djolahun*, die ebenfalls auf der Spitze eines Hügels gelegen ist. Sie müsste im Kriegsfalle des sehr steilen Aufstieges wegen schwer zu nehmen sein. Vor den ersten Häusern liegt eine grosse Lehmgrube, die zur Herstellung der Hauswände ausgebeutet wird. — Es war mir aufgefallen, wie wenig Oelpalmen man hier im Vassalande trifft, und ich hörte später, dass die Palmkerne und das Oel nur für den Hausgebrauch verwendet werden, nicht aber für den Export. Von Djolahun bot sich eine prächtige Aussicht, namentlich nach Nordost. Das ganze Land war stark hügelig und in der Ferne ragte ein ziemlich hoher Berg empor. — Ebenso steil wie der Aufstieg zum Dorfe war der Abstieg. Wir marschierten stets Ostnordost und kamen bald in ein breites, flaches Tal, das wohl in der Regenzeit ein ununterbrochener Sumpf sein mag. Die Bäume fehlten hier. An ihrer Stelle stand fünf Meter hohes Gras. Dieser Sumpf ist von einem hübschen, breiten Flusse, dem *Magowni*, durchzogen, den wir späterhin überschritten und seinem rechten Ufer folgten. Er ist ein Nebenfluss des Manwa, wir sind also noch im Gebiete des Moa- oder Sulima-River. Weiter oben floss er über zahlreiche Felsen und bildete Stromschnellen, und das Rauschen des Wassers begleitete angenehm unsern Marsch. Wir sollten schon ganz nahe bei *Kamahun* sein. Bald mündete in unsern Weg ein anderer, der nach Kanre Lahun führt, dann wurde er zu einer Art Strasse. Plötzlich sahen wir vor uns ein Wehr die Strasse versperren und fanden, in Distanzen von 10 bis 15 Meter, noch weitere vier solcher Palisaden. Sie bestehen aus zwei Reihen doppelt mannshoher, in den Boden gerammter Pfähle, von denen namentlich die von Wollbäumen stammenden wieder ausgeschlagen haben und Blätter tragen. Sie versperren mit Ausnahme eines Einganges in der Mitte die Strasse vollständig. Sie führen übrigens nicht um die Stadt herum, sondern sind auf den Weg beschränkt, denn die Vegetation ist beidseitig so dicht, dass ein Vordringen durch sie absolut unmöglich ist. Diese fünf Palisaden sind jedoch ausser Gebrauch. Die sehr schmalen Eingänge waren früher durch Türen verschliessbar, die mit Zapfen versehen in Löchern liefen wie in Angeln. Sie lagen nun vermodernd seitwärts des Weges, bestanden aber aus 10 Zentimeter dicken soliden Bohlen. Dann beginnt das Terrain gegen die Häuser der Stadt langsam zu steigen. Wir kamen an einer in voller Tätigkeit befindlichen Schmiede vorbei und begaben uns dann auf einen der Plätze, vor das Haus des Oberhäuptlings Fabanna in Kamahun.[1]) Dieser kam nach einiger Zeit an, ich stellte mich als Fremdling vor und bat um ein Haus. Er wies mir einen ganzen Komplex von Häusern an.»

Plan meines Hauses in Kambahun.

«Man gelangt von der Strasse durch eine äusserst schmale Oeffnung, die zudem noch durch ein dickes Brett, das sich wie eine Türe in den Angeln bewegt, verschlossen werden kann und sich in einer niedrigen Mauer befindet, in das Innere eines Hofes. Diese Pforte war so schmal, dass meine Lasten kaum durchzubringen waren. Der Hof hat eine längliche, unregelmässige Gestalt und ist von mehreren, teils runden, teils mehr eckigen Häusern begrenzt, in welche Türen führen. Aus einigen dieser Häuser kann man auf der andern Seite wieder durch eine ähnliche Tür ins Freie gelangen; in den Hof selbst führt nur die erwähnte schmale Pforte. Ich bezog das grösste der geschlossenen Häuser, die andern verteilte ich unter meine Leute. Das letzte Haus, das zu unserem Quartier gehört, ist länglich-viereckig und gegen den Hof hin offen. Es besitzt einige erhöhte Sitzplätze und scheint als

---

[1]) In bezug auf den Namen dieser Stadt herrscht eine bemerkenswerte Konfusion. Volz nennt sie bald Kolahun, bald Kambahun, bald Kambatahun; bei Alldridge heisst sie Dangbalahun.

Versammlungslokal für die Bewohner dieses Hofes und als allgemeine Küche zu dienen. Was nun dieser originellen Wohnstätte den burgähnlichen Charakter gibt, sind die etwas über mannshohen Mauern, die sich zwischen die einzelnen Gebäulichkeiten schieben und dieselben untereinander verbinden, so dass man den Eindruck hat, in einem Burghofe zu stehen, der von Mauern und Türmen umgeben ist. Da der Hof etwas geneigt ist, hat man es nicht unterlassen, an dessen niedrigster Stelle in den Mauern Löcher für das Regenwasser auszusparen.»

«Ebenso interessant wie die ganze Anlage ist die Hütte selber. Die Türöffnungen aller meiner bisherigen Wohnungen konnten entweder nur durch eine heruntergelassene Matte oder durch eine primitive Türe geschlossen werden, die aus einzelnen Holzstücken bestand, welche nachts durch ein vorgelegtes Querholz verriegelt wurde. Hier war die Türe ein einziges, grosses Brett von 80 auf 170 Zentimeter, muss also von einem grossen Baume stammen, und da die Leute Sägen nicht kennen, muss die Herstellung einer solchen Türe viel Arbeit geben. Man sieht denn auch noch jeden Schlag der hackenförmigen Axt, die das Brett herstellte. Die Türe steht in einem Rahmen aus dicken Bohlen, sie läuft in Zapfen und besitzt am freien Rande einen Anschnitt in der Form eines W, so dass man sie auch von aussen zuziehen kann. Ein Schloss fehlt.»

«Im Innern des Hauses befindet sich auf der einen Seite, eine ganze Längswand einnehmend, eine Bank von hartem Lehm; die andere Längsseite ist zum grössten Teile von einer sehr breiten Bettstelle aus Lehm eingenommen, eine ähnliche kleinere steht an einer Schmalseite; zu beiden führt je eine Stufe hinauf. Die zweistufige Treppe vor der Türe, sowie der Hüttenboden unmittelbar hinter dem Eingang sind mit Palmnüssen gepflastert, deren Schalen in dem harten Lehm sichtbar sind. (Nahe der Küste dienen dazu Muschelschalen, meist solche von Cardium.) Der Herd ist eine schwache Erhöhung in der Mitte des einzigen Wohnraumes, aus dem die Hütte besteht. Quer- und Längshölzer bilden die Decke; erstere bestehen meist aus dem langen, leichten und zähen Schafte der Blätter der Oelpalme. Auf ihnen befindet sich eine Art Estrich; hier wird Baumwolle, gelegentlich auch Reis, dann aber Fischgeräte, Netze, Reisstampfer und allerlei Krimskrams aufbewahrt. Die Dächer bestehen entweder aus Palmblättern oder Gras. Rings um dieselben verläuft an der Unterseite zur Stütze ein Geflecht von Holz, einem dünnen Fachwerk ähnlich. Auch in den kleinen runden Hütten befindet sich je eine erhöhte Schlafstelle, jede seitlich durch Pfosten begrenzt und mit Matten bedeckt.»

«Zwar liebe ich neue Häuser der Feuchtigkeit wegen nicht, aber auch alte haben ihre Nachteile, nämlich allerlei Bewohner, die hier eigentlich nichts zu tun haben. Man stellt sich in Europa zwar diese Negerhütten gerne als Sammelplätze alles möglichen Unrates und als Versammlungsorte von Molchen, Kröten und Schlangen vor, tut damit aber Unrecht. Ich mag zwar die luftigen, erhöhten Malayenhäuser lieber als diese auf dem Boden stehenden Lehmhütten, doch sind diese letzteren entschieden viel kühler als erstere. Aber ich wohne doch ganz gerne in einer Negerhütte, denn bevor ich eine solche beziehe, wird alles vom Besitzer ausgeräumt und der Boden gewischt; so gibt es dann kaum Tiere und keinen andern Schmutz als den, welchen man selbst mitbringt. Aber die Lehmwände alter Hütten, die in ihrem Innern ein Gerüst von Holz und Flechtwerk besitzen, werden bald von Ameisen und namentlich Termiten besucht, die das modernde Holzwerk auffressen, sich überall durch den Lehm Höhlen und Gänge graben und dem geringen Besitztum der Bewohner gefährlich werden können. Dieser Termiten wegen erreichen Negerhütten wohl selten ein hohes Alter. Mit diesen Termiten machte ich schon am ersten Abend intime Bekanntschaft. Ich bemerkte nämlich plötzlich einen langen Zug dieser kleinen, gelblichen Tierchen geschäftig an den Lehnen meines Feldstuhles empormarschieren, offenbar erfreut, da etwas Neues zum zerstören gefunden zu haben. Ich leuchtete ihnen dazu mit einer Kerze so gut, dass wohl keine ihr früheres Heim wiedersah, ging dann dem Zug nach, den ich einem Loch mitten im Boden meines Hauses entströmen sah, und verstopfte es mit befeuchtetem Tabak. Dann hielt ich Inspektion und fand an anderer Stelle ein paar Hundert an meinem Reissack beschäftigt. Am nächsten Morgen aber, als ich eben am Schreiben war, regnete es plötzlich Dutzende von Termiten auf mich herunter und, was weit schlimmer war, in ihrer Gesellschaft zahlreiche Driverameisen, jene heftig beissenden schwarzbraunen Gesellen. Wenn so ein paar ins offene Hemd herunterpurzeln und, erbost über den plötzlichen Fall, zubeissen, dann hört die Gemütlichkeit auf. Doch dieser Ameisenregen war im Innern der Hütte auf eine einzige Stelle lokalisiert, so dass wir uns leicht helfen konnten. Draussen aber, genau über der Eingangstreppe, fand ein ähnlicher solcher Regen statt. Wir waren gegen diese Tausende von Termiten und Ameisen machtlos; fielen bei kräftigem Schütteln des Daches Hunderte herunter, so folgten Tausende ihnen nach. Im Laufe des Nachmittags waren die meisten verschwunden.»

Bei einem Rundgang durch das Dorf am Morgen des folgenden Tages (7. Januar) traf Volz an den verschiedenen Ausgängen ähnliche Hecken an wie auf der Strasse, auf der er hergekommen war. Kolahun war nach ihm früher viel grösser; der ausgedehnte, freie, nun mit Unkraut bewachsene Platz innerhalb der Tore, sowie die Erhöhungen des Erdbodens, welche auf eingefallene Hütten hindeuten, beweisen dies. «Die Ortschaft besteht zwar heute noch aus zahlreichen, meist runden Hütten, die aber im allgemeinen nicht sehr gut gebaut sind. Ich wunderte mich, nur so wenig Leute zu treffen, und zwar ausschliesslich alte oder Kinder, hörte aber später, dass die ganze männliche und weibliche Jungmannschaft zwei Tagereisen weit in ein Dorf gezogen sei, um dort an grossen Tänzen teilzunehmen, die zu Ehren eines jungen Mannes aus angesehener Familie aufgeführt würden, der nächstens den Poro-Busch [1]) verlassen soll. Dies war auch der Hauptgrund, der mich mehrere Tage in Kolahun (Kambahun) zurückhalten sollte, da Träger nicht zu kriegen waren. — Bei dem Gange durch das Dorf fand ich den Schmied eifrig beschäftigt, aus Country-Eisen, dem sogenannten Kissy Penny, Hackmesser zu schmieden. Diese Messer haben hier eine andere Form, als ich sie bisher sah,[2]) sie waren kleiner, mehr gebogen und erinnern an Rebenmesser. — Auch traf ich hier, wie in allen Ortschaften, die ich seit Baiima besuchte, mitten im Dorfe ein paar Orangenbüsche, in denen eine kleine Kolonie Webervögel und zwar Goldweber (Ploceus aurantius) eifrig beim Nestbau beschäftigt waren. Die Leute lieben diese Nachbarschaft sehr, und falls die Vögel aus irgend einem Grunde die Stadt verlassen, um sich anderswo anzusiedeln, so bedeutet dies ein kommendes Unglück, nament-

---

[1]) Wie die Bundugesellschaft mit der Erziehung der Mädchen, so beschäftigt sich der Poro-Geheimbund mit derjenigen der Knaben, die im sog. Porobusch, einer Art Internat, einen mehrjährigen Aufenthalt machen, wo sie in allem unterrichtet werden, was für sie später nützlich sein kann und die Geheimnisse und Zeremonien des Bundes erlernen. A. d. H.

[2]) Die bisherigen waren europäischer Import. (Volz).

lich Krieg. In einer Ortschaft habe ich gesehen, dass die Bewohner an Stelle der lebenden Pflanzen einen langen Palmwedel eingesteckt hatten, den die Webervögel ebenso willig zum Aufhängen ihrer runden Nester benutzten.»

«Von dem Hügel aus, auf welchem Kamahun (auch Kambahun) — 415 Meter — steht, hat man einen weiten Blick nach Osten und sieht, dass das Land in jener Richtung äusserst gewellt ist, obschon keine sehr hohen Hügel vorhanden sind. Nach Norden und Westen schliessen sich Hügel unmittelbar an das Tal an, welches rings um Kolahun herum geht; nach Süden ist dem Blick durch hohen Wald eine nahe Grenze gesetzt.»

Vom Häuptling Fabanna erhielt Volz zwei grosse Kessel von Reis, sowie einen braunen Hammel zum Geschenk und erwiderte die Gabe entsprechend; der Landessitte folgend wurde die eine Hälfte des geschlachteten Tieres, sowie der Kopf an Fabanna zurückgesandt. Später wurde der grosse Hof benutzt, um sämtliche Tragballen aufzumachen und den Inhalt zu trocknen.

In der Frühe des 8. Januar wurde Volz von seinen Leuten gerufen, es hätte sich in der Nachbarschaft ein Leopard in einer Falle gefangen. Volz machte sich auf den Weg, tötete mit einigen Schüssen das wütende Tier, dessen Hinterteil, wie es sich herausstellte, derart eingeklemmt war, dass es sich nicht hatte losmachen können.

«Bald erschienen zahlreiche lärmende Männer mit Schwertern, Spiessen und Trommeln. Der tote Körper wurde befreit und herausgenommen, worauf man über den Kopf eine Mütze zog und dieselbe festband. Die Frauen dürfen nämlich das Gesicht eines Leoparden nicht sehen, was mit den Gebräuchen des Poro-Bundes zusammenhängt; der Leopard ist nämlich das Poro-Tier.[1]) Hierauf wurde mit vieler Mühe die Falle wieder in Stand gesetzt. Man hob erst den Baumstamm wieder an seinen Platz, befestigte ihn dort mit Schlingpflanzen, legte die Steine darauf, und als nun die eigentliche Einrichtung, welche die Falle löst, eingerichtet werden sollte, mussten die meisten Leute weggehen, weil dies ein Geheimnis weniger ist. Einer der Söhne Fabannas, ein grosser, schöner und starker Mensch, leitete die ganze Sache, und er war es auch, welcher die Schnellvorrichtung befestigte. Ich durfte zusehen, nachdem ich ein Geschenk ver-

---

[1]) Siehe die Anmerkung Seite 180.

sprochen hatte. Die Sache ist einfach und sinnreich zugleich. Der Baumstamm mit den Steinen ist an einer einzigen starken Schlingpflanze aufgehängt, die über die Wand, welche den Durchpass seitlich begrenzt, läuft und ausser derselben bis in die Nähe des Bodens hinzieht. Dort ist an ihr ein kurzes, starkes Hölzchen befestigt, das durch zwei horizontal verlaufende Stöcke gehalten wird. Damit der obere dieser Stöcke (a) nicht rutschen kann, ist er an zwei in den Boden gesteckten Haken aus Holz befestigt. Das untere Holz (b) ist beweglich und etwa 10 Zentimeter vom Boden entfernt. Auf ihm ruhen mehrere Stöcke (c), die quer durch den engen Durchgang laufen und mit Laub bedeckt sind. Tritt nun jemand auf die Querstöcke, so drücken sie den Stab b weg, wodurch das an der Schlingpflanze befestigte Hölzchen frei wird und das Gewicht oben, durch nichts mehr gehalten, herunterfällt. Da das Material grob ist und die Einrichtung nicht glatt und plötzlich funktioniert, so ist es erklärlich, dass der Leopard nicht gleich in der Mitte des Ganges erschlagen wurde, sondern noch bis zu dessen Ausgang gelangen konnte.»

Leopardenfalle bei Kamahun.

«Dann begab man sich unter Trommelschall in feierlichem Zuge in das Dorf. Am Fusse des Hügels rannten die sämtlichen Leute und die Träger des Leoparden mit wütendem Geschrei und gezogenen Säbeln blitzschnell über die Abhänge hinauf, wo sie von den Frauen erwartet wurden. Auf einem der Plätze stellten sich die Träger mit dem Leoparden hin und nun begannen Kriegstänze mit gezogenen Schwertern und Scheinangriffe auf das tote Tier; dann scharten sich die Frauen um eine alte weisshaarige Grossmutter, begannen einen einförmigen Gesang und einen lächerlich anzusehenden Tanz und zogen stets tanzend und singend durch die engen Gässchen und endlich vor den Leoparden. Neue Tänze folgten und neues Geschrei der Männer; die Frauen gellten mit, schwangen ihre Tücher in der Luft, folgten den fuchtelnden Kriegern, und man sagte mir, genau so sehe es aus, wenn die Männer in den Kampf zögen. In allem war es ein äusserst malerisches, wildes Bild. Hierauf kamen die tanzenden Frauen auf mich zu, stellten sich im Halbkreis um mich auf, und ein äusserst hässliches, fast nacktes Weib tanzte einzeln vor mir, nahm dann auch noch eines ihrer Tücher vom Leibe und legte es vor mir auf den Boden, andeutend, sie wolle ein Geschenk haben. Ich legte ein paar Tabakblätter hin, und die Bande zog zeternd und schreiend weiter. Dann kam Fabanna. Die Sitte will, dass er nicht sofort zu dem toten Leoparden hingeht, sondern erst tut, als wisse er nichts. Obschon er jedenfalls schon alle Einzelheiten kannte, liess er sich vom Korporal, der, an der ganzen Sache völlig unbeteiligt, doch die Rolle eines Helden spielte, alles erzählen, worauf er langsam wegging, um den Leoparden zu betrachten. Hierauf kam er mit einer grossen Schar von Leuten zurück und eröffnete ein feierliches Palaver. Obwohl ich kaum ein Verdienst an der Sache hatte, dankte mir der Häuptling in warmen Worten für meine Tat und fragte, wie er sich mir erkenntlich zeigen könne. Ich wünschte entweder das Fell oder den Schädel zu haben. Fabanna sagte mir das erstere zu. Den Schädel wollte er unter keinen Umständen ablassen, da die Eckzähne als grosse Amulette ausserordentlich geschätzt sind.[1]) Hierauf fanden wieder allerlei Tänze statt, Reis wurde auf das Tier geworfen und allerlei Hokuspokus getrieben. Das gellende Schreien wollte nicht aufhören. Dann stellte mich Fabanna seinen Leuten als Befreier von einem ihrer Feinde und unter Anspielung auf die gestern von ihm gesehenen Warenballen als reichen und zugleich bescheidenen Mann vor, mich als Beispiel preisend. Um seinem Wortschwall ein Ende zu machen, zeigte ich ihm sein Bild und andere Ansichten in dem Buch von Alldridge[2]), worüber er sich sehr freute. Wie die Unterhaltung am besten im Gange war, hörte man plötzlich einen einförmigen Gesang, und in demselben Augenblick rannten Frauen mit der Nachricht durch das Dorf, der Bunduteufel erscheine. Eine von ihnen kam auch an unser Hoftor, um uns dies mitzuteilen, worauf ein paar Männer die Kuhhaut, auf welcher der Häuptling bisher gesessen hatte, vor die geschlossene Türe hängten, und jedes männliche Wesen zog sich entweder

---

[1]) Der Verfertiger der Falle erhielt ein feines Baumwolltuch. Falls einer einen Leoparden ohne Falle, mit Speer oder Gewehr im Walde erlegt, erhält er vom Häuptling ein Mädchen zum Geschenk. A. v. Volz.
[2]) Alldridge, The Sherbro etc. (Fig. 64, Seite 212).

in ein Haus oder in das hintere Ende des Hofes zurück, bis nach etwa einer halben Stunde der Gesang verstummt war. Wir gingen nun daran, den Panther abzuziehen, wobei man genötigt war, ihn erst von seiner Mütze zu befreien. Dies geschah aber erst, nachdem man alle anwesenden Frauen entfernt hatte, und die, welche auf dem Platze waren, flüchteten auf den Zuruf, als ob sie den Teufel sehen müssten. Um das Fleisch zankte sich das Volk.»

«Einer meiner Susu war auf die Nachricht, es sei ein Leopard geschossen worden, weggelaufen und wollte auch anfänglich nicht in der Nähe des Felles verweilen. Er gehört entweder einem Unterstamm der Susu oder einem Geheimbund an, welcher Leoparden nicht sehen und berühren darf aus Furcht, selbst gescheckt zu werden.»

«Da die zahlreichen Zecken des Leoparden auf mich übergingen, begab ich mich noch vor Einbruch der Dunkelheit nach dem etwa 10 Minuten entfernten Magowniflusse, um dort gehörig zu baden. Hier findet sich auch eine Hängebrücke von anderer Konstruktion als die bisherigen. Als Lehne dienen nämlich beidseitig ziemlich dicke Baumstämme, die an und für sich schon kräftig sind, aber ausserdem an den überhängenden Bäumen mit Lianen befestigt sind. An diesen Lehnen sind in gewissen Abständen Querbalken aufgehängt, über welche die eigentliche Brücke, bestehend aus nebeneinander gelegten Baumstämmen, hinführt. Die Brücke hängt deshalb nicht bogenförmig gegen den Wasserspiegel hinunter.»

Der 9. Januar wurde fast ganz mit Tagebuchschreiben ausgefüllt. Nachmittags kamen zwei Männer mit Sanduhrtrommeln, offenbar um ein Geschenk zu verdienen. «Während des sehr unregelmässigen Trommelns, von dem die Leute überzeugt sind, es klinge schön, treten sie mit den Füssen den Takt dazu, drehen sich manchmal ringsum und lassen eine Art abgebrochenen Gesanges hören. Man gedachte, ein Tanzfest zu arrangieren; ich liess aber nur zu, dass ein junges, gut gebautes Mädchen einige Male tanzte, was ohne Drehungen geschah und einfach in verschiedenen Schritten bestand. Nach einiger Zeit ging sie mit kurzen Schritten in den Kreis der Zuschauer zurück.»

Mit Fabanna wurde ausgemacht, dass er und nicht die einzelnen Träger bezahlt werden würde. Volz litt abends an starkem Kopfweh, was er auf einen gelinden Sonnenstich zurückführte.

IV. Von Kambahun nach Loma.
(Vom 10. Januar bis 17. Januar 1907.)

Die Abmachung mit Fabanna sollte schon am andern Morgen (10. Januar) zu Unannehmlichkeiten führen. Die Leute wollten selbst bezahlt sein. Volz ging weg bis zum Magowniflus und überliess es dem Häuptling, seine Leute zum Gehorsam zu bringen.

Sie marschierten endlich ab, erklärten aber, die Lasten nur bis zur nächsten Ortschaft Berelahun tragen zu wollen.

«Der Weg war sehr schlecht, denn wir hatten eine Menge von Hügeln zu überschreiten, die zwar nicht sehr hoch waren, aber steile Auf- und Abstiege darboten. Zwischen diesen Hügeln war der ebene Talboden meist von kleinern oder grössern Sümpfen eingenommen. Brücken fehlten oder bestanden aus ein paar hingelegten Baumstämmen, die jedoch im Morast beinah versunken waren und nur gefühlt werden konnten. Teilweise waren sie auch von hohen Grashalmen überdeckt, die durch das Gewicht ihrer Aehren umgefallen waren. So kamen wir mit vieler Mühe mittags nach *Berelahun*, der letzten Stadt im Vassaland. Hier war noch nie ein Weisser gewesen, und es war deshalb die Neugierde der Eingebornen noch grösser als bisher. Viele Weiber hatten ihr Gesicht teilweise schwarz gefärbt, namentlich hatten manche einen senkrechten Strich von der Nase über den Mund zum Kinn, ebensolche auf Schultern und Bauch.»

Der Häuptling von Berelahun stellte sich mit einem Huhn ein und erhielt dafür Tabak; für den Fall, dass die Leute von Kambahun nicht weiter gehen wollten, bot er Träger an, was Volz aber ausschlug, weil er für die Träger Fabanna schon bezahlt hatte. Er überliess diese Sorge dem Korporal und seinen Leuten und zog voraus.

«Beim Ausgang aus dem Dorf traf ich einige Frauen mit der Herstellung von Töpferwaren beschäftigt; es waren ihnen aber nur zwei Formen geläufig: gewöhnliche Kochtöpfe und solche mit Deckel. Der Weg war womöglich noch schlechter als zuvor. Dafür wurde man zeitweise durch Ausblicke auf die Umgebung entschädigt. Wir sahen oft Berge, die uns noch um mindestens 200 Meter überragten, also zirka 700 Meter hoch waren. Es wäre interessant und wichtig gewesen, diese Berge ebenfalls in die Karte einzutragen. Doch war dies einerseits aus Zeitmangel nicht möglich, andererseits wanderten wir fast immer im dichten

Busch oder hohen Gras und hatten deshalb gar keine Aussicht. Es ist meiner Ansicht nach besser, auf der Karte nur im allgemeinen Gebirge anzugeben, als wenige, unvollständige und vielleicht zum Teil auch unrichtige Details. An mehreren Stellen fiel mir das gerade abgeschnittene Profil der Berge auf, während sie sonst stets ein sehr unregelmässiges Profil zeigen, das von der Vegetation herrührt. Bei genauerem Zusehen ergab sich, dass sie ganz kahl waren und der nackte Fels zutage trat. Plötzlich, nachdem wir einige Zeit auf ebenem Boden marschiert, tauchte nach einer Krümmung des Weges der Aufstieg zu einer grossen Hängebrücke vor uns auf, die in flottem Bogen den *Bewa-* oder *Manofluss* überspannt. Es ist weitaus die grösste, schönste und stärkste derartige Brücke, die ich bisher sah. Ihre freischwebende Länge beträgt 40 Meter. Der Bewafluss, dessen oberes Ende auf meiner Karte viel weiter nach Süden zu liegt, ist gegenwärtig ungefähr 20 Meter breit, aber nicht schiffbar, da er voller Baumstämme liegt. Vom linken Brückenende hatten wir noch etwa 10 Minuten zu gehen, bis wir an eines der äussern Tore von Sambatahun kamen.»

«*Sambatahun* und *Bangama* sind die einzigen Ortschaften im *Lukassu-Lande.* Letztere Stadt liegt im Norden von ersterem, am Ufer des Bewa, und soll noch grösser sein. Doch wohnt der Häuptling Djemafa Kondama in Sambatahun. Die Bevölkerung gehört dem Bande-Stamme an, versteht jedoch auch Mendi, wenigstens in der Mehrzahl. Wir hatten nach dem ersten Tore noch sieben solcher zu durchschreiten, bevor wir in die Stadt kamen. Diese Tore sind nun aber fest, beidseitig von zwei bis drei Reihen Palisaden begrenzt, die wieder an seitliche Palisaden anstossen, welche den Weg begrenzen. Der Weg ist zwei bis drei Meter breit, erweitert sich aber manchmal bis zu fünf Meter. Hier stehen dann niedrige allseitig offene Hütten und in ihnen sitzt regelmässig ein Wächter mit Schwert und Spiess und manchmal sogar mit geladenem Gewehr. Die in Angeln laufenden und aus dicken Bohlen bestehenden Tore werden nachts geschlossen, indem man einen dicken Baumstamm dagegen stellt, dessen gegabeltes Ende gegen einen in den Boden geschlagenen Pflock gestemmt wird. An das innerste Tor schliessen sich seitlich mehrere Meter hohe und so dichte Palisaden, dass man nirgends ein Gewehr durchstecken könnte, und diese umgeben ringmauerartig die ganze Stadt. Es führen drei Wege in dieselbe; einer von Norden vom Bande- und

Bunde-Land her, derselbe besitzt 11 Tore, vom äussersten bis zum innersten hat man 215 Schritte zu gehen; einer nach Südosten gegen Loma, mit 7 Toren, die sich auf 165 Schritte verteilen, und derjenige nach Südwesten, gegen den Bewafluss hin, in einer Länge von 140 Schritten.»

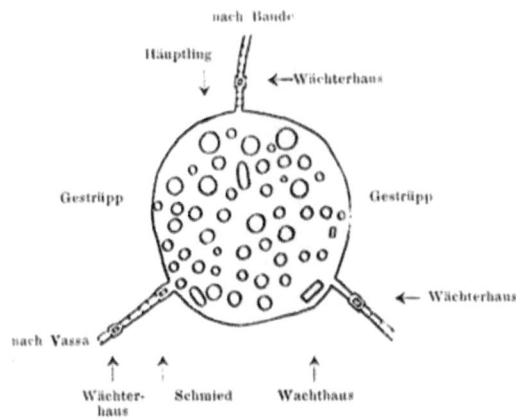

Plan von Sambatahun.

«Da nun ausserdem in den Intervallen zwischen den Wegen, wo die Stadt also nur durch Palisaden geschützt ist, äusserst dickes, völlig undurchdringliches Gestrüpp gepflanzt ist, das hauptsächlich aus einer sehr dornigen Akazie besteht, und ausserdem dort im Kriegsfalle Gruben und gespitzte Pfähle angebracht werden, so ist die Stadt für einen Feind ohne Gewehre uneinnehmbar. Und auch dann noch würde die Eroberung viele Verluste kosten. Zwischen den einzelnen Toren haben bis 50 Krieger Platz, die sie verteidigen können, sei es nun mit Lanzen oder Speeren, sei es auch mit Pfeilen oder Kugeln. Selbst ein mit europäischen Gewehren bewaffneter Gegner hätte etwelche Mühe, sich in den Besitz der Stadt zu setzen, falls er nicht über Geschütze verfügt, um die Tore zu zerschmettern.»

Volz und seine Begleiter wurden von einigen englisch sprechenden Susu auf einen Platz geführt. Dann fragte er nach dem Häuptling. «Man sagte mir, er sei auf den Abort gegangen, die stereotype Antwort von jemanden, der nicht kommen will. Ich hatte also zu warten und zwar gründlich, der Chief liess sich nicht sehen. Es herrschte eine fast lautlose, wie mir schien gedrückte Stimmung. Immer mehr Leute kamen geräuschlos heran, alle Männer schwer bewaffnet mit Speeren, Schwertern und Dolchen. Gewehre sah ich nur wenige. Es war geradezu ungemütlich, hier so allein von gaffendem, misstrauischem Volk umgeben zu sein, zu wissen, dass es Bande waren, ein äusserst kriegerischer, gefürchteter Stamm. Ich entdeckte auch, dass, falls etwas passieren sollte, auf meine beiden einzigen Begleiter, Sory und Sumbuja, kein Verlass sein würde. Sory, der nicht Bande versteht, benahm sich geradezu jämmerlich. Er tat, als ob er gar nicht zu mir gehöre und antwortete auf meine gelegentlichen Fragen mürrisch. Als der Häuptling endlich erschien, wurde die Sache nicht gemütlicher. Ohne mich zu grüssen, oder wie es sonst Brauch ist, auf mich zuzukommen in der Erwartung, dass ich ihm die Hand biete, setzte er sich abseits unter das Vordach eines Hauses. Er trug ein grosses Schwert mit breiter Scheide an sich, sowie einen langen, achtkantigen Stock. Er ist ein alter, etwas gebückter Mann, sieht kränklich aus und war sehr unfreundlich.»

Volz begrüsste ihn in der Mendisprache und liess im übrigen durch Sory und die Susu seine Worte ins Bande übersetzen; der Häuptling erkundigte sich unter anderem auch nach Volzens Namen, wobei dann Volz unwissentlich eine grosse Unhöflichkeit beging, indem er nicht auch den Häuptling nach seinem Namen fragte. Alle Versuche, sich herauszubeissen, auch die Erklärung, der Häuptling sei so weithin bekannt und berühmt, dass man ihn nicht erst nach seinem Namen zu fragen brauche, verfingen nicht, er blieb beleidigt. Immerhin erhielt Volz eines der wenigen länglichen Häuser des Städtchens angewiesen und empfing dort den Gegenbesuch des Häuptlings, nicht ohne wiederum Gelegenheit zu haben, die Empfindlichkeit des alten Herrn zu erfahren und ohne seinen Willen einige Ungeschicklichkeiten anzubringen. Die bescheidenen Geschenke des Häuptlings erwiderte er entsprechend. Abends machte er mit dem Korporal einen Gang durch die Ortschaft, enthielt sich aber auch hier direkter Messungen, um keinen Argwohn zu erregen. Diese Rekognoszierung ergab folgendes:

«Ich schätze den Durchmesser des Dorfes auf wenig unter 200 Meter. Die Häuser stehen zum Teil so dicht, dass man kaum zwischendurch kann, was stets in gebückter Haltung zu geschehen hat, will man den Kopf nicht an den überhängenden Dächern anschlagen. Ausser auf der Ostseite sind keine grössern freien Plätze; doch auch dort wird eifrig gebaut. Auffallende Häuser sind eigentlich wenige. Beim südöstlichen Ausgang befindet sich ein langes Wachthaus, beidseitig mit Pritschen zum Schlafen versehen. Das Haus des Häuptlings, sowie das eines Unterhäuptlings sind sehr gross, rund, und mit sehr hohem, spitz kegelförmigem Dache. Die einzige Industrie besteht aus der schon erwähnten Schmiede, wo zwar der Schmied eine europäische Feuerzange, dagegen statt eines Hammers ein Stück Eisen und als Amboss einen Stein benutzt; weiter fand ich einige Webstühle und Einrichtungen zum Färben von Tüchern. Ausserhalb der Umzäunungen trifft man zahlreiche eingehagte Tabakpflanzungen. Da und dort sind zwischen den Häusern kleine, eingezäunte Plätze, wo die Leute baden, indem sie mit den Händen aus einem Kessel Wasser über sich spritzen. Dass uns eine Menge Neugieriger jedes Alters und beiderlei Geschlechts nachliefen, braucht wohl nicht erst erwähnt zu werden; die Kinder sprangen bei unserer Ankunft stets erschreckt davon, oft schon dann, wenn man nach ihnen hinblickte. Die Männer schienen mir etwas grösser zu sein, als die im ganzen kleinen Mendi,

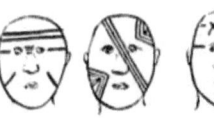

Bande. — Gesichtsbemalung.

unterscheiden sich aber in der Frisur nicht von den Vassa. Stets tragen sie eine Waffe mit sich, und sogar alte Grossväter, die kaum sich selbst fortschleppen können, führen ein Schwert oder einen Speer in der Hand, ersteres meist europäische Arbeit mit im Lande gefertigter, oft prachtvoll verzierter Scheide.[1]) Die Weiber kommen mir viel hässlicher vor als die Mendi, was wohl hauptsächlich von der hohen, kammartigen Frisur herrührt, die den Leuten schmälere und längere Gesichter zu geben scheint. Meist sind Mädchen und Frauen reich geschmückt und bemalt. Viele haben auf Stirn und Wangen regelmässige, symmetrische Zeichnungen aus breiten, weissen Strichen, andere haben sich völlig weiss beschmiert, und diejenigen endlich, welche hauptsächlich

---

[1]) Diese Scheiden werden von Mandingo verfertigt, verschiedenartig gebeizt und mit eingeritzten oder eingepressten geometrischen Ornamenten verziert. Sie sind für die ganze westliche Oberguineaküste und deren Hinterland charakteristisch. A. d. H.

aus den nördlicheren Gegenden, dem Bande- und Bundeland kommen, tragen die früher erwähnten schwarzen Male auf Lippen, Stirn und Körper, was ihnen ein wildes Aussehen verleiht. Viele Frauen tragen Ohrgehänge aus gefärbten Holzstücken, Glasperlen oder Geld. Ausser den Tätowierungen des Unterleibes in Form farbloser Narben kommen mehr oder weniger hübsche blaue Tätowierungen, namentlich des linken Armes, vor, ähnlich wie die Kruweiber[1]) sie lieben. Ich hatte auch Gelegenheit, dem Frisieren eines jungen Mädchens beizuwohnen. Sein üppiges Haar wurde erst vermittelst eines hölzernen, dreizinkigen Kammes und eines spitzen Hölzchens gelöst, so dass sie ganz menschlich auszusehen begann, dann machte die schrecklich bemalte Bundefrau, welche die Exekution ausführte, in der Mitte des Haarbundes einen tiefen Scheitel, in welchen sie Wülste der schwarzen Blattfaser der Oelpalme legte und das Haar darüber flocht. So entstand wiederum der Kamm. Auch in die Zöpfchen und Knäuel, welche namentlich am Hinterkopf und Nacken angebracht werden, wird solcher Bast geflochten.»

«Von Haustieren bemerkte ich vor den Toren einige Rinder, innerhalb derselben Ziegen und Schafe, sowie Hühner und Bisamenten,[2]) endlich ein paar magere Katzen und Hunde.»

«Die Nacht vom 10. zum 11. Januar verlief sehr unruhig. Einesteils machten sich ein paar kleine Säugetiere im Dach sehr unangenehm bemerkbar, dann kam ein Mann, der lange Zeit mit einem Horn tutete und dies namentlich vor meinem Hause so beharrlich tat, so dass ich unter die Matratze griff, um zu sehen, ob für den Fall einer nächtlichen Ueberraschung meine Browning-Pistole am Platze sei; als auch dies glücklich überstanden war, veranstalteten die Dorfhähne ein grosses Konzert, in welches der nahe meinem Bette angebundene Hahn, den ich vom Häuptling erhalten hatte, mit Stentorstimme und grossem Verständnis einfiel.»

Im Lauf des 11. Januar wurden nochmals die Tore besichtigt und photographische Aufnahmen gemacht. Der Häuptling liess fragen, ob Volz am nächsten Tag weggehen werde, und als dies

---

[1]) Die Kru, ein liberianischer Küstenstamm, dessen Männer als Seeleute sich verdingen und an der ganzen Oberguineaküste als sogenannte Kru-boys bekannt und geschätzt sind. A. d. H.

[2]) Cairina moschata. A. d. H.

bejaht wurde, war er wiederum beleidigt, weil man ihm nicht
so viel Ehre antue wie Fabanna, bei dem man drei Tage geblieben
sei. Am Abend war vor dem Häuptlingshause grosses Palaver wegen den Geschenken und den Trägern, das am Morgen des 12. Januar fortgesetzt wurde, indem Volz ihm die versprochenen Geschenke überbrachte. Die Hütte des Alten erwies sich dabei als
ein wahres Raritätenkabinett. «An den Wänden hängen grössere
und kleinere Schwerter und Dolche und ein paar Felle; in den
Winkeln stehen mehrere meist wertlose Gewehre, viele Lanzen,
Speere und allerlei Kleider; in einem andern Winkel hängt ein
prachtvoll geschnitztes Kriegshorn aus einem Elephantenzahn.»
Dann wurde eingepackt. «Man hatte uns erzählt, dass nach Sambatahun die Hügel verschwänden, und in der Tat trafen wir anfänglich keine, dafür aber viele Felder und ein paar kleine
Dörfer, sogenannte Halftowns, die ich aber nur dann in die Karte
aufnahm, wenn die Häuser Lehmwände besassen. Ist dies nicht
der Fall, so haben sie nur vorübergehenden Charakter. In der
Nähe dieser Halftowns war regelmässig ziemlich viel Tabak gepflanzt, und in den Feldern, wo der Reis schon lange geerntet,
traf man hie und da zwischen den dürren Halmen neuen Reis
aufgekeimt, der kurz vor der Blüte stand. Guinea-corn ist selten.
Oelpalmen gibt es überall einige, jedoch ist gar kein Vergleich
mit dem Palmenreichtum des Mendilandes. Die Palmkerne haben
für die Eingebornen auch kaum eine Bedeutung, dagegen wird
rohes Palmöl gewonnen, und wir trafen manchmal am Wege
in der Nähe von Oelpalmen solche Haufen von Palmnüssen,
dass es wirklich schade ist, dieselben hier vermodern zu lassen,
Mengen, die an der Küste mit viel Geld bezahlt würden. Nicht
ganz halbwegs Passolahun fanden wir mitten im Walde auf
einem Hügel ein im Bau begriffenes Dorf; bisher waren aber
erst etwa drei Hütten fertig, vor denen alte Frauen spannen;
mehrere andere Häuser wurden eben gebaut. Diese neue Ortschaft hiess *Fulahun*. Die einzigen europäischen Erzeugnisse,
die ich hier sah, waren die Schwertklingen der Männer, fast
alles Klingen ausrangierter Kavalleriesäbel, zum Teil sogar noch
mit den alten Griffen. Die Leute trugen sämtlich Kleider, welche
im Lande gewoben und gefärbt waren. — Bald darauf kreuzten
wir auf relativ guter Brücke den Mauwafluss, einen linken
Nebenfluss des Bewa, und nach einiger Zeit hatten wir den
Makasso zu überschreiten, ebenfalls einen mehrere Meter breiten

Fluss, der aber jedenfalls in der Regenzeit sehr breit sein dürfte. Er ergiesst sich in den Mauwa.»

Indem einer der Träger die elende, hohe und grösstenteils lehnenlose Brücke verschmähte und es vorzog, den Fluss zu durchwaten, glitt er aus und seine Kiste fiel ins Wasser. Sie wurde zwar aufgefischt, aber der Inhalt war teilweise verdorben.

«Zahlreiche, wenn auch selten sehr hohe, aber meist steile Hügel mussten in der Folge erklommen, viele Sümpfe durchwatet werden, und stellenweise ging der Weg durch Unterholz, das sich so niedrig darüber wölbte, dass man sich beständig bücken musste und die Träger mehr krochen als gingen. Meistens bestand übrigens die Vegetation aus hohem und dichtem Urwalde. Auf einer grossen Lichtung, wo früher die Stadt *Habu* oder *Hawu* stand, die der ganzen Landschaft den Namen gab, warteten wir auf die Nachzügler. Nach ihrem Eintreffen gings in langem Zuge nach *Passolahun*.»

«Vor dem Eintritt in diese Stadt kommt man über einen freien Platz, wo mehrere hohe Wollbäume stehen. Hier sind auch viele Gräber und der Eingang zum Porobusch. Dann hatten wir acht ähnliche Tore wie die in Sambatahun zu durchschreiten und kamen in die Stadt, welche um die Spitze eines flachen Hügels herum gebaut ist. Im Bare trafen wir den Häuptling in einer schmutzigen Hängematte sitzend. Er ist ein grosser, stattlicher alter Herr, jedoch, etwas selteneres für einen Neger, ungeheuer fett. Dieser Leibesumfang scheint mir übrigens ein beredtes Zeugnis dafür abzulegen, dass die benachbarten Bele nicht so schlimm sein können wie ihr Ruf. Wir stellten uns vor und baten um ein Haus, das uns nach langem Warten auch angewiesen wurde. Dasselbe ist länglich viereckig, mit zwei Türen, und enthält ringsum Vorsprünge, um allerlei Geräte hinzustellen, in Form von Bänken aus Lehm, ferner mehrere Bettstellen, die sich nur dadurch von den früher beschriebenen unterscheiden, dass am Fuss und Kopfende ebenfalls eine Lehmwand fast bis zur Decke führt. Der Estrich ist sozusagen im Dachstock und mit dem Erdgeschoss durch eine Art Treppe verbunden, die aus einem mit Einschnitten versehenen Baumstamm besteht. Sie ruht auf einem kleinen Lehmsockel am Boden und führt zu einem Loch in der Decke, das viereckig ausgehauen ist, aber mit einem Ring von Holz umgeben wurde.»

«Bei Einbruch der Dämmerung erschien der Häuptling und es begann das Begrüssungspalaver. Der Korporal erzählte wie gewöhnlich, dass ich nach Musardu wolle, um dort womöglich zwischen den französischen Offizieren und Lomase die Grenzbereinigung zustande zu bringen. Der Häuptling hielt mich infolge dessen, wie auch Fabanna und derjenige von Sambatahun für einen Vertreter des liberianischen Präsidenten, von dem die Leute stets annehmen, dass er ein Weisser sein müsse und sehr erstaunt sind, wenn ich ihnen mitteile, er sei ebenso schwarz wie sie. Der Korporal lässt sie übrigens stets im Glauben, Liberia sei von Weissen regiert.»

Der Häuptling war sehr liebenswürdig, betonte sein Ruhebedürfnis nach einem langen kriegerischen Leben und versicherte Volz einer guten Aufnahme.

«Nach Einbruch der Dunkelheit wurden in dem kleinen Bare dicht bei meinem Hause zwei Trommeln gerührt und dann begann dort der Tanz. Diese Trommelklänge haben auf alle Schwarzen dieselbe Wirkung, wie bei uns eine prickelnde Walzermusik auf die Füsse der jungen Mädchen. Auch ohne direkt zu tanzen, müssen sie die Beine und Arme rhythmisch bewegen.»

«Die Bare sind übrigens seit dem Vassalande nicht mehr so gross wie im Protektorate, dafür gibt es in jeder grössern Ortschaft deren mehrere.»

«Passolahun hat ungefähr dieselbe Ausdehnung und Grösse wie Sambatahun. Aus der Stadt führen aber nur zwei Wege, der achttorige im Norden und ein siebentoriger im Süden, der sehr steil ist und hinunterführt zum Makassofluss, ebenfalls einem linken Nebenarm des Bewa. Geht man dort hinunter, so erblickt man im Süden einen fast waldlosen, ziemlich steilen und sehr klotzigen Berg, der von den Eingebornen, ähnlich wie der Mambaberg bei Kanre Lahun gemieden und nie erstiegen wird. Seine Abhänge sind meist mit kurzem Gras bedeckt oder vegetationslos. Unten am Fluss ist es sehr schattig und kühl. Mehrere erwachsene Mädchen badeten dort und wuschen ihre Tücher, wobei sie völlig unbekleidet umherliefen. Ueber den Fluss selbst führt eine Hängebrücke, die zwar nicht sehr lang ist, sich aber weiter fortsetzt in eine Jochbrücke, weil auf der andern Seite das Terrain sehr flach und sumpfig ist. Während sich die Männer von denen in Sambatahun kaum unterscheiden, sieht man bei Frauen und Mädchen allerlei Neues. So fiel mir z. B. auf, dass sich die Mädchen und jungen Frauen oft gegenseitig liebkosen, indem sie sich über den Busen streicheln und denselben gelegentlich auch etwas pressen. Was die Frisur anbetrifft, so sieht man die bereits beschriebene Kammform noch sehr häufig und sie ist oft sehr hoch, daneben ist auch die Seeigel-Frisur der Mendi noch zu sehen und als neu eine Art von Zöpfen, jederseits einer oder zwei, welche durch die eingeflochtenen Blattfasern der Oelpalme bis 20 Zentimeter lang sein können und hornförmig abstehen. Viele Mädchen haben im Gesicht Zeichnungen von weisser Farbe, die zum Teil symmetrisch, zum Teil ganz asymmetrisch sind, die meisten tragen ein ganz schmales Schamtuch, das zwischen den Beinen durchgezogen wird und hinten bis zum Gürtel sich wieder verbreitert. Auch werden oft nur schmale Gürtel getragen, an denen vorne und hinten ein Lappen herunterhängt.»

«Die frühern, jetzt fast gänzlich unterdrückten Kriege wurden jeweilen geführt zwischen Golastämmen im Südwesten von Liberia und ihren Verbündeten, den Häuptlingen von Inë einerseits und den Häuptlingen von Passolahun, Loma und Sambatahun andrerseits, und zwar einesteils aus altem Hass, andernteils der geringsten Ursachen wegen, wie Differenzen im Handel und hauptsächlich wegen den Weibern.»

Am Nachmittag des folgenden 14. Januars ging Volz auf dem Wege nach Sambatahun ein Stück zurück, «um eine gewisse Strecke genau zu messen und mit dem Pedometer abzuschreiten. Dabei ergab sich, dass auf ½ Kilometer 750 Schritt kommen. Wir sammelten dann auf einer Stelle, wo die Gesteine frei zu Tage traten, einige Steinproben, wobei es sich zeigte, dass der Granit oder Gneis hier platten- oder schalenförmig verwittert; dass er zahlreiche, sich kreuzende Quarzgänge enthält und mit grossen, schwarzen, sehr leicht spaltbaren Glimmerplättchen durchsetzt ist. Die freien Gesteinsstellen, die von der Sonne natürlich stark erwärmt werden, dienen den Eingebornen zum raschen Trocknen von allerlei Vegetabilien, und hier werden auch Palmnüsse aufgeklopft.»

Am Vormittag hatte Volz diverse photographische Aufnahmen gemacht, so auch vom Häuptling und einigen Mädchen, was mit Schwierigkeiten verbunden war. Dabei machte er die Bekanntschaft eines gewissen Kerfulla, eines Namensvetters des berüchtigten Kissi-Häuptlings, der den Engländern so viel Mühe und

Schwierigkeiten macht. «Er ist der Sohn einer sehr angesehenen Frau, die ich in Fulahun traf, sein Vater ist Häuptling gewesen. Er ist infolgedessen ziemlich geachtet, obschon er an Lepra leidet, die seine Hände und Füsse so arg verstümmelt hat, dass von den Fingern nur noch kleine Stümpfe und von den Zehen gar nichts mehr zu sehen ist. Er besitzt überdies einen ungeheuren Mund mit ganz phänomenalen Lippen und lässt die Tabakpfeife nie aus den Zähnen, weil er sie mit seinen Fingerrudimenten kaum zu halten imstande ist.»

«Abends, als ich früh zu Bette ging, um mich durch einen langen Schlaf für die zu erwartenden Strapazen des nächsten Tages vorzubereiten (wir hatten dem Häuptling bereits die üblichen Geschenke für die Träger gegeben), fand im benachbarten Bare Tanz und Musik statt. Von Zeit zu Zeit ertönten gellende Beifallsschreie der Weiber oder tiefere, langgezogene Verachtungsausrufe der Männer. Dann hörte ich Sologesang, in welchen der Chor einfiel, stets äusserst eintönig, und damit wechselte das intensive Gebrüll einer Männerstimme.»

Volz ging schliesslich hinüber, jagte die Versammlung, in der Kerfulla das grosse Wort führte, mit einigen Fröschen in Schrecken, und entzündete zuletzt eine «römische Kerze», die explodierte und beinah das Dach der Hütte in Brand gesetzt hätte. Da es seit einem Monat nicht geregnet hatte, infolgedessen alles spindeldürr war, so hätte es bei der engen Bauart des Dorfes und dem wehenden Harmattan eine Katastrophe abgesetzt. Der Erfolg war übrigens nicht der gewünschte. Musik, Tanz und Gebrüll tobten mit doppelter Heftigkeit weiter, bis Volz endlich ernsthaft Ruhe gebieten liess. Doch sollte diese nicht lange dauern. «Ich war eben am Einschlummern, als ein Schuss durch die Nacht tönte, der ein langes Echo wachrief. Bald darauf rannte jemand eilig durch das Dorf, ununterbrochen etwas rufend, dann pochte man heftig an meine Türe. Es hiess, man befürchte einen nächtlichen Ueberfall auf das Dorf. Ich verteilte meinen Leuten Patronen und befahl, vorläufig beim Hause zu bleiben. Dann ging ich mit dem Korporal durch die finsteren Gässchen gegen das Häuptlingshaus. Zwei Männer alarmierten die schlafenden Bewohner mit langgezogenen Hornstössen. Von überall eilten die Männer mit Speeren und Schwertern bewaffnet herbei. Vor dem Häuptlingshaus standen sie beisammen und sprachen. Ein Mann teilte mit, die Bele hätten gestern einen Angriff auf die Stadt Loma gemacht. Das Resultat sei noch nicht bekannt. Allgemein wurde die Hoffnung ausgesprochen, das befreundete Loma möge siegen. Nun kamen ein paar Leute, welche die andern beruhigten. Der nächtliche Schuss erklärte sich dadurch, dass ein Mann etwas ausserhalb der Stadt eine Medizin hergestellt hatte, bei deren Zubereitung es nötig ist, zu schiessen. Nun begab sich jedermann wieder nach Hause, ausgenommen die Hornbläser, welche noch lange in die Nacht hinaus tuteten.»

«Da ich nun stets die Häuptlinge bezahle, so kommt es nicht so darauf an, wie viele Träger wir mitnehmen. Es werden deshalb viele Kisten, die früher ein Einzelner trug, an einer Stange von zweien getragen; ausserdem folgten viele Reserven, die zum Wechseln mitkamen und ein kleines Heer Zuschauer und Neugierige, alle bewaffnet. So erreichte der Zug eine Stärke von zirka 50 Mann.»

«Um 11 Uhr etwa kamen wir nach *Jaserelahun* oder einfach *Serelahun*, ebenfalls eine ziemlich grosse, befestigte Ortschaft mit zwei Eingängen, von denen der eine mit sechs, der andere mit sieben Toren befestigt ist. Serelahun liegt auf einem Hügel an dem kleinen Flusse *Kuravaia*, der zum Flussgebiet des Bewa gehört. Hier gibt es, wie in Passolahun, keine Mohammedaner; die Bevölkerung besteht aus dem Stamm der kriegerischen Bande, ist aber mit Mendi gemischt. Die Sprache ist, wie dort, Bande, doch versteht jedermann Mendi. Wir setzten uns hier nieder, denn der Häuptling Koma (von Passolahun) hatte tags zuvor einen Boten hierher gesandt, um Djala Gpo, dem hiesigen Häuptling, mitteilen zu lassen, er solle mich von hier aus bis *Konehun* oder *Konesun*, unserem heutigen Ziele, mit Trägern versehen. Serelahun steht zwar nicht unter Passolahun, das im Habulande liegt, sondern bildet das *Fassabuland* und ist darin die einzige grössere Ortschaft. Ein Unterhäuptling von Passolahun hatte uns hierher begleitet. Er und seine Leute nahmen die eine Seite des Platzes ein, auf dem wir lagerten, während die Serelahunleute die andere einnahmen. Alle sassen am Boden. Die Häuptlinge beider Parteien hielten nun abwechselnd Reden, die Träger berieten, und die Sache fing an, kritisch zu werden, als ein Mann schweisstriefend in den Kreis trat und mitteilte, gestern hätte zwischen den Bele- und den Lomaleuten ein Kampf stattgefunden, aus dem Loma siegreich hervorgegangen sei. Diese Nach-

richt wurde von allen mit frenetischem Beifall aufgenommen, und
während die Leute noch unter dem Eindruck dieses Sieges ihrer
Freunde standen, packten sie meine Waren und trugen sie in
der Richtung von Konehun. Ich vernahm weiter, das ganze
Land, durch das wir nun kommen, befinde sich in Kriegsstimmung
und überall werden Krieger aufgeboten, um die zurückgetriebenen
Bele weiter zu verfolgen; es sei für uns nicht gefahrlos, zu reisen,
und wir müssten die Leute anständig behandeln. Demgemäss
bewaffnete ich meine Leute.»

«Wir hatten noch sehr weit zu gehen; es machte im ganzen
32 Kilometer, gewiss eine sehr grosse Leistung, wenn man bedenkt, wie schlecht die Wege stellenweise sind, wie schwer die
Leute zu tragen haben und dass ich eine Karte aufnahm.»

«Die Gegend ist sehr schlecht bevölkert. Ausser einem kleinen, eben im Bau begriffenen Dörfchen, einem gewissen Bumbu
von Loma gehörend, der stark an Lepra leidet, trafen wir keine
menschlichen Ansiedelungen und nur zwei oder drei Mal begegneten wir ein paar Leuten. Kleine Dörfchen fehlen im allgemeinen,
die Leute bewohnen der ewigen Kriege und der damit verbundenen
Sklavenjagden wegen nur die befestigten Städte, in deren unmittelbarer Umgebung auch die Felder liegen; dazwischen dehnt sich
der Urwald. Mehrmals kamen wir zwar, stets auf Hügeln, durch
niedrigen Busch, wo früher Dörfer gestanden (das bedeutendste
derselben war Jasselahun gewesen), die aber, sei es durch den
Krieg zerstört, sei es, weil der Geist der Gegend opponierte, verlassen worden waren.»

«Einmal traten wir aus dem Wald und standen ganz unvermutet am Fusse eines Berges von 525 Meter Höhe, der fast
völlig baumlos war. Nur durch Zwischenräume getrennte Grasbündel und zusammenhängende Grasstrecken bedeckten ihn;
stellenweise trat auch das nackte, sehr heisse Eruptivgestein
zutage, auf dem überall grössere und kleinere Quarzstücke lagen.
Von diesem Hügel aus bot sich mir die erste Rundsicht. Der
eben erstiegene Berg war der nördlichste einer ganzen Gruppe
und zugleich deren niedrigster; es schliessen sich ihm in Südwesten und Südosten zwei weitere über 600 Meter hohe Berge
an, und alle drei bilden zusammen eine Gruppe, welche die
Eingeborenen *Seba fassa* nennen. Da die drei einzelnen, übrigens oben abgerundeten und fast baumlosen Kuppen keine Namen
haben, nannte ich den erstiegenen nördlichsten *Mount Barclay*

nach dem gegenwärtigen liberianischen Präsidenten, den südwestlichen *Mount Helvetia* und den südöstlichen *Mount Büttikofer* nach dem verdienstvollen schweizerischen Liberiaforscher. Noch mehr nach Südwesten, aber durch grössere Abstände getrennt, liegen noch zwei Berge, der *Karo* und der *Korungara*, letzterer jedenfalls von allen fünf der höchste. Ausserdem lassen sich in der Ferne noch zahlreiche andere Berge erkennen, so der Sei bei Passolahun und ein sehr ähnlicher und gleichbenannter Berg im Südosten. Ganz weit im Dunst nach Norden und Westen sieht man noch mehr teilweise recht hohe Berge und die nördlicheren davon werden wir bei der Reise nach Beyla zu überschreiten haben. Die Träger konnten mir aber keine Namen mehr nennen. Zwischen all den Bergen dehnt sich ein fast ununterbrochenes Waldmeer aus, und es war prächtig, auf all diese Tausende von Baumkronen hinunterzublicken. Statt zwischen oder über die uns im Süden vorgelagerten Berge zu gehen, führt der Weg im Osten um sie herum, um nach dem südlich gelegenen Konehun zu gelangen, und zwar fast stets durch Wald. Wir überschritten hier die Wasserscheide zwischen Bewa und Loffa. Im Walde gibt es zahlreiche Elefanten, deren teilweise noch ganz frischen Spuren in Fussabdrücken und brotartigen Exkrementen häufig zu sehen waren. Einer der Träger behauptete auch, einen durch das Unterholz davoneilenden Elefanten gehört zu haben, was durchaus glaubwürdig erscheint.»

«In dem schon erwähnten Dorfe von Bumbu machten wir eine Rast, und der Häuptling, dem die Finger und Zehen von der Lepra weggefressen waren, erzählte, er sei vor kurzer Zeit oben im Norden gewesen, wo die Eingebornen mit den Franzosen in unmittelbarer Nähe von *Bussadu* ununterbrochen fechten. Da ich Lomase, der dort etwa Ende Februar hinzukommen gedenkt, meine Dienste als Dolmetscher und Vermittler angeboten, wird dies den Leuten erzählt und dadurch gleich ein guter Eindruck hervorgerufen, da alle behaupten, des Krieges müde zu sein.»

«Die grösseren und kleineren Bäche, die wir hier trafen, fliessen alle nach Osten in die Loffa. Die Sonne stand als glutroter Ball am Himmel, als wir den Mambafluss überschritten und ostwärts das Tosen der Loffa hörten. Dann hatten wir noch einen Abhang zu erklimmen und zogen durch die acht Tore nach Konehun. Djala Gpo hatte seinen Trägern einen Bruder mitgegeben, der die Verhandlungen mit dem Häuptling von Konehun leiten sollte. Als er mit den Nachzüglern endlich eintraf, leuchtete schon die Mondsichel am westlichen Horizont. Natürlich mussten diese kriegs- und redefreudigen Leute erst unendliche Reden halten, wobei die Sprechenden, das Schwert in der Hand, hin und hergehen, gestikulieren und lange und ausdrucksvoll sprechen. Sie würden wohl noch einige Zeit damit zugefahren haben, wenn ich dem Häuptling nicht endlich hätte sagen lassen, mich friere in meinen nassen Kleidern und er möchte uns doch endlich ein Haus anweisen lassen, was auch geschah.»

Der 16. Januar war nach dem anstrengenden Marsch des vorhergehenden Tages der Ruhe gewidmet. Volz erhielt den Besuch des Häuptlings mit den üblichen Geschenken von Reis und einem Huhn. Sein Bart war unten in einen Zopf geflochten. Von den Kämpfen in Loma war nur bekannt, dass die Bele noch verfolgt würden und dass ein Belemann gefangen worden sei, der nun wahrscheinlich in Loma aufgefressen werde. «Vor mehreren Monaten war übrigens eine liberianische Friedensexpedition im Beleland, um die Bele zu veranlassen, endlich Frieden zu halten. Ihr Häuptling soll auch ganz damit einverstanden gewesen sein und habe dem betreffenden Kommissär ein weisses Tuch zum Zweck seiner Friedensabsichten gesandt. Seine Untertanen jedoch seien nicht einverstanden gewesen und hätten der Sendung noch ein blau und weiss gestreiftes Tuch beigelegt zum Zeichen, dass ihre Ansicht darüber sehr gemischt sei. Der friedliebende Belehäuptling habe übrigens vor Ausbruch dieses Krieges die Bewohner von Loma von dem bevorstehenden Angriff in Kenntnis gesetzt. Was das Aeussere der Leute, die Haartrachten etc. betrifft, so ist kein Unterschied gegenüber Passolahun.»

Am folgenden Tag (17. Januar) begleitete der Häuptling, Jerman Nene mit Namen, die Expedition bis zu dem 10 Minuten entfernten *Loffafluss*, den die Vey *Mono* und die Liberianer *Little Cape Mount River* nennen. «Er ist jedenfalls einer der grössten Flüsse Liberias, jedoch finde ich ihn nicht auf allen Karten verzeichnet, auf einigen gar nicht, auf andern ohne Namen und als Nebenfluss des St. Paul eingetragen, auf dritten ist nur sein Oberlauf eingezeichnet resp. punktiert. Er besitzt hier bei Konehun etwa 50 Meter Breite zur gegenwärtigen Jahreszeit und fliesst sehr langsam südwärts. Weiter oben und unten aber befinden sich sehr zahlreiche Stromschnellen, die das Rauschen, von dem ich früher sprach, hervorrufen. Das Wasser ist trübe und zeigt viele schmutzige Schaumfetzen. Folgende Ortschaften liegen von der Quelle bis zur Mündung ins Meer, an der Loffa: *Knimai, Massada, Yandesassu, Basigemai, Bagbassu, Lutisessu, Bakuiebu, Buussu, Godomai, Jajamai, Nialimai, Bundoisimba, Gambu, Jene, Konesun, Gatima, Mbala, Delassu, Batungi, Bini, Wuomano, Dama, Titoba, Mabui, Dumukuo, Bangbaima, Djabadjei, Gelékulu, Bulikolo, Diau, Bowolasu, Bunalasu, Fundeja, Biliseh, Norakoro, Jombobaso.*»

«Der Uebergang über die *Loffa* bei *Konesun* ist der denkbar primitivste. Die Leute wissen nichts von Booten, dazu ist der Fluss zu reissend und sie sind zu weit vom Meere. Um eine Brücke zu erstellen, sind die Ufer zu weit von einander entfernt, zudem müsste sie jedenfalls, um bei Hochwasser trocken zu bleiben, sehr hoch gebaut werden. Der ganze Verkehr über den Fluss vollzieht sich deshalb auf zwei elenden Flössen, jedes aus vier ziemlich liederlich zusammengebundenen Baumstämmen bestehend und mit je einem äusserst primitiven Ruder bewegt. Dasselbe besteht nämlich aus einem, an dem einen Ende gespaltenen Stock, in dem ein paar Bretter eingeklemmt und mit Schlingpflanzen angebunden sind. Die Ueberfahrt geschieht deshalb sehr langsam, aber das Floss wird kaum abgetrieben, da der Fluss sich hier nur langsam fortbewegt. Es dauerte deshalb über eine Stunde, bis alles Gepäck und die Träger am jenseitigen Ufer waren. Schliesslich war alles heil drüben.»

«Wir hatten nun noch ziemlich weit zu gehen, bis wir in die wie gewöhnlich stark befestigte Ortschaft *Gatema* kamen. Hier fand Trägerwechsel statt, was wieder sehr lange dauerte, und dazu herrschte eine wahre Gluthitze. Der Häuptling erschien nur mit einem Tuch bekleidet und setzte sich auf einen vergoldeten Stuhl. Die umgebende Menge starrte beständig auf mich, die Männer meist gut gebaut und alle bewaffnet, die Frauen etwa zur Hälfte mit Haarkämmen, zur andern Hälfte mit Hornzöpfen, alle am linken Arm blau tätowiert, die Gesichter mit weissen oder schwarzen Zeichnungen versehen. Dann ging es weiter nach Loma, von dem man behauptet hatte, es liege so nahe, dass man Hornstösse hören könne. Es ist dies aber unmöglich, weil die Distanz viel zu gross ist und zudem dicht bewaldete Hügel zwischen beiden Ortschaften liegen. Schon lange bevor man die Stadt erreicht, führt der Weg zwischen Feldern durch, die zwar alle abgeerntet sind. Guinea-corn sah ich nirgends, dagegen sehr viel Tabak und etwas Gemüse. Von einer Anhöhe aus gewahrten wir schliesslich das langersehnte berühmte *Loma*. Bevor wir uns hineinbegaben, wollten wir die Nachzügler abwarten und setzten uns deshalb am Eingangstore hin, wo wir einen Blick auf das vorbeifliessende Flüsschen hatten, über das eine miserable Brücke führt. Dann schritten wir durch die Tore des stark befestigten Einganges bergan und befanden uns in Loma.»

V. Loma.

«Wir waren enttäuscht. Schon in Yonni hatte man von Loma als einer Riesenstadt gesprochen, später ebenso Lomase, und in allen Ortschaften seit Bomaru war von Loma als der grössten Stadt des Innern von Liberia die Rede. Man erzählte sich Wunderdinge von dort. Die Stadt solle 24 Tore haben, und in ihr finde man Vertreter aller Stämme Westafrikas vereinigt. Es sollen hier Pferde sein und grosse Märkte würden abgehalten. Der Häuptling sei ein wirklicher König und verfüge über unendlich viele Weiber und Sklaven; kurz, nach all den vielen Berichten und Erzählungen machten wir uns auf eine Stadt von bedeutender Ausdehnung gefasst, ich dachte etwa an Kong oder Timbuktu. Was wir nun vor uns sahen, schraubte unsere Erwartungen bedeutend herab. An Stelle einer gross angelegten ausgedehnten Stadt ragten zwischen den Bäumen und über die hohen Palisaden eine Anzahl kegelförmiger Dächer, wenige grosse und zahlreiche kleine, etwa so, wie ich mir früher zu Hause ein Negerdorf vorgestellt hatte. Wir standen und staunten, aber statt über die Grösse der Ortschaft, über alle die Uebertreibungen, die man uns erzählt, und über unsere getäuschten Illusionen. Wir blieben lange auf dem Hügel[1]) und wunderten uns, dass das zirka 10 Jahre alte Loma, das durch geflohene Mendi aus dem Gumalande erbaut worden und das den südwestlich wohnenden Gola und den östlich hausenden Bele deshalb ein Dorn im Auge war, dass dieses grosse Dorf, wohl ein Dutzend Mal angegriffen und belagert, stets noch stand. 10 Mann mit modernen Hinterladern und einigen Brandraketen könnten die Stadt einnehmen.»

«Es ist eigentlich nicht nötig, eine Beschreibung des Platzes zu geben. Er unterscheidet sich nur durch seine relative Grösse

---

[1]) Nämlich dem Hügel vor der Stadt. Vergleiche diese Seite oben. A. d. H.

von allen Städten im Bandegebiet, obschon Loma schon zum Beleland gehört. Die runden Häuser sind weitaus die zahlreicheren, und meist sind sie klein. Aehnliche grosse, runde Hütten wie etwa in Sambatahun, vermisste ich vollständig. Einige Häuser sind länglich, entweder viereckig oder mit abgerundeten Kurzseiten, also oval. Die Bauart unterscheidet sich kaum von dem, was ich früher sagte, nur sind bei den grössern viereckigen Häusern stets breite Sockel vorhanden, die stellenweise so breit werden, dass sie als Bänke oder zur Aufbewahrung irgend welcher Gegenstände dienen. Die zahlreichen Häuser (es würde ein vergebliches Unterfangen sein, sie zählen oder schätzen zu wollen) sind ganz unregelmässig zerstreut. Man sieht, es wurde kein Plan gemacht, was übrigens bei einer so durch und durch fatalistischen Bevölkerung auch nicht zu erwarten ist. Da eine Ausdehnung der Stadt nicht möglich ist, weil die Befestigungswerke daran hindern, und die Bevölkerung im Laufe der Jahre namentlich durch Zuwanderung aus andern Plätzen zunahm, so hat man überall, wo irgend ein freies Plätzchen vorhanden war, ein Hüttchen hingestellt. Deshalb berühren sich die Dächer sehr oft, und die Strässchen sind in den meisten Fällen nur enge Durchgänge. Jedoch gibt es mitten in der Stadt einen grossen viereckigen Platz, an den sich ein grösseres Bari und die Häuser der Häuptlinge anschliessen. Letztere sind in ähnlicher Art durch Mäuerchen verbunden, wie ich es für Kambahun beschrieben habe. Auf diesem Platze steht in der Mitte ein kleiner umfriedeter Raum, dem zwar der übliche Baum mit den Webervögeln fehlt, dagegen steht dort das stets vorhandene Wahrzeichen eines Hauptplatzes, ein aufrechtstehender Balken, auf dessen oberes Ende verkehrt ein meist eiserner Kochtopf gelegt wird. Da die ganze Bevölkerung, mit Ausnahme einiger handeltreibender Susu und eines Lederarbeiters vom Mandingostamme heidnisch ist, fehlen öffentliche Gebäude wie Moscheen ganz.»

«Als wir uns diesem Platze näherten, passierten wir einen kleinen Markt, wo ein paar Frauen einige Kleinigkeiten verkauften. Da war Ocro (Saubohnen), kleines Gemüse, sogar Kohlblätter, getrocknete Fische und kleine Krebschen, winzige frische Fischchen, Baumwolle und Salz. Der ganze Handel ist Tauschhandel. Geld habe ich seit Bonumbu keines mehr im Verkehr gesehen; die einzigen Geldstücke, nämlich französische Fünffrankenstücke und mexikanische Dollars werden als Hals- oder Armschmuck verwendet. Als Tauschwaren dienen Tabak, Tücher, Schnupftabak, Salz, Glasperlen u. a.»

«Wir brauchten nicht lange auf den Häuptling zu warten. Er kam sehr bald, reichte mir die Hand, und ohne das lange übliche Palaver führte er mich in das Innere seiner kleinen Festung, wo er mir eine Hütte zur Verfügung stellte. Vor derselben standen, an die Wand gelehnt, neun Gewehre, mit Ausnahme eines Peabody alles Vorderlader, z. T. noch mit Steinschlössern. Der Oberhäuptling heisst Kutubu und ist ein grosser, stattlicher Mann anfangs der Vierziger. Er und sein jüngerer Halbbruder Breimah beherrschen Loma; sie sind beide Neffen des Mendihäuptlings, welcher vor den Engländern aus Vahun (Gumaland) flüchtete und der Gründer der Stadt Loma war. Beide sind erprobte Krieger, und Breimah zeigt, wie viele Leute hier, deutliche Spuren früherer Kämpfe.»

«Da das mir angewiesene Haus zu klein war, bat ich Kutubu, mir ein grösseres anzuweisen, was er auch sogleich tat. Während wir das Haus bezogen, stellten sich zwei unheimlich aussehende Kerle mit schäbigen Filzhüten als Boten Kutubus an den liberianischen Präsidenten vor. Sie sollten in drei bis vier Tagen nach Monrovia gehen, um dem Präsidenten über die letzten Kämpfe Bericht zu erstatten, ihm als Geschenk ein Pferd zu überbringen und ihn um Sendung einiger Soldaten zu bitten. Obschon die Sache eigentlich grosse Eile hatte, mussten doch noch mehrtägige Palavers stattfinden, bevor die Boten abgehen konnten. Ich wurde angefragt, ob ich die Abfassung eines Briefes an Barclay übernehmen wolle und sagte zu, da ich dadurch gleich in die ganze Sache eingeweiht wurde. Solche Dienste finden die Eingebornen selbstverständlich und bringen sie nicht in Rechnung, ich aber habe für die kleinste Kleinigkeit zu bezahlen (in Waren natürlich). So geht es tagtäglich. Bald kommt Kutubu, bald Breimah, um, wie sie sagen, sich nach meinem Befinden zu erkundigen, aber bevor sie gehen, wünscht der eine dies, der andere das.»

«Da man beständig von Krieg und Kriegsgefahr redet, liess ich meine Boys in meinem Hause schlafen, wo sechs Betten sind, erhöhte, breite Lehmsockel, an Kopf- und Fussende bis gegen die Decke mit einem Mäuerchen versehen, oben durch ein dichtes Gerüst von Holz abgeschlossen. Die Vorderseite ist bis zum

Eingang mit einer Matte verkleidet, die des Nachts auch über den Eingang gezogen werden konn, so dass diese Bettstellen von allen Seiten gut eingemacht und selbst gegen Moskitos gut geschützt sind. Solche sind übrigens in all den Gegenden, durch die ich bis jetzt kam, äusserst selten und fallen nie lästig.»

«Da ich hier längere Zeit zu verweilen gedenke, um meine Karten ins Reine zu zeichnen und so viel als möglich über die Bele in Erfahrung zu bringen, so beginnen wir, uns häuslich einzurichten. (18. Januar.) Nachmittags machte ich einen kleinen Abstecher nach Süden, wo wir ebenfalls einen sehr stark befestigten Eingang, auch mit 11 Toren, vorfanden, der ziemlich steil abwärts zu einem Sumpf führt, den man erst durchschreiten muss, um jenseits wieder einen Abhang emporzuklimmen. Hier befindet sich ein grosser, freier Platz, der sogenannte Korbangi, wo sich die Krieger vor dem Feldzuge versammeln. Von hier aus führt der Weg durchs *Golàland*, das Land der ärgsten Feinde von Loma, nach *Boporu*, wo man in zirka fünf Tagen anlangt und von dort nach *Monrovia*, was wieder vier Tage in Anspruch nimmt. Die Aussicht von Loma nach Süden wird durch die lange Kette der *Bambui-Berge* abgeschlossen. Der Weg vom Korbangi zu einem niedrigen, nur aus Palmzweigen gefertigten Tore, das nach den Gola-Country führt, ist rechts und links auf grässliche Weise dekoriert. Hier befinden sich nämlich einige 20 gebleichte Menschenschädel, die auf Stöcke befestigt sind, welche man in langer Reihe in den Boden gesteckt hat. Diese fürchterliche Allee bildet eine Abschreckung für zukünftige Golaeinfälle. Der Kampf, in dem die Leute fielen, hat vor ein paar Jahren stattgefunden. Wie lange es her ist, konnte ich nicht mit Sicherheit erfahren, da die Leute absolut keine Zeitrechnung zu haben scheinen trotz der ausgesprochenen Jahreszeiten. Die Lomaleute, welche erst ausserhalb der Stadt gekämpft hatten, mussten sich nämlich nach und nach zurückziehen, und selbst drei der Tore fielen den Gola in die Hände, doch neigte sich der Sieg schliesslich doch den Lomaleuten zu. In der Umgebung dieser Tore gibt es, wie auf der andern Seite der Stadt, ausgedehnte Tabak- und Baumwollfelder.»

«In der Stadt gibt es auch zwei Pferde, einen braunen Hengst und eine weisse Stute. Beide sehen gut aus. Der Zügel ist nur einseitig, aber am Zaum, der aus einer Stange besteht, ist noch ein Zügel angebracht, der dem Pferde über den Hals läuft und satt anliegt. Ein Sattelzeug fehlt, hingegen sind am Halse mehrere Glocken angebracht. Die Tiere werden mehrmals täglich bei meinem Hause vorbei zur Tränke geführt. Bei den Toren muss aber der Reiter absteigen, da dieselben zu eng und niedrig sind.»

«Man sollte nicht glauben, dass hier die *Sklaverei* besteht, und doch ist es so. Trotzdem die Häuptlinge und das Volk wissen, dass sie zu Liberia gehören, besteht die Sklaverei fort wie seit alten Zeiten. Doch fällt sie nie auf, und der Korporal, obschon aus dem Lande stammend, ist nicht imstande, einen Freien von einem Sklaven zu unterscheiden, da keinerlei äussere Merkmale vorhanden sind. Natürlich fällt den Sklaven die Hauptarbeit zu, aber ich habe viele freie Leute und selbst Unterhäuptlinge arbeiten sehen. Auch am Kampfe beteiligen sich beide Stände gemeinsam. Sklavenmärkte gibt es nicht — es sollen solche im Bundeland, bei Pandeme, stattfinden — und es dürfte sehr selten sein, dass Sklaven überhaupt verkauft werden. Sie dürfen das Land nicht verlassen, aber das ist auch den Freigebornen nicht gestattet ausser mit ausdrücklicher Erlaubnis des Häuptlings, der ein Interesse daran hat, ein möglichst zahlreiches Volk zu beherrschen. So scheint mir der einzige Unterschied, der diese Hörigen — der Name ist besser als «Sklaven» — auszeichnet, der zu sein, dass sie nicht die Häuptlings- oder Unterhäuptlingswürde bekleiden können.»

«Die Bewohnerschaft von Loma ist zum grössten Teil aus Bande, Mendi und Bele zusammengesetzt. Zwischen ersteren und letzteren kann ich kaum einen Unterschied herausfinden; dagegen tragen die Mendi meist das Haar kurz, während andere die früher beschriebenen, tollen Frisuren zur Schau tragen. Man sieht hier sowohl die hohen Haarkeile als auch die Hörner, und viele tragen die Haare beständig in Tücher eingewickelt wie Mendi- oder Kreolenweiber; andere besitzen Frisuren aus zahlreichen kleinen Zöpfchen, die oft auf beiden Kopfhälften ganz verschieden sind und dem Gesichte dadurch ein unsymmetrisches Aussehen verleihen. Von den Kleidern ist zu sagen, dass sich hier der öftere Verkehr mit der Küste deutlich bemerkbar macht. Es werden sehr viel europäische Baumwollstoffe getragen; Häuptling Breimah besitzt einen früher sehr hübsch und elegant gewesenen Ueberzieher; viele tragen schäbige Filz- und verwahrloste Strohhüte, und auf dem Wege traf ich einen Mann mit einem echten Frack von gutem Schnitt, wozu nun freilich das schmale Tuch zwischen den Beinen durch nicht recht passen wollte.»

«Ueber den Einfluss der liberianischen Republik macht man sich in Europa und noch in der Sierra Leone, ja selbst in Monrovia, einen falschen Begriff. Ich hatte gelesen und von zahlreichen Europäern gehört, ein solcher Einfluss mache sich, mit Ausnahme der Unterläufe der Flüsse, wo die Strecke bis 60 Kilometer betragen möge, nicht über eine Küstenzone von 40 Kilometer Breite hinaus bemerkbar. Und falls die Liberianer es versuchen sollten, weiter nach Norden zu gehen, würden sie bald auf den Widerstand der eingebornen Häuptlinge stossen, welche die Liberianer hassten und mehr den Engländern oder Franzosen zuneigten. Dem ist nun aber gar nicht so. Liberia hat mit fast allen Stämmen des Innern Abkommen getroffen, wonach sich dieselben unter liberianische Oberhoheit begeben und soviel wie möglich zusammen im Frieden leben, die Verkehrsstrassen offen halten und den Handel fördern. Direkt unter liberianischer Herrschaft sind aber nur wenige Stämme, so z. B. die Vey und die Stämme um Boporu, Ine und, wie wir gesehen haben, auch die Guma. Sie wählen ihre Häuptlinge, die aber durch Liberia bestätigt werden müssen, sie zahlen Kopfsteuer und unterhalten die Wege, sie führen endlich als äusseres Zeichen die liberianische Flagge. Das ist bei den Vassa, den Luhassu, Fassabu, Mambuna, Ban, die alle zum grossen Bandestamme gehören, nicht der Fall, ebensowenig wie bei den Gola, Bele, Busi u. a.; doch wissen alle diese, dass sie zu Liberia gehören und dass die Häuptlinge unter dem Präsidenten stehen. Sie alle wählen ihre Häuptlinge selbst, d. h. die Würde vererbt sich meist von Bruder zu Bruder und, wenn auch der letzte gestorben, auf den ältesten Sohn des ältesten Bruders. Daraus erklärt es sich, dass die Häuptlinge meist ältere Männer sind, worin übrigens Loma eine Ausnahme macht. Die Häuptlinge senden gelegentlich Gesandtschaften nach Monrovia, und von dort werden manchmal Kommissäre, wie z. B. Lomase, ins Innere geschickt, welche, da von gleicher Farbe und meist Sitten und Sprache der Leute kennend, fast besser mit ihnen auskommen als Weisse. Doch missbrauchen sie, wenn sie die Gewalt in Händen haben, dieselbe oft in einer solchen Weise, wie es der Europäer wohl kaum tun würde, wenigstens in keiner der vielen Kolonien, die ich bisher besuchte. Dass die Behauptung, der Eingeborne stehe lieber unter weissem als unter schwarzem Regimente, nicht durchweg zutrifft, zeigt die Tatsache, dass momentan an der Nordgrenze Liberias, südlich von Beyla, die dortigen Stämme heftig gegen Frankreich kämpfen, während sie es ruhig zulassen, dass sich mitten unter ihnen eine kleine liberianische Garnison festgesetzt hat.»[1])

«Gegen den Abend des 20. Januar kam Häuptling Kutubu zu mir und teilte mir mit, morgen werde Krieg sein. Es sei ein Bote aus Jene eingetroffen, der die Meldung gebracht habe, die Bele werden morgen Loma angreifen, und er bat mich, meine Waffen in stand zu setzen. Um 7 Uhr etwa ging der Ausrufer durch die Stadt und verkündete brüllend, alle Männer müssten sich auf dem grossen Dorfplatze versammeln. Ich begab mich mit dem Korporal ebenfalls dahin, wo man uns beim Häuptling einen langen, niedrigen Schemel als Sitz bot. Rings um den Platz sassen oder kauerten die Krieger, und stets neue strömten herbei. Im ganzen mögen über 200 Mann dort gewesen sein; jeder trug zum mindesten ein Schwert bei sich, viele aber auch Dolche und Speere, und jedenfalls über 50 hatten Gewehre. Wäre es Tag gewesen, so müsste das Ganze einen sehr malerischen und kriegerischen Eindruck gemacht haben.»

«Mehrere Trommeln und andere Musikinstrumente waren in Tätigkeit, als plötzlich der Ausrufer wieder vortrat und Ruhe gebot, die auch sofort entstand. Kaum war alles verstummt, als mit ein paar Schritten ein Mann in das grosse Viereck trat und mit dürren Worten erklärte, morgen werde man kämpfen. Dann wandte er sich und trat zurück, und hundert Kehlen begannen zu schreien und zu brüllen. Dann erhob sich ein hagerer Mann vor mir, riss sein Schwert aus der Scheide und stürzte sich mitten auf den Platz. Nun trat wieder Ruhe ein, und nachdem der Betreffende, einer der angesehensten Krieger, einen wilden Kriegstanz aufgeführt und auf alle vier Seiten des Platzes Scheinangriffe gemacht, hielt er eine grosse Rede, in welcher er alle Anwesenden zum Kampfe aufforderte und begeisterte. Als er geendet hatte, stürzten etwa 20 jüngere Leute auf ihn

---

[1]) Man vergleiche mit diesen Ausführungen, wie Volz später, als er in jenen Grenzdistrikten angekommen war, über diesen Punkt urteilt.

zu, knieten vor ihm nieder und, seine Füsse berührend, huldigten sie diesem alten Kampfhahn. Noch traten mehrere Redner auf, heftig gestikulierend und die einzelnen Sätze abgebrochen und laut hervorstossend, dann war die Versammlung, zu der uns der Mond leuchtete, geschlossen. Ich machte dem Häuptling und seinen Unterhäuptlingen noch meinen Standpunkt klar, indem ich auf den friedlichen Charakter meiner Mission hinwies, mich zur Verfügung stellte, aber es ablehnte, den Feind zu verfolgen oder an einem Feldzug ins Beleland teilzunehmen. Kutubu sah das ein; er wünschte, ich möchte während eines eventuellen Kampfes neben ihm sein, denn ich würde unmöglich Freund und Feind unterscheiden können, und damit hatte er vollkommen recht. Unterdessen hielten nicht nur an den Toren, sondern auch draussen im Busch gegen das Beleland zahlreiche Krieger Wache; es geschah aber in der Nacht nichts Besonderes.»

«Hingegen teilte mir Kutubu andern Tags mit, wenn morgen nicht gefochten würde, so sei für fünf Tage Ruhe, da ein von Mohammedanern gemachtes Gesetz befehle, es dürfe nur Montag und Dienstag gefochten werden, nicht an den übrigen Tagen. Dies ist nun eine sehr vernünftige Einrichtung bei all dieser unvernünftigen Kämpferei, die den Leuten doch gestattet, in Ruhe die Felder von Mittwoch bis Sonntag zu besorgen. In der Nacht war beständig Lärm; Trommeln und Aufzüge, Gelächter und Geschwätz. Man hätte aus all der Fröhlichkeit eher auf das Ende als auf den Anfang eines Krieges schliessen können. Während der Nacht wird übrigens nie gefochten, wie man mir sagt deshalb, weil man Freund und Feind nicht unterscheiden könne. Doch dürfte dabei auch der Aberglaube eine grosse Rolle spielen.»

Für Dienstag den 22. Januar verzeichnet Volz: «Heute herrscht ungewöhnliches Leben in Loma. Alle Männer sind an der Arbeit, um die da und dort schadhaften und altersschwachen Palisaden zu erneuern. Von allen Seiten trägt man Bauholz und grosse Lianenbündel herbei. Wenn das Holz über Armsdicke besitzt, so wird es mittelst Holzschlägeln und Holzkeilen gespalten. An der einen Palisade fand ich 130 Mann arbeitend, und viele trugen Holz herbei oder arbeiteten anderswo; eine Anzahl ist stets auf Wache und, da heute eventuell noch gefochten wird, auf Patrouille gegen Borussu, der Stadt des feindlichen Belehäuptlings. Am Morgen hatte eine allgemeine Versammlung stattgefunden, in welcher der Vorschlag gemacht wurde, dass, falls die Bele heute nicht kommen sollten, man nächste Woche nach Borussu ziehen wolle. Doch wurde vorläufig davon abgesehen, da erst dem liberianischen Präsidenten Nachricht gesandt werden soll.»

Volz war dazu ausersehen, diesen Brief zu schreiben, und Kutubu begab sich mit Gefolge zu ihm. Vor der Abfassung des Schreibens sollten Volz und Brggs schwören, nichts Nachteiliges für Loma zu tun und nur das zu schreiben, was man ihnen sagte. Die Schwurzeremonie verdient erwähnt zu werden. «Brggs hatte sich erboten, für mich schwören zu wollen, aber da ich sah, dass Kutubu und die andern Häuptlinge lieber wollten, wenn ich selber schwöre, so erklärte ich mich vorlauterweise einverstanden. Man brachte nun einen Gin-Krug, in dem ein langes Stäbchen steckte, mit dem man einen braunen, höchst unappetitlich aussehenden und ebenso riechenden, senfartigen Brei herausfischte und dem Schwörenden ein Quantum auf die rechte Handfläche strich. Nachdem man versichert hatte, nur die Wahrheit sagen und tun zu wollen, musste man diese Schmiere abschlecken.» Volz konnte sich nicht dazu entschliessen, und nach langem Hin- und Herreden schluckte Brggs für ihn und sich die doppelte Ration, und Kutubu begnügte sich von seiten Volzens mit einem Handgelübde. Dann erzählte man endlich mit vielen Umschweifen und Wiederholungen die von Volz zur Orientierung verlangte Vorgeschichte des gegenwärtigen Krieges.

«Vor einigen Monaten war ein liberianischer Kommissär und ein Mohammedaner als Abgesandte der liberianischen Regierung in die Gegend gekommen, und sie hatten an alle Häuptlinge in der Runde ein weisses Tuch gesandt als Zeichen des Friedens. Alle Häuptlinge hatten zu diesem Tuch, wenn es wieder an den Kommissär zurückging, ebenfalls ein weisses Tuch gelegt und damit ihrer Friedensliebe Ausdruck gegeben. Auch Degra, der Häuptling von Borussu, etwa eine Tagereise nordöstlich von Loma, war zunächst einverstanden, wenn den ewigen Kriegen endlich ein Ende gemacht werde. Daraufhin einigte sich Kutubu mit ihm dahin, sie wollten beide zum Zeichen des Friedens und zur Wiedereröffnung guter Beziehungen den Weg zwischen Loma und Borussu reinigen, d. h. von darüber gefallenen Bäumen und von Gras befreien, und zwar sollte jede Partie dies tun bis zu einer Stelle, wo früher die Stadt Mafondo lag, also etwa bis zur Hälfte der Entfernung. Dorthin sollte an einem bestimmten Tage jede Partei zwei schwarze Hühner bringen, die man zum Zeichen des Friedens hier schlachten wollte. Die Lomaleute waren an dem betreffenden Tage zur Stelle, nicht aber Degra und die Seinigen. Dies vernahm der Kommissär der Regierung, sandte sofort drei Boten mit einer liberianischen Flagge zu Degra, ihn auffordernd, Frieden zu halten. Degra legte die drei sogleich in den Block, und von der liberianischen Flagge behauptete er, man könne damit nicht einmal ein Huhn kaufen. Dann sammelte er während fünf Tagen seine Krieger, stellte dieselben auf einem Platze auf, liess die drei im Block befindlichen Boten kommen und, auf seine Bewaffneten zeigend, sagte er: «Die Liberianer haben Macht über die Küste, nicht aber hier. Ich, Degra, bin Häuptling dieses Landes und nicht Euer Präsident. Geht und sagt ihm das.» Dann wurden sie aus dem Block befreit und entlassen, während Degra nach Loma zog. Dort fand am 14. Januar 1907 ein Treffen statt, dessen ganzes Resultat die Gefangennahme dreier Bele war, welche man nach Loma brachte, wo sie Medizin bekamen und schwören mussten, von nun an zu Loma zu halten.»

«Dies alles hatte ich dem Präsidenten Barclay zu schreiben und ihn zu bitten, so schnell wie möglich so viele Soldaten als anginge zu senden, nebst 100 Gewehren, Pulver, Kugeln, Zündhütchen und Patronen, sowie einen Revolver für Kutubu. Als Gegengeschenk sandte er ein Pferd, einen Elefantenzahn und ein weisses Tuch als Zeichen seiner friedlichen Gesinnung gegen Liberia.»

Folgenden Tags «kamen Boten aus den mit Loma befreundeten Plätzen Kambahun und Sambatahun und meldeten von einem Ueberfall einiger ihrer Leute durch Bunde aus Pandeme. Dreizehn Mann waren in den Busch gegangen, um Gummi zu suchen, als sie von einer Bundehorde überfallen wurden, wobei drei der Angegriffenen getötet, die übrigen zehn gefangen wurden. Daraus ist auf einen Einfall der Bunde zu schliessen, und da dieser Stamm mit den Bele befreundet ist, so haben also die Bande von Kambahun bis Loma die Bunde und Bele gegen sich. Kutubu will sich nun noch erkundigen, wie es um den Krieg steht, um eventuell einige Krieger zur Unterstützung seiner Freunde zu senden».

Neben den erwähnten Diensten als Sekretär setzte Volz unter vielen Hindernissen seine Erkundigungen über Land und Leute fort. «Es ist schwierig,», schreibt er, «von den Leuten über die Dörfer und Länder, Flüsse und Berge der Umgegend Auskunft zu erhalten, da sie immer etwas wittern, was ihnen schaden könnte. Aber es ist auch ebenso schwierig, wenn sie endlich darauf eingehen, sich zu verständigen. Es fehlt diesen Menschen die Fähigkeit, eine primitive Karte herzustellen oder sie zu verstehen. Die Malayen haben jeweilen sehr hübsch, klar und sogar proportioniert unter Berücksichtigung der Himmelsrichtungen mit Streichhölzern oder Steinchen die prächtigsten Karten hergestellt, an die man sich unbedingt halten konnte. Diese Neger sind dazu nicht imstande, und wenn ich ihnen, gleichsam als Schulbeispiel, einen Weg, der uns beiden bekannt ist, aufzeichne, so passen sie nicht auf, gucken zur Seite oder unterhalten sich zusammen. Es ist deshalb jeweilen ein eigentliches Unternehmen, sie über die Geographie der Umgebung auszuforschen.»

Von Loma bis Boporu gibt Volz auf Grund solcher Erkundigungen folgendes Ortschaftenverzeichnis:

Bele-Country
- *Loma*
- Gegbelahun
- Bakinu
- Godjande
- Diala

Tumo-River (mündet in die Loffa)

Gbesse-Country
- Mbaflita
- Mbota
- Bangga
- Silikai
- Jañ
- Morakore
- Belpahun
- Bange (verlassen)
- Gambuta »
- Sapima »
- *Boporu*

Angesichts des latenten Kriegszustandes des Landes trat die Frage an Volz heran, ob er von Loma zur Küste zurückkehren solle. Er schreibt darüber: «Ich könnte nun von hier nach Monrovia gehen und hätte dadurch Boporu als einen Fixpunkt zur Kontrolle meiner Aufnahmen. Das Resultat, das ich dadurch nach Hause brächte, wäre immerhin beachtenswert, denn wir erhalten durch die Beschreibung der von mir besuchten Gegenden doch Einblick in ein gutes Stück von Liberia, das bisher völlig unbekannt war. Eine Heimkehr läge auch in meinem eigenen Interesse, denn ich fühle mich zeitweise nicht sehr wohl. Einen guten Grund mehr, an die Küste zu gehen, bilden die Kriege, die überall herrschen, die Strassen unsicher machen, das Engagement von Trägern erschweren und Nahrungssorgen verursachen. In das eigentliche Herz des Bele-Landes, von hier nach Nordosten, zu gehen, ist unmöglich. Nicht nur die nächste Stadt dort, Borussu, liegt mit den von mir bisher besuchten Ortschaften in Streit, sondern auch die nordwärts gelegenen Gebiete, die Städte Fissabu, Zolu etc. Ferner werden wir, um das französische Territorium zu erreichen, wie man mir sagt, eine eigentliche Kriegszone passieren müssen, da die Leute von Bussadu oder Bussamai, zum Bundestamm gehörend, mit den Franzosen kämpfen. Wenn ich trotzdem, ungeachtet dieser Schwierigkeiten, die einmal vorgenommene Route fortsetze, so geschieht dies einesteils aus Interesse an jenen zum Teil ganz, zum Teil noch wenig bekannten Gebieten, andernteils meiner angeborenen Starrköpfigkeit wegen.»

In Loma begannen inzwischen kleinere Schwierigkeiten in der Verpflegung. Es war kein Fleisch aufzutreiben, und die Hühner waren selten geworden, da kurz vorher viele an einer Epidemie eingegangen waren. Auch Requisitionsreisen in die benachbarten Orte Gatema und Konesun waren erfolglos. Jagdbares Wild war aber, zumal in der Umgebung der Städte und Dörfer, sehr selten. Für grössere Jagdausflüge, auch auf Elefanten, die in der Nähe vorkommen sollten, waren die Verhältnisse zu unsicher und wollten Volzens Begleiter keine Verantwortung übernehmen. Wohl aber erhielt Volz im Tauschhandel allerhand Gemüse, auch etwa Fische, zumal Welse. «Als Geld dienen hier allgemein die Eisenstäbchen; 100 derselben sind an Wert einer Kuh oder einem männlichen Sklaven, 120 einer Sklavin gleich. Eigentümlicherweise sind hier die Oelpalmen sehr selten. In der Umgebung der Stadt habe ich überhaupt keine gesehen. Kokospalmen fehlen ebenfalls wie dem ganzen Innern.»

Am Sonntag den 27. Januar 1907 konstatiert Volz, dass er nun schon vor einem Monat Freetown verlassen habe und mehr als acht Tage in Loma liege. «Heute ist ebenfalls ein Monat verflossen seit dem letzten Regenfall. Die Witterung ist zwar etwas verändert. Oft haben wir fast den ganzen Tag bewölkten Himmel, an andern Tagen, aber erst seit kurzem, sieht man gegen Abend grosse Wolken vor der Sonne vorbeiziehen, und manchmal macht es den Eindruck, als ob ein Gewitter kommen wolle. In den Feldern werden gegenwärtig die ersten Vorbereitungsarbeiten gemacht. Das Gras und niedrige Gebüsch zwischen den Bäumen und dem höhern Buschwerk wird entfernt, wo man später ein Reisfeld anlegen will. Die ganze Art des Reisbaues hier im Innern entspricht fast vollständig dem sog. Ladangbau[1]) in Sumatra. Nur wo der Boden sumpfig ist, wird «Sawahbau» getrieben. Künstliche Bewässerung findet nirgends statt. Jedoch gehen die Frauen gegen Abend mit Kesseln oder grossen Kalebassen nach den frisch angelegten Tabakfeldern, um die jungen Pflänzchen zu begiessen. Bei grössern Pflanzen wird dies gänzlich unterlassen, was vielleicht ein Grund dafür ist, dass dieser Tabak, wenn er 30—40 Zentimeter Höhe erreicht hat, zu blühen beginnt. Die Blätter werden daher nicht sehr gross.»

In Loma begann Volz die Aufnahme eines vergleichenden Vokabulariums des Mende, Gbesse, Bande, Bunde und Bele. Die ersteren vier beherrschte sein Korporal Brggs, für die letztere engagierte er eine ältere Frau, und in täglichen mehrstündigen Sitzungen wurden, nicht ohne Schwierigkeiten infolge der Beschränktheit und Schwatzhaftigkeit des Korporals, jeweilen 60 bis 70 Worte aufgezeichnet. Bei dieser Gelegenheit erhielt Volz Mitteilungen über den Kannibalismus der Bele und benutzte die Gelegenheit, einen in Loma ansässigen Sklavenschlächter auszufragen, der folgendes berichtete: «Es werden nur männliche Personen gefressen, da die Weiber bitter sein sollen; es soll aber auch bittere Männer geben. Knaben können unter

---

[1]) Unter «Ladangbau» versteht man eine ein- oder zweimalige Reispflanzung auf frisch gerodetes Urwaldland (malaiisch: ladang oder huma), im Gegensatz zu dem dauernden, gut bewässerten «Sawah»-Reisfeld. — Auf Java ist der Ladangbau als ein Raubbau und wegen der mit ihm im Zusammenhang stehenden Entwaldung durch strenge Verbote sehr eingeschränkt worden. A. d. H.

Umständen ebenfalls verzehrt werden, wenn sie irgend ein schweres Verbrechen, einen Mord z. B., begangen haben. Doch ist dieser Fall selten, und das Fleisch junger Leute soll an Wohlgeschmack demjenigen eines Erwachsenen nicht ebenbürtig sein. Am besten sollen alte Männer schmecken. Die meisten Opfer sind im Kriege gefallene Feinde. Ist ein Gefecht zu Ende, so werden diese gesammelt, in Rückenkörbe gepackt und nach Hause gebracht. Es kommt jedoch auch vor, dass ein einem feindlichen Stamme Angehöriger, selbst wenn nicht Krieg ist, etwa im Walde überfallen, erstochen oder erschossen und dann verzehrt wird. Obschon Loma eigentlich eine Mendistadt ist und durch Mendi gegründet wurde, haben sich doch zahlreiche Angehörige anderer Stämme hier angesiedelt, und die Zahl der hier wohnenden Bele ist ziemlich erheblich. Als der Mendihäuptling Baurumeh, der Onkel Kutubus, Loma gründete und erst mit den Golas Krieg führte, sandte er erschlagene Golakrieger den im Osten wohnenden Bele, welche sie dankbar annahmen und frassen. — Ein zu verzehrender Körper wird nicht in das Innere der Stadt gebracht, sondern ausserhalb der Tore und Palisaden gegessen. Doch gilt als strenges Gesetz, dass ausser jenen Teilen, welche dem Häuptling zufallen, nämlich beide Hände, beide Füsse, die Rippen, Leber, Herz und Lunge, der übrige Körper nicht verteilt wird. Er wird zerlegt, und nach dem Kochen wählt sich jeder seinen Teil und schneidet davon ab, soviel er zu haben wünscht. Für das Kochen und Verzehren wird meist ein Platz in unmittelbarer Nähe der Umzäunung, aber stets ausserhalb derselben, gewählt. Einer der Männer zerlegt den Körper in mehrere grosse Teile. Die Gedärme werden weggeworfen. Stücke mit Haut werden über die Flammen gehalten, um allfällige Haare abzusengen, und zwar so lange, bis sich die Haut abzuschälen beginnt. Das Fleisch des Menschen sei schön rot. Hierauf wird alles in einen gemeinsamen grossen Kessel gelegt, Wasser zugegeben und gekocht. Da das Menschenfleisch sehr scharf sei, wird kein Salz zugefügt, und es wird auch nie solches Fleisch mit Palmöl gebraten. Der Kopf wird nicht in den Kessel getan. Er gehört den Alten beiderlei Geschlechts. Denn am Frasse dürfen ausser den erwachsenen Männern auch jene Weiber teilnehmen, die das Alter mit grauen oder weissen Haaren geschmückt hat. Säugenden Müttern namentlich ist die Teilnahme an dieser Mahlzeit strenge untersagt. Der Kopf nun, der einen Hauptleckerbissen der Alten bildet, wird auf folgende Weise behandelt: Man verstopft mit kleinen Pflöcken aus den Blattschäften der Oelpalme, die zähe und zugleich elastisch sind, die beiden Nasenlöcher, indem man diese Pflöcke kräftig hineintreibt. Wahrscheinlich wird bei dieser Manipulation der Schädel nach dem Gehirn zu durchschlagen. Hierauf legt man den Kopf mit den Haaren nach unten auf das Feuer und lässt ihn dort so lange, bis die Kopfhaut versengt und der weisse Schädel zum Vorschein kommt. Dass dies nach einiger Zeit wirklich eintritt, habe ich seinerzeit bei einer Leichenverbrennung in Bangkok selbst beobachtet. Ist man so weit, so werden die beiden Pflöcke mit Gewalt aus den Nasenlöchern gerissen, worauf ein Teil der Gehirnmasse nachströmt. Diese gilt als grosser Leckerbissen. Auch die Fleischteile des Kopfes werden nun geröstet und von den Alten verzehrt. — Ist das Fleisch im Kessel gar geworden, so wird es herausgenommen und ausser jenen Teilen, die dem Häuptling zufallen, auf einer grossen Schüssel oder auf grossen Blättern zuhanden der Anwesenden ausgebreitet. Die Brühe im Kessel, die sehr wohlschmeckend sein soll, wird mit Reis genossen. Jeder Teilnehmer an der Mahlzeit ist mit einem kleinen Messer versehen, mit welchem er sich die ihm zusagenden Teile abschneidet. Beim Essen selbst werden besondere Gebräuche befolgt. So ist es z. B. unstatthaft, von einem Stück Fleisch, das man essen will, abzubeissen bezw. abzureissen[1]), weil es dadurch geschehen könnte, dass die Lippen damit in Berührung kämen, was unstatthaft ist und weil die Leute glauben, beim Abreissen mit den Zähnen könnten letztere Schaden nehmen. Man isst deshalb so: Ein Quantum des zu verzehrenden Fleisches wird zwischen die Zähne gelegt, dann sperrt man die Lippen auseinander und schneidet mit dem kleinen Messer über den Zähnen durch. Es ist also eine komplizierte und wenig schöne Art des Essens und gibt der ganzen Szene etwas besonders Widerwärtiges. Was den Geschmack anbetrifft, so sei das Menschenfleisch mit keinem Tierfleisch zu vergleichen; es übertreffe alles andere an Wohlgeschmack und Zartheit, so dass, wenn man einem Bele irgend

---

[1]) Fleisch wird von Negern nie gar gekocht, sondern nur oberflächlich gesotten, da die Gier, es zu verzehren, zu gross ist, um lange genug warten zu können.

eine Fleischart und daneben Menschenfleisch anbiete, er sich selbstverständlich für das letztere entscheide. Auf die Frage nach den Gründen dieser Gewohnheit wurde gesagt, Gott habe die Bele so gelehrt, zudem schmecke das Fleisch eben sehr gut. Während eines Krieges kommt es auch vor, dass gelegentlich eine kleinere Anzahl befreundeter Männer einen Leichnam unterschlägt und ihn nicht zur Stadt bringt und dass wenige Männer heimlich im Wald einen Gefallenen verzehren. Auch soll es vorkommen, dass Männer, welche zusammen im Walde sind, um z. B. Gummi zu sammeln, einen andern, den sie hier treffen, ermorden und fressen. Die Knochen werden abgenagt, liegen gelassen oder ins benachbarte Gebüsch geworfen. Im Osten des Belelandes gibt es nach den Aussagen meiner Gewährsleute noch zwei kannibalische Stämme, die Tubu und die Gbali. Um zu ihnen zu gelangen, hat man vom Beleland aus folgende Stämme zu besuchen: Bele, Bubu, Siama, Wawa, Tubu, Djapa, Gbali.»

Ein Ausflug in östlicher Richtung führte Volz in das benachbarte *Dundusu*. Vor der Ortschaft «kamen wir zu ein paar mit Granitstücken umrahmten Gräbern. Daneben stand eine niedrige kleine Hütte, völlig aus Palmblättern und Gras gebaut, mit einer sehr kleinen Türe, aus einem Brett mit abenteuerlichen roten und schwarzen Ornamenten bemalt, bestehend. Es war die «Dorfmedizin», wie man mir sagte, ein von herumziehenden Mandingos erbauter Fetisch, der das Dorf vor allerlei Gefahren schützen sollte. Dundusu selbst ist ein kleines Dorf, besitzt aber doch seine Palisaden und beidseitig sechs Tore, die ebenfalls Tag und Nacht bewacht sind. Jedenfalls kostet der Unterhalt derselben den wenigen Männern viele Arbeit, und teilweise waren die Befestigungen in ziemlich schlechtem Zustand».

«Bei der Rückkehr sahen wir in der Umgebung von Loma Fussangeln. Ziemlich grosse Landkomplexe waren mit 10—15 Zentimeter langen, ein- oder beidseitig zugespitzten Pflöcken von Bambus oder hartem Holz besät. Man hatte dieselben mit senkrecht emporgerichteter Spitze nebeneinander in den Boden gesteckt, dass zwischen den einzelnen nur 10—20 Zentimeter Abstand war. Dazwischen hatte man süsse Kartoffeln gepflanzt, die nach Windenart den Boden überziehen und die Angeln verdecken. Es wäre kaum möglich, dort langsam zu gehen, geschweige denn zu rennen, ohne sich zu verletzen. Wie scharf diese Spitzen sind, kann man daraus ersehen, dass sie durch die Stiefelsohle hindurch deutlich zu fühlen sind und bei heftigem Auftreten das Seitenleder sicher zerschnitten würde.»

In der ersten Februarwoche litt Volz derart an Zahnschmerzen, dass er am Arbeiten ausserordentlich gehindert war. Immerhin hatte er in dieser Zeit die drei Eingänge von Loma mit allen Hindernissen genau gemessen und aufgezeichnet, was von einem Teil der Bevölkerung mit grossem Misstrauen beobachtet wurde, indem sie argumentierte, falls Volz mit Soldaten käme, wäre die Stadt infolge seiner Kenntnisse der Befestigungen verloren. Im übrigen hatte sich während dieser Zeit wenig ereignet.

«Eines Morgens bemerkte ich beim Tor, das nach Gatima führt, in dessen unmittelbarer Nähe ich wohne, einen Mann, der einen kleinen eisernen Amboss vor sich hatte und mit dem Hammer darauf schlug, während ein Knabe zwei Blasebälge in Bewegung setzte, ohne aber Feuer zu haben. Der Mann sang und sprach laut und unaufhörlich, und nachdem die Sache etwa eine halbe Stunde gedauert, schoss er noch ein Gewehr ab. Man erklärte mir, es sei ein Medizinmann oder Zauberer. Von den Netzen, die in der Nähe des Tores zum Trocknen aufgehängt wurden, waren mehrere gestohlen worden, und die Eigentümerinnen derselben liessen nun durch diesen Zauberer die Diebe beschwören, die Netze zurückzugeben, ansonst sie in kurzer Zeit sterben müssten.»

Volz erkundigte sich in Loma auch nach den Begräbnisplätzen und speziell nach dem Grabe des grossen Häuptlings Baurumeh. «Die Leute haben keine eigentlichen Begräbnisplätze, sondern begraben ihre Toten an beliebiger Stelle, ausser- oder innerhalb der Stadt oder zwischen den Toren. Baurumeh aber sei noch gar nicht beerdigt, sondern befinde sich im Hause von Kutubu. Leichen von Häuptlingen werden oft erst sehr lange nach dem Tode beerdigt, weil man ihnen noch guten Einfluss zuschreibt. Baurumeh wird später in seinem eigentlichen Vaterlande, im Gumacountry bei Vahun, beerdigt. Dies wird aber erst der Fall sein, wenn der Krieg hier einmal definitiv beendigt ist. Die Leichname werden entweder einbalsamiert, indem man die Leibeshöhle öffnet und mit gewissen Kräutern füllt, oder aber man räuchert die Leiche über dem Feuer. Das vorläufige Grab von Baurumeh befindet sich im Schlafraum von Kutubu. Der Boden wurde ausgehoben, seitlich mit Holz verkleidet, so dass die Erde nicht nachrutschen kann. Hier placierte man die Kiste mit dem Toten und legte rings um dieselbe zahlreiche Gegenstände, die ihm gehörten: Gewehre, Pulver, Speere, Kleider etc. Dann wurde dieses Grab mit Holz zugedeckt und darüber eine Schicht Erde gestreut, so dass man nichts davon sieht, aber mit leichter Mühe zu dem Toten gelangen kann. Auf dem Grab steht Kutubus Bett. Der hohe Baurumeh soll übrigens noch jetzt seiner Stadt grosse Dienste leisten. Als kürzlich der Feind im Anzug gewesen sei, habe er in das Horn gestossen und sich in seinem Sarg heftig herumgewälzt, zum Zeichen, dass man auf der Hut sein solle.

Baurumeh muss übrigens an Cäsarenwahn gelitten haben, einer äusserst unangenehmen Krankheit für die Umgebung. Er pflegte in solchen Anfällen Leute ohne allen Grund zu töten. Als es ihm im Kriege gegen England schlecht ging, liess er z. B. seinen Zorn an seinen Weibern aus, deren Zahl sehr bedeutend war. Er soll dieselben ohne allen Grund eigenhändig mit seinem Schwert erschlagen haben. Vor seiner Flucht aus Vahun ins Innere des Bande- und Belelandes schlachtete er fast alle seine Familienangehörigen, worunter alle Geschwister, ausser der Mutter Kutubus, die sich in eine Farm flüchtete, und schliesslich erschlug er auch seine eigene Mutter, die ihm über sein Betragen Vorwürfe zu machen wagte. In seiner Gesellschaft befanden sich stets sechs junge Mädchen, die allerlei tragen mussten, ein Schwert, einen Stuhl, die Schnupfdose etc. Wenn die Mädchen gross genug waren, verleibte er sie seinen Weibern ein (von Harem kann man nicht sprechen, da die Weiber überall herumgehen können). Als Mendi war er natürlich kein Kannibale; um aber möglichst viele Leute in das von ihm gegründete Loma zu locken, erlaubte er dort den vielen Bele, Menschenfleisch zu essen. Als er starb, war er noch nicht alt. Man behauptet, er sei vergiftet worden. Bei einer Häuptlingsversammlung wurde ihm während der Mahlzeit übel, Schaum trat vor seinen Mund, er tobte wie irrsinnig und starb kurz darauf.

VI. Von Loma nach Sigitta.
(Vom 10. Februar bis 6. März 1907.)

Nach einem Aufenthalt von ungefähr drei Wochen brach Volz am Morgen des 10. Februar von Loma auf, und zwar zunächst zurück auf dem bereits gemachten Weg über Gatima nach Konesun. Beim Uebersetzen der Loffa auf Flössen gab es Schwierigkeiten mit den Trägern, welche Kutubu mitgegeben hatte und die nun zum Teil durch Gatimaleute ersetzt werden mussten. Lasten blieben zurück, und in Konesun hiess es wieder einmal, ein Angriff stehe bevor, die Leute müssten an den Palisaden arbeiten und es seien vor übermorgen (12. Februar) keine Träger zu haben. Hier vernahm Volz von einem mit Pulver und Rum hausierenden Vey, die Boten, die mit dem Pferd und dem Brief für den Präsidenten vor zirka drei Wochen Loma verliessen, sässen in Morakoreh nahe bei Boporu und gingen vorläufig nicht weiter.

Doch auch am 12. war es infolge der Unzuverlässigkeit des Dorfhäuptlings nicht möglich fortzukommen. Volz fand anlässlich eines Spazierganges in die Umgebung von Konesun die Einmündung des Mambuflüsschens in die Loffa. Der Mambu bildet dort ein kleines mit Bäumen und Gebüsch bewachsenes Delta. Das Wasser wimmelt von Fischen, die von den Eingebornen mit Reusen gefangen werden. Unterhalb Konesun konstatierte Volz im Flusse mit 30° N fallende Gneisfelsen.

Am 13. Februar konnte endlich abmarschiert werden. «Der Weg nach Jene ist im ganzen recht gut und beinah flach. Er führt durch viele letztjährige Felder, was auf eine etwas dichtere Bevölkerung schliessen lässt als bisher. Lange Urwaldpartien fehlen. In den Feldern aber ist es fürchterlich heiss. Auch kamen wir durch alte verlassene, grosse Ansiedelungen, die meist durch den Krieg zerstört waren. Man kann solche Stellen von alten Feldern an zweierlei unterscheiden. Einesteils siedelt sich nach der gänzlichen und gründlichen Ausrottung des Waldes bei einer Stadt dort sehr lange Zeit kein Wald an. Die hier vorkommende Vegetation besteht aus hohem Gras oder aus genügsamen lichten Dornsträuchern, während sich ein ehemaliges, nur einmal bebautes Feld bald wieder mit Wald bedeckt, da die im Boden gebliebenen Wurzeln und Wurzelstöcke bald wieder ausschlagen. Zudem ist den Pflanzen die Ansiedelung hier nicht so erschwert wie auf dem festgetretenen Boden einer Ortschaft.»

«Anderseits ist eine ehemalige Stadt kenntlich an den gelegentlich noch vorhandenen Fruchtbäumen, namentlich aber an dem fast nie fehlenden Bombax[1]). Es war nicht nur der Hitze wegen unangenehm, sich zwischen den Schäften des hohen Grases durchzuwinden, sondern viel mehr noch wegen den Scharen kleiner schwarzer Ameisen, die überall geschäftig herumkletterten, beim Berühren der Halme herunterfielen und gemein bissen. Sehr häufig trafen wir Elefantenspuren.»

«Etwa um 4 Uhr nachmittags kamen wir nach *Jene*, einer grossen Ortschaft in der Nähe des Loffa. Der Häuptling namens Gouro ist ein untersetzter Mann mit sehr hübschem Gesicht, wie ich es selten sah. Er verfügt über ein bedeutendes Embonpoint und ist trotz diesem und seiner weissen Haare noch sehr beweglich und unternehmend. Er wies mir eine runde Hütte an und gleich daneben ein kleines Häuschen für die Boys und die Küche. Die beiden Gebäulichkeiten grenzen unmittelbar an die Palisaden. Die meisten Hütten zeigen einen grau bemalten Sockel, während das übrige der Wände mit gelblichem Ton überstrichen ist, auf dem fast stets allerlei einfache Ornamente gezeichnet sind. Auch fand sich eine geschnitzte Türe.»

«Jene gehört unter die Oberhoheit von Koma, Häuptling von Passolahun, und das ganze Land wird als Jianiassu bezeichnet. Im Norden und Osten ist Jene von der Loffa umflossen, die sich hier in einem grossen Bogen vorbeizieht und über Salehun nach Konesun fliesst. Sie hat hier an Breite schon abgenommen, ihr Lauf ist aber ziemlich rascher. Das Wasser ist hell und klar. Stellenweise fliesst es langsam dahin, anderswo hemmen Felsen seinen Lauf und muss es sich durchdrängen. An einer Stelle, da wo die Frauen baden, ist vom Wasser überhaupt nicht mehr viel zu sehen, weil fast das ganze Flussbett durch mächtige Felsblöcke ausgefüllt ist, zwischen und unter denen durch sich die Loffa ihren Weg sucht. Deutliche Spuren an den Ufern lassen indes erkennen, dass in der Regenzeit wohl von den meisten Felsen nichts zu sehen ist. Ich finde es eigentlich jammerschade, dass diese 50 und mehr Meter breiten Flüsse für die Schiffahrt so ganz ungeeignet sind. Zur Regenzeit genügt

---

[1]) Der wissenschaftliche Gattungsname der schon mehrfach erwähnten grossen Wollbäume. A. d. H.

die Wassermenge bis weit hinauf, um kleinen Dampfern die Durchfahrt zu gestatten. Da wo keine Felsen vorhanden sind, könnten sogar in der Trockenzeit Boote fahren. Aber die vielen Riffe und Barren verhindern wie in den Flüssen von Sierra Leone so auch hier ein weiteres Vordringen mit Fahrzeugen. Dadurch haben aber, von Gummi abgesehen, die Landesprodukte keinen oder nur geringen Wert. Dadurch erklärt sich auch das seltene Vorkommen der Oelpalmen.»

«Es lohnt sich auch nicht, in grösserem Massstabe europäische Produkte einzuführen. Der einzige Weg, auf dem dies geschehen könnte, wäre die Eisenbahn, aber damit hat es noch gute Weile.»

«Land und Leute sind daher noch in einem Zustand wie vor Hunderten von Jahren, abgesehen von einigen wenigen, importierten europäischen Produkten, die aber das Gesamtbild kaum stören. Die wesentlichsten davon sind die Schwertklingen, Gewehre und Tücher.»

«Durch das Tor, durch welches wir in Jene eintraten, hat man auch hinauszugehen, um nach Maleina und weiter nach Bussadu zu gelangen. Ausser diesem gibt es noch einen andern Eingang in die Stadt, von dem aus man in ungefähr nördlicher Richtung marschierend die Ortschaften Silisu, Butuiema, Sanga, Mauwasu, Magbililasu und Loma trifft. Letztere Ortschaft, nicht zu verwechseln mit dem Loma, wo wir drei Wochen weilten, ist auch bekannt unter dem Namen Siwilisu, d. h. Markt, weil dort grosse Märkte von Haustieren und Sklaven abgehalten werden.»

«Auf dem Wege von Konesun nach Jene zweigt rechts ein Weg ab, der nach Loma (Kutubus Stadt) und links einer, der nach Serelahun und Passolahun führt. Dieser Weg leitet weiter über Sembesun, Dudu, Simbolahun und Bah nach Juë.»

«Um gegen Nordosten, d. h. Bussadu, zu gehen, muss man erst die Loffa überschreiten, was auf einer 75 Schritte langen vorzüglichen Hängebrücke geschieht, zu der beidseitig breite Leitern emporführen. Auf der Seite von Jene findet sich eine starke Palisade mit dahinter gelegenem Wachthaus. In der Nähe fand ich die Ueberreste eines grossen Feuers und Spuren menschlicher Knochen. Man berichtete, es sei hier ein Mann nach seinem Tode verbrannt worden, der von einem bösen Geiste bewohnt gewesen sei. Durch die Verbrennung habe man den letzteren unschädlich gemacht und verhindert, dass er in einen neuen Körper fahre.»

Der Häuptling von Jene suchte Volz unter allen möglichen Vorwänden und unter Hinweis auf die Kriegsgefahr von der Abreise abzuhalten, doch kehrte sich Volz nicht daran und verliess Jene am Morgen des 15. Februar.

«Nach Ueberschreitung der Loffa ging es durch Wald; der Weg war im ganzen eben; einmal hatten wir aber einen 420 Meter hohen Berg, den *Fasa gisi*, zu überschreiten, einen jener Hügel, wie sie zahlreich aus der fast ebenen Umgebung emporragen. Seine Seiten waren zum Teil nackt, und das Gestein trat zutage, zum Teil aber mit kurzem Gras besetzt. Von oben genossen wir eine schöne Aussicht und konnten in der Ferne auch Jene sehen. Das Land ist fast ganz mit Wald bedeckt, der stellenweise durch grosse, ältere oder neuere Felder unterbrochen ist. Hier zeigte es sich, wie dünn die Gegend bevölkert ist, und unser Führer erwähnte manchen Platz, wo früher Dörfer standen, die aber dem Krieg zur Beute gefallen waren.»

«Wir waren nun aus dem Jianiassu-Land, zu dem Serelahun, Jene, Lalesun und die Hauptstadt Passolahun gehören, ausgetreten und befanden uns im Sebe-Country mit der einzigen Stadt Maleima. Zugleich hatten wir das Gebiet der *Bande* verlassen und waren ins *Bunde*-Land getreten. Doch ist die Bevölkerung an all diesen Grenzpunkten eine gemischte, und es leben in Maleima sowohl Bande als Bunde. Ebenso verhält es sich mit der Sprache, jedoch ist das Mendi, das bisher überall verstanden wurde, in Maleima fast völlig verschwunden. Die starke Mischung Angehöriger verschiedener Stämme in ein und derselben Ortschaft erklärt sich aus den Kriegen. Was bei der Einnahme einer Stadt nicht getötet oder als Sklave in die Gefangenschaft geführt wird, flüchtet sich nach der einen oder andern Ortschaft, wo meist gerne Unterkunft gewährt wird. Die Männer bilden eine willkommene Vermehrung der Kriegsmacht, und die Weiber finden, falls sie allein sind, stets Abnehmer.»

«Wir erreichten das am Malefluss gelegene *Maleima* im Laufe des Nachmittags. Die Ortschaft ist gross und sehr stark befestigt; an dem einen Eingang liegen 13, am andern 12 Tore, und die Hindernisse bestehen zum Teil aus 10 Palisadenreihen. Bei den beiden unmittelbar an die Stadt grenzenden und dieselbe vollkommen umziehenden Palisaden ist die dazwischen befindliche, zirka 6 Meter breite Zone von Tausenden von über mannshohen, gespitzten und in den Boden gesteckten Pfählen besetzt, die allerdings durch Feuer leicht zu zerstören wären, wenn man einmal so nahe ist.»

In Maleima befürchtete man für den folgenden Tag einen Ueberfall Degras, der aber ausblieb, so dass Volz neue Träger erhielt und nach einem heftigen Nachtgewitter am 17. Februar weiterreisen konnte.

«Der Weg, den wir heute machten, ist der beste, den ich noch sah, und zeigt, dass hier ein ziemlich reger Verkehr stattfindet. Wir trafen zwar, jedenfalls infolge der Kriegsgerüchte, niemand an. Ueber die grösseren Bäche führen Brücken. Wir kamen auch über ein paar ziemlich hohe Hügel, die aber dicht bewaldet waren, und da der Weg im allgemeinen eine nordwestliche Richtung hat, wir uns also wieder der Loffa näherten, so hörten wir das Brausen dieses Flusses aus bedeutender Ferne. Ueber die Loffa führte eine prächtige Hängebrücke, die schönste und längste der bisher angetroffenen. Beidseitig führen hohe, breite Leitern hinauf. Der frei hängende Teil besitzt eine Länge von 106 Schritt. Darunter fliesst die Loffa sehr träge, um weiter unten einen Wasserfall zu bilden. Ungefähr 1 Kilometer von der Brücke, etwas flussabwärts, ist der Ort *Dabu* gelegen. Der Weg dorthin ist breit, beidseitig von Tabakfeldern begrenzt. Die Stadt ist in gewohnter Weise befestigt. Ihr Inneres weicht dadurch von den meisten bisher von mir besuchten Ortschaften ab, als die Hütten und Häuser weniger dicht beieinander stehen und zwischen sich grössere freie Plätze lassen. Auf einem derselben befinden sich grössere Grabanlagen, worunter das grosse Grab eines früher sehr angesehenen Häuptlings. Es ist ringsum von einem niedrigen Erdwall umgeben, indem man Granitplatten als Umzäunung befestigt hat; die Oberfläche ist mit ähnlichen Platten gepflastert, zwischen denen einige alte Töpfe und Kessel liegen.»

«In Dabu wird schon fast ausschliesslich Bunde gesprochen, da das Dorf zum engern Embeika-Land gehört, das schon im Bundegebiet liegt. Aber Mendi wird noch von den meisten Leuten verstanden. Man machte meinen Leuten die Mitteilung, weder sie noch irgend ein anderes männliches Wesen der Ortschaft dürfe am Flusse Wasser holen, es habe dies ausschliesslich durch Frauen oder Mädchen zu geschehen; es sei dies eine alte Regel, und sie müsse strikte befolgt werden. Den Grund konnte ich nicht erfahren; er scheint mit der Verehrung der Loffa, speziell des Wasserfalles, den man hier deutlich brausen hört, im Zusammenhang zu stehen.»

«Nachmittags (18. Februar) begab ich mich an den Wasserfall, der eigentlich mehr eine Stromschnelle darstellt in der Art des Rheinfalles bei Schaffhausen, wenn auch nicht so gross. Das Wasser schiesst zwischen und über Felsen hinunter. Der Höhenunterschied mag etwa fünf Meter betragen. Trotz der langen Trockenzeit ist die Wassermasse, die hier vorbeibraust, eine ganz bedeutende, namentlich deshalb, weil das Wasser der sonst breiten Loffa nur an einigen wenigen Stellen Durchgang findet. Zur Regenzeit muss das Schauspiel, das auch jetzt sehr sehenswert war, geradezu grossartig sein. Der Fluss ist dann, wie deutliche Spuren an seinen Ufern erkennen lassen, um mehr denn zwei Meter höher als gegenwärtig. In der Nähe des Wasserfalls sind allerlei Wehre mit Reusen zum Fischfang angebracht.»

«Beim Rückweg fand ich eine sehr gute, nach Jene führende Strasse. Hätten wir sie benutzt bezw. hätte der Häuptling von Jene uns etwas davon gesagt, so wäre uns der Umweg über Maleima erspart geblieben.»

Ueber die von Dabu ausgehenden Strassen und die daran gelegenen Ortschaften erkundete Volz folgendes: «Auf dem Weg von Dabu nach Sambatahun trifft man die Dörfer Silisu, Butuiema, Djambitahun, Woiahun, Sambatahun. Silisu liegt zugleich an der Strasse von Dabu nach Passolahun, sowie an derjenigen nach der Marktstadt Loma. Zum Embeika-Land gehören die Dörfer: Sigissu, Dambitaru und Dabu. Am Wege von Dabu nach Bussamai sollen liegen: Biderissipa, Wetessu, Nainga, Gaiata, Lutissu, Basimne, Bauwe, Sodime, Bussamai. Zwischen Maleima und Bourussu trifft man: Wume und Barma, beide wie Bourussu im Beleland. Zwischen Bue und Fissabu trifft man nur Selima. Nordöstlich von Dabu, etwa 400 Meter in der Luftlinie, liegt der 600 Meter hohe Woroussuberg.»

In Dabu musste Volz einen seiner Begleiter, den Susu Sumbuya, krankheitshalber zurücklassen, ein anderer, sein Diener Sory, blieb freiwillig. Am 19. Februar wurde weitermarschiert.

«Der Weg führt meist der Loffa entlang, oft unmittelbar an deren Ufer. Wir kamen dann auf einem Hügel an eine Stelle, wo ein neues Dorf gebaut wird. Ein grosser Krieger aus Dabu hat sich mit mehreren Leuten entschlossen, hier die Ortschaft Kaba Goramai zu gründen. Vorläufig standen etwa zehn Hütten, die aber noch keine Lehmwände zeigten, sondern nur aus dem Holzskelett bestanden. Dazwischen lagen gefällte, teilweise auch angebrannte Baumstämme, da man mit dem Ausroden langsam nach allen Seiten vordringt.»

«Kurz nach unserer Ankunft traten zwei meiner Träger mit ihren Trommeln in Aktion, und sie tanzten und sangen in der heissen Sonne. Auf ein gegebenes Zeichen rissen alle Männer die Schwerter aus der Scheide und stürzten auf den alten Krieger zu, um sich vor ihm zu beugen. Der berühmte Mann erfreute sie hierauf durch einen wilden Kriegstanz, der ihn ganz ausser Atem brachte. Erst jetzt kam er, um mich zu begrüssen und mir einen schönen Hahn zu schenken. Beim Weitermarsch kamen wir durch einige alte Felder, wo wir grosse Mengen von Wanderheuschrecken antrafen, die in dichten Schwärmen umherflogen und durch die wir bis zu der Ortschaft Buderisipe zu gehen hatten. Dieses Dorf liegt auf einem ziemlich hohen Hügel, von dem aus man im Norden ein paar Berge sieht, während im Nordosten, wo unsere Strasse durchgeht, die ganze Gegend flach ist.»

«Die Hütten in *Buderisipe* sind nicht eng zusammengebaut. Auf dem höchsten Platze stehen zwei solcher, die von Palisaden umgeben sind. Die vordere, welche zugänglich ist, wird von einer alten Frau bewohnt, der eigentlichen Königin der Stadt und Mutter des Häuptlings, sowie zweier Unterhäuptlinge. Wenn man ihr Haus zu betrachten wünscht, so muss man alles «Eisen», also Schwerter, Dolche, Gewehre etc., zurücklassen. Dahinter liegt eine andere Hütte, das Medizinhaus der Stadt.»

«Die Häuser sind oval oder rund, eines zeigt eine mir neue Bauart. Es ist ebenso klein wie die anderen runden Hütten, und das Dach ist konisch, aber der eigentliche Wohnraum ist nur halbkreisförmig, und die übrige Hälfte ist eine Art Veranda, wobei das Dach von vier Stützen getragen wird. Buderisipe ist im übrigen gleich befestigt wie andere Ortschaften. Es liegt im Jenimalande; ausser ihm gehört hierzu nur noch die Ortschaft Wetessu, nördlich von Buderisipe gelegen und nur wenig davon entfernt. Zwischen den beiden Orten herrscht ein eigentümliches Verhältnis. Buderisipe ist mit Loma verbündet, also Liberia freundlich gesinnt. Die Bewohner von Wetessu hingegen halten zu Pandeme, einer grossen Bunde-Stadt, und der Häuptling von Pandeme ist wiederum mit Degra, dem Häuptling der Bele, befreundet und verbündet. Wir haben also auf der einen Seite Degra mit den Bele, dann ein paar Ortschaften nahe der Strasse Maleima-Bué-Bussamai, ferner Wetessu und Pandeme, auf der andern Seite alle Ortschaften zwischen Sambatahun und Loma, dieses selbst gleichsam an der Spitze dieser Partei und der Ortschaften, Loffa aufwärts, ausgenommen Wetessu. Die Bewohner von Buderisipe und Wetessu haben zwar einander noch nie im Kampfe gegenübergestanden, aber sie verkehren nicht miteinander. Es führt zwar von einem Dorf zum andern ein Weg, doch wird er nur von den Leuten benutzt, welche ihre Felder bestellen, die teilweise dicht aneinanderstossen. Treffen sich Angehörige der zwei Ortschaften auf dem Felde, im Walde oder anderswo, so sprechen sie zusammen, schenken sich auch gegenseitig eine Kolanuss zum Zeichen des Friedens, aber dies ist der einzige Verkehr. Dies hätte nun alles keine grosse Bedeutung, würde durch die Ausnahmestellung von Wetessu nicht der Hauptweg der Loffa entlang unterbrochen. Das nächste Dorf, eine Tagereise entfernt, ist Djaiamai. Es lässt sich von Buderisipe via Wetessu in einem Tage bequem erreichen, und die Eingebornen können sogar Hin- und Rückweg in einem Tage machen. Da sie aber das Gebiet von Wetessu nicht betreten wollen, so müssen sie einen grossen Umweg machen, zuerst die Loffa überschreiten, und dazu brauchen sie einen ganzen Tag.»

Volz gedachte nun, in Wetessu anzufragen, ob man eventuell den Durchzug erlaube; aber seine Begleiter, zumal der Korporal Brggs, der allein die Sprache verstand, waren nicht dazu zu bewegen, und dieser versteifte sich darauf, er habe von Lomase strengen Befehl, sich nicht in die inneren Angelegenheiten der Stämme zu mischen.

In Buderisipe vernahm Volz verschiedenes über seine künftige Route. «Nicht weit nördlich von Bussamai soll der Wald aufhören und das Grasland beginnen. Hier ist es, wo die Kämpfe stattfinden. Bussamai soll nur wenig von Beyla entfernt sein, nur zirka eine Tagereise, was ich aber nicht glaube.

Da es bisher den Franzosen unmöglich gewesen sei, Bussamai zu nehmen, seien sie um die Stadt herumgezogen und hätten eine Ortschaft nahe bei Jaiamai verbrannt. Es solle mir möglich sein, von letzterer Ortschaft aus schon mit ihnen in Beziehung zu treten, d. h. einen Brief an sie zu senden. Wenn dies alles wahr ist, dann befinden wir uns entweder nördlicher, als ich bisher vermutete, oder aber die Franzosen sind viel weiter südlich, als bisher anzunehmen war. Ich glaube, das letztere sei richtig. Jedenfalls werden aber die letzten Tage des Februar manches Interessante bringen, und vor allem bin ich auf die sog. Grassfields gespannt.»

Auch den 20. Februar verbrachte Volz in Buderisipe, und er machte der Mutter des Häuptlings einen Besuch, «angeblich um ihr die Ehre zu erweisen, in Wahrheit aber, um das Innere der rätselhaften Hütte zu sehen. Ich brachte ihr vier Tabakblätter als Geschenk, die sie in der rührenden Weise dieser Leute ihrem Sohne gab, der sie dann der Mutter wieder zurückerstattete. Das Innere ihres Hauses war die reinste Hexenküche. Die Alte sass auf einem niedrigen Schemel im Halbdunkel und spann. In einem Winkel befand sich die einfache, armselige Schlafstätte. Alle Ecken und Wände standen oder hingen voll allerlei Krimskrams: Getrocknete Kräuter, zerschlagene Schneckenschalen, in denen man die Spindeln sich drehen lässt, leere und volle Spindeln, Körbchen, Säckchen, rohe und gereinigte Baumwolle, Stücke alter Tücher, Schnüre und Riemen, Bündel, Kalebassen, mehrere kleinere und grössere Hackmesser, Tierfelle, von denen einem man behauptete, dahinter, in die Wand eingelassen, befinde sich in einer Art Nische eine besonders kräftige Medizin. Nahe der Alten lehnte ein Gewehr gegen die Wand. Dieses werde beim Beginn des Krieges geladen und von der alten Frau eigenhändig abgeschossen, und es bringe dem Dorfe den Sieg.»

«Die Hütte hinter dem Haus der Alten, mit dem bis auf den Boden reichenden Dach, enthält das Grab eines frühern bedeutenden Häuptlings und Kriegers aus Wetessu.»

Am 21. Februar verliess Volz Buderisipe. «Wir konnten also nach Nainga, unserem nächsten Ziele, nicht auf dem direkten Wege über Wetessu gelangen, und mussten, statt nach Nordosten, nach Südosten an die Loffa zurück, um dieselbe auf einer famosen Hängebrücke zu überschreiten und also wieder an ihr linkes, östliches Ufer zu gelangen. Diesem folgten wir nun fast ununterbrochen, was der Abwechslung wegen sehr angenehm war. Der Weg schien zwar nicht sehr stark begangen zu sein; er war eng und mühsam, weil sehr viele blossgelegte Baumwurzeln kreuz und quer darüber hinliefen, da die umgebende Erde durch das Hochwasser der Regenzeit weggeschwemmt war. Wo aber die Wurzeln fehlten, lag viel glattes Laub. Für dieses Ungemach des zirka 20 Kilometer langen Weges entschädigte aber reichlich der fast beständig vorhandene Blick auf den schönen Fluss. Er bildet hier wenige Krümmungen und fliesst fast genau NO—SW. Meist ist der Lauf sehr langsam und kaum sichtbar. Dann und wann aber engen grosse Felsen das Bett ein, und das Wasser muss sich mit grosser Gewalt dazwischen durchdrängen. Hier rauscht es gewaltig, und weisser Schaum zeigt schon von weitem das Vorhandensein einer solchen Stromschnelle an. Gelegentlich waren aber die Felsköpfe zu widerstandsfähig, um vom Wasser erodiert zu werden und bilden grössere Bänke, oft halbinselförmig in den Strom hinein, so dass stille Buchten entstehen. An einigen Orten haben sich Pflanzen angesiedelt, und so entstehen romantische Inseln und lauschige Winkel für allerhand Getier.»

«An der Stelle, wo gegenüber Wetessu liegen mochte, sahen wir Spuren einer ehemaligen Hängebrücke, die indes nicht mehr passierbar ist. Trotzdem wir stets unter den Bäumen des Urwaldes marschierten, war die Hitze eine gewaltige. Ueber eine andere Hängebrücke gelangten wir wieder ans rechte Loffaufer. Hier warteten wir auf die Nachzügler, und dann hatten wir noch einige Kilometer über hügeliges, zum Teil baumloses Gebiet, über nackte, entsetzlich heisse Felsen zu machen, bis wir vor der Ortschaft Nainga anlangten. Das Dorf schien vor unserer Ankunft wie ausgestorben, da sich der Grossteil der Bevölkerung in den Feldern befand. Selbst der Häuptling fehlte, und, was mir bisher nirgends vorgekommen, auch die Tore und Wachthäuser waren leer. Nainga scheint überhaupt den grossen Vorteil zu haben, in einer friedlichen Gegend zu liegen, denn nur vier Tore führen in die Stadt, und die sind zum Teil in Verfall, und die Palisaden machen den Eindruck, als ob an ihnen nie ausgebessert werde, und nur eine einzige Palisadenreihe führt um die Ortschaft.»

«Am nächsten Morgen (22. Februar) lernte ich den Häuptling kennen, einen alten würdigen Mann, der mir mitteilte, er sei bei unserer gestrigen Ankunft in Djaiamai gewesen, dem Hauptort der hiesigen Gegend. Man habe noch am gleichen Tage Botschaft dorthin gesandt. Der Paramount-Chief [1]) sei sehr erfreut, von unserer Ankunft zu hören.»

«Da Nainga nicht über genügend Leute verfügt, so wurde nach einer Ortschaft namens Inlamai gesandt, wo mehr Leute requiriert wurden. Schon ein paar Kilometer von Nainga erreichten wir das kleine Dorf Botossu, das wohl den Ueberrest einer grössern Stadt bildet, den grossen Häuptlingsgräbern und alten hohen Wollbäumen nach zu schliessen. Gegenwärtig befanden sich aber nur 15 Hütten dort, worunter ein Bari und eine Schmiede. In ersterem machten wir Halt und warteten auf die Träger. Rings um die Häuser von Botossu steht hohes Gras, wie wir denn an diesem Tage oft solches zu passieren hatten. An allen Häusern waren unter dem Vordach eine oder mehrere kleine Leitern angebracht, an deren oberem Ende sich ein Korb befand, in welchem eine Henne ihre Eier ausbrütete; aber fast alle Hühner, welche mit ihren Küchlein herumspazierten, besassen nur eine kleine Schar solcher, weil auch hier die Raubvögel mit leichter Mühe sich mit Nahrung versehen. In der Umgebung werden viele Flaschenkürbisse gezogen; vor allen Hütten waren solche in allen Formen und Grössen zum Trocknen aufgestellt. Namentlich reich ist die Baumwollkultur. Ueberall sind Felder zu sehen, und die Frauen waren eben mit der Ernte beschäftigt. Auch Tabak wird gepflanzt. In kleinern Abteilungen der Felder bricht man die Blätter, um die Blüte gut zur Entwicklung zu bringen und Samen zu erhalten, während im grössern Teil der Felder ähnlich wie bei uns die Blüten abgebrochen werden, um die Blätter recht gross werden zu lassen. Die Blätter werden dann an sonniger Stelle in den Dörfern auf dem Boden ausgebreitet und getrocknet.»

«Nach dem Eintreffen der Träger ging es gegen Djaiamai. Schon ziemlich weit ausserhalb der Ortschaft war die Strasse durch hohe und feste Palisaden gesperrt, die mit Toren versehen waren; ausserdem war der Boden mit Fussangeln gespickt. Meiner Ansicht nach haben aber diese Wehren keinen grossen

---

[1]) Oberhäuptling. A. d. H.

Nutzen, da man sie leicht rechts oder links umgehen kann. Später kamen wir auf einen grossen Platz, wo zahlreiche alte Gräber sich befanden und wo auch der Bundubuscheingang liegt und von wo aus die Strasse nach Pandeme und überhaupt nach Westen und Nordwesten abzweigt. Auf diesem Platze werden die Märkte abgehalten. Hier beginnen die eigentlichen Palisaden und Tore, die unter sich wieder mit Pfahlwerk oder stachligem Gebüsch versehen sind. Dann traten wir in Djaiamai ein, der Hauptstadt des Sogimai-Bezirkes. Ihr Umfang übertrifft jedenfalls denjenigen von Loma. Die Häuser stehen aber hier viel weiter auseinander, und grosse Plätze können noch überbaut werden. Umzäunte Bäume wechseln angenehm mit den Häusern und heissen Plätzen ab. Der Boden der Stadt ist eben und im Weichbild recht sauber, da alle Abfälle ausserhalb die Stadt getragen werden, was in Wasserkesseln geschieht, die dann mit Wasser gefüllt wieder hereingebracht werden. In der Nähe der Palisaden herrscht dagegen ein bedeutender Schmutz, da hier Wasser ausgeschüttet wird und diese Stellen auch als Aborte benutzt werden.»

«Man führte mich und meine Begleiter in ein grosses rundes Haus, an dem aber die Erdmauer fehlte, so dass der Wind angenehm zwischen den Pfählen durchstrich. Hier trafen wir den Häuptling und seine Berater. Er ist ein grosser, sehr schöner Mann mit stark entwickeltem Bart und Schnurrbart. Seine Haarfrisur ist derartig, dass der ganze Oberschädel rasiert ist, während die Seiten und der Hinterkopf Haare besitzen, so dass man den Eindruck gewinnt, der Mann besitze eine Glatze. Bei der Begrüssung schnalzt man nicht nur zweimal mit dem Mittelfinger, sondern streicht erst dreimal die Innenseite der Finger gegeneinander. Der Häuptling, mit dem ich bis zur Ankunft von Brggs nicht sprechen konnte, hatte auf seinen Knien eine flaschenförmige Kalebasse mit Palmwein stehen, den er vermittelst eines Röhrchens trank. Dies ist seine ausschliessliche Beschäftigung. Wenn er mich besucht, begleitet ihn stets eines seiner zahlreichen Weiber und trägt den Topf oder die Kalebasse mit Palmwein nach, und kaum hat er sich gesetzt, so beginnt er denselben zu schlürfen, wobei er selbst dann, wenn er spricht, das Röhrchen nicht aus dem Munde lässt. Zu Hause liegt er, wie mir Brggs mitteilt, auf einer Matte, beide Arme auf je eine neben ihm liegende Frau gelegt, im Munde das Palmweinröhrchen, und die Weiber scheuchen die Fliegen und lesen die Ameisen und anderes Ungeziefer ab.»

«Nachdem schliesslich alles angekommen, liess mir der Häuptling feierlich einen schwarzen Hahn und einen weissen Schafbock überreichen und versicherte, sein Herz sei so weiss wie das Fell des Schafes, das übrigens einen schwarzen Kopf hatte und dessen Weisse nicht ganz blendend war.»

«Grosse Mengen von Zuschauern umlagerten beständig meine Türe, waren aber so ängstlich, dass bei der kleinsten Bewegung meinerseits alles in wilder Flucht davonjagte.»

«Unter den Bewohnern von Djaiamai sind viele Mandingo, die im allgemeinen eher noch schwärzer sind als die Bunde, dagegen feinere Gesichtszüge aufwiesen. Trotz der Breite der Nasen z. B. sind viele davon gebogen, und ich sah mehrere ausgesprochene Judenphysiognomien. Die Sprache hier ist Bunde, da die Stadt zu diesem Lande gehört.»

«Nahe bei meinem Hause befindet sich ein grosser offener Schuppen mit einer Töpferei. Dort sah ich einen Mann, welcher sich wahrsagte. Er spaltete zu diesem Zwecke ein paar weisse Kolanüsse in zwei Hälften und warf sie auf den Boden, ähnlich wie wir dies etwa mit Würfeln tun. Er schaute dabei, ob die Kolas mit der konvexen oder flachen Seite hinfielen, und zum Schluss ass er sie auf.»

Volz blieb bis zum 26. Februar in Djaiamai, namentlich um den jeden Montag abgehaltenen Markt sich anzusehen. «Früher wurde in Siwilisu, dem heutigen Kuanha, allwöchentlich grosser Markt abgehalten, der nun aber infolge der Eroberung des Ortes durch die Franzosen aufgehoben oder doch sehr reduziert ist, weil die Leute von Süden nicht mehr herzukommen wagen. So will nun Djaiamai an Kuanhas Stelle treten, aber der Markt ist noch nicht so bekannt, und deshalb kommen hauptsächlich die Leute aus Djaiamai selbst und den umliegenden Dörfern. Vieh und Sklaven werden vorläufig noch nicht zum Verkauf gebracht. Der Marktplatz liegt ausserhalb der Stadt, dort, wo sich die Wege nach Nainga und Sikamai vom Eingang abzweigen. Es wäre zwar im Innern der Stadt Platz genug vorhanden, aber da sich zu einem Markt manchmal allerlei zweifelhafte Elemente einstellen, hält man ihn lieber ausserhalb der Stadt ab, was übrigens in allen Städten, wo solche Wochenmärkte stattfinden, der Fall ist. Eine Marktordnung besteht nicht, und statt eine Stelle aufzusuchen, wo der übrige Verkehr nicht gehemmt ist, setzen sich die nächsten direkt vor das Eingangstor. 90% der Anwesenden sind Frauen und Mädchen; erstere haben ihre Kinder mitgebracht. Alle sitzen dichtgedrängt in mehreren Reihen vor- und nebeneinander und haben in Körbchen und Kalebassen, auf Matten und grossen Blättern die Waren ausgebreitet. Es ist sehr schwierig, zwischen den Verkäuferinnen hin- und herzugehen, ohne sie oder ihre Sachen zu treten. Als Geld dient in erster Linie das stabförmige Eisen, dann aber das Salz. Dieses wird in langen, köcherartigen Paketen aus Palmblättern transportiert. Der ganze Markt ist ein Tauschhandel, und fast alle Waren stammen aus dem Lande selbst; einzige europäische Produkte waren ein blaues Baumwolltuch, sowie viel Salz, ferner ein paar Email- und Blechbecher. An einheimischen Waren notierte ich mir folgende: Palmöl; rohe Baumwolle, gereinigte Baumwolle; aus Messingblech gefertigte Knöpfe, die statt Glasperlen getragen werden; getrocknete Fische und Krebse; roter Pfeffer, frisch und getrocknet; Kolanüsse; einheimisches Salz; Kissipence[1]); Palmnüsse im Fruchtfleisch; rohe und gekochte süsse Kartoffeln; Bananen verschiedener Art; ungeschälter und weisser Reis; frische und getrocknete Bohnen; bittere Tomaten; frische und getrocknete Okro; Kalebassen und Kürbisflaschen; auf Spindeln gewundener weisser, selbstgesponnener Faden; Cassade; einheimischer getrockneter Tabak; daraus gefertigter Schnupftabak; Tücher (sog. Country-cloth) in zusammengenähten Streifen, alle blau und weiss, oder nur in Banden zur Herstellung der kleinern Kleider, sowie der Hüft- und Schamgürtel; Töpfe in allen Grössen und verschiedenen Formen; Zuckerrohr; Palmwein; Matten; Erdnüsse; Zwiebeln und einige Kaurischnecken. Es herrschte ein richtiges Marktleben, und die Stimmen der 200—300 Personen waren auf grosse Entfernung zu hören. Doch bemerkte ich kein Gezänke, und nur wenige Käufer trugen ihre Lanzen oder Schwerter bei sich.»

Der Aufbruch am Morgen des 26. Februar vollzog sich dank der Autorität und dem Wohlwollen des Häuptlings Gusuguo so rasch und leicht wie noch nie. Der Kolonne wurde eine

---

[1]) Einheimisches Eisen in Stabform. A. d. H.

grössere Ladung Salz mitgegeben, die für einen Häuptling im Innern bestimmt war. Ueber den Weg berichtet Volz:

«Nachdem wir mehrere Weinpalmensümpfe durchwatet hatten, kamen wir zu unserer alten Freundin, der Loffa, um sie, nun wohl das letzte Mal, auf einer Hängebrücke zu überschreiten. Diese war 92 Schritt lang; am linken, also östlichen Ufer, liegt die Ortschaft *Vassala*. Beim Ein- und Austritt in die Ortschaft kommt man durch je zwei Tore, die miteinander nicht durch Palisaden in Verbindung stehen. Von den Palisaden sind rings um die Stadt nur noch einzelne Bäumchen zu sehen, fast alles Wollbäume, die, nachdem man sie als Pfähle in den Boden gepflanzt, wieder ausgeschlagen haben, so dass nun Vassala von einer hohen lebenden Hecke umgeben ist. Der Ort scheint also ebenfalls in einer sichern Gegend zu liegen.»

«Beim Eintritt in das Innere von Vassala sah ich eine schwangere Frau im Block. Schon wollte ich meiner Entrüstung Luft machen, als man mir mitteilte, es handle sich um eine selbstgewählte Strafe, um einen jener allgemein als «Salaka» oder «Salaha» bezeichneten Aberglauben. Der Block, den die Frau am Fusse trägt, besteht aus dem Schafte einer Bananenstaude, ist also relativ leicht; dazu ist er auch nur etwa 50 Zentimeter lang. Er hängt aber regelrecht am Fussgelenk und wird, wenn die Trägerin geht, an einer Schnur aufgehoben und getragen. Es ist rührend, warum die Mutter dies tut, und es kommt häufig vor, denn ich erinnere mich, solche Blöcke aus Bananenstauden gelegentlich herumliegen gesehen zu haben; namentlich scheint man sie nach Gebrauch für andere Salahas an Kreuzwege zu legen. Die Frau wünscht nämlich, dass das Kind, welches sie unter dem Herzen trägt, möglichst tugendhaft und gut sei, so dass es womöglich später nie in den Block gelegt zu werden brauche. Sie will durch freiwilliges Anhängen eines solchen und durch die kleinen Leiden, die ihr daraus entstehen, gleichsam schon zum voraus die Sünden sühnen, die ihr Kind, wie jedes andere, natürlich begehen wird, und sie will dadurch spätere Blockstrafen für dasselbe schon vor seiner Geburt tragen und sie von ihm abwenden.»

Da Vassala sowohl wie die folgenden Dörfer Fonima und Lutuissisu unter dem Häuptling von Djaiamai stehen, so wurden Volzens Träger von Djaiamai hier durch Vassalaleute abgelöst.

«Unser Ziel, Bussamai, liegt im Nordosten von uns. Wir

marschierten den ganzen Tag zu meinem Aerger in südöstlicher Richtung. In *Fonima*, einer neu gegründeten und deshalb noch kleinen Ortschaft, schenkte uns der Häuptling einen famosen Hahn. Auffallend ist die grosse Menge von Kolabäumen, die wir unterwegs passierten und die zum Teil wieder in Blüte stehen. Nach einiger Zeit begann der Weg zu steigen, und bei einer Wendung sahen wir ihn sehr steil über eine graurötliche Wand emporklettern und oben durch eine Palisade mit Tor abgeschlossen. Es war dies der Berg *Lutuissisu* = Nebelberg, weil sich an seinen Wänden und an seiner Spitze oft Wolken sammeln. Man gewinnt von oben eine wundervolle Aussicht über das waldbedeckte Land, das schwach hügelig ist. Da und dort ragen einzelne grössere Hügel hervor, deren höchste etwa gleich hoch sind wie der Berg, auf dem wir uns befinden (635 Meter).»

«Unser Berg war sehr steil, dazu herrschte eine Gluthitze, Bäume fehlen am Aufstiegsort, und die Steine strömen ebenfalls Wärme aus, man war wie in einem Brutofen. Oben gab es eine ganze Anzahl starker Tore, zwischen denen der Weg ebenfalls noch ansteigt. Die Stadt wäre geradezu uneinnehmbar, wenn die Bewohner nicht das Wasser am Fuss des Hügels holen müssten.»

«Man liess uns dann in dieser Hitze auf dem Dorfplatze warten, um erst die übliche Begrüssungsrede zu halten und mitzuteilen, weshalb wir kämen usw., trotzdem alles jedem Kinde seit Wochen bekannt ist. Die Reden auf nachher versparend, liessen wir uns ein Haus anweisen. Die weissen Kalkwände meiner Hütte waren innen mit allerhand schwarzen Figuren, meist Tieren, Bäumen und Blumen, bemalt. Hier oben ist es staubtrocken; alle Hühner und Enten laufen mit offenen Schnäbeln und stark arbeitender Kehle herum, was übrigens in fast allen Dörfern, die nicht direkt am Wasser liegen, der Fall ist.»

Am folgenden Morgen (27. Februar) erfolgte nach ebenfalls glatter Erledigung der Trägerfrage die Weiterreise. «Wir stiegen den hohen Berg hinunter, und schon vier Kilometer weiter waren wir um 200 Meter tiefer. In der Nacht war es trotz der Höhe und Isoliertheit des Gipfels recht warm gewesen. Auch heute kamen wir an zahlreichen Kolabäumen vorbei und trafen auch so zahlreiche Oelpalmen wie nie zuvor. Während einer Rast hörten wir auch Schimpansen rufen; sie sollen in diesen Wäldern zahlreich sein. Wir begegneten zwei bedeutendere Gewässer, zuerst den Djiendje, einen Nebenfluss des Lawo, der sich oberhalb Jene in die Loffa ergiesst. Auf der andern Seite des Lawo liegt die Stadt Bauwai, unser heutiges Ziel. Oberhalb dieser Stadt liegt Sedimai, der einzige Platz zwischen Bauwai und Bussamai. Der Lawo entspringt im Jalaland, also in französischem Gebiet. Andere Städte des Oberlaufes sind durch den Krieg zerstört worden. Unterhalb Bauwai liegen an dem Flusse die Plätze Basimai und Luiamai. Die Brücke über den Lawo bei Bauwai ist zur Hälfte eine Hängebrücke, zur andern Hälfte, die nur in der Trockenzeit über Land führt, ruht sie auf Stützen. Doch ist sie so schlecht, dass wir durch das Wasser waten. Vor Beginn der Regenzeit muss sie repariert werden.»

«*Bauwai* ist befestigt; vier Tore führen in die Stadt, die von einer einfachen Palisadenreihe umgeben ist. Das mir vom Häuptling angewiesene Haus unterscheidet sich von allen, die ich bisher bewohnte und auch von den meisten Häusern der Stadt. Es ist oval, gegen einen Platz der Stadt zu liegt ein offener Vorraum, dahinter sind zwei Zimmer, von denen das hintere fast ganz dunkel ist, da es nur indirekt beleuchtet wird.»

«Mit Lutuissisu haben wir das eigentliche Bundeland verlassen, und wir befinden uns nun in *Siama*, wozu gehören: Bauwai, Sigitta (die Hauptstadt), Bussamai, Basimai, Sodimai, Selimai, Gbuë und Luiama. Es wird aber überall Bunde gesprochen. Die Leute unterscheiden sich im Aeussern nicht von den bisherigen.»

«Nach Einbruch der Dunkelheit ertönte draussen eine eigentümliche Musik, die von ferne gehört viel Aehnlichkeit mit Trompetenklang hatte. Nach und nach kam dann die Bande näher; es waren etwa zehn Mann, von denen die meisten lange Hörner bliesen mit seitlicher Blasöffnung wie bei den Kriegshörnern[1]). Die Hörner erzeugten natürlich nur je einen Ton, dagegen tönten alle verschieden. In das Blasen wurde Abwechslung gebracht dadurch, dass zwei oder drei Hörner, deren Töne zusammen einen Akkord bildeten, miteinander geblasen wurden und dann mit den andern abwechselten. So entstand eine, wenn auch nicht

[1]) Die seitliche Blasöffnung findet sich neben der endständigen fast in ganz Afrika, sie wird meist auf der konkaven, seltener (Goldküste, Dahomey) auf der konvexen Seite angebracht. A. d. H.

angenehme, so doch erträgliche Musik. Die Sanduhrtrommeln, welche man unter den Arm nimmt und im Bande- und Bundeland üblich sind, sind hier verschwunden. An ihre Stelle tritt eine Art Kesselpauke. Drei Trommeln sind derart aneinander befestigt, dass ein Spieler sie miteinander trägt. Er hängt sie zu diesem Zwecke mittelst einer Schnur um den Hals und schlägt mit den flachen Händen abwechselnd auf die drei Trommeln. Da dies aber so heftig geschieht, dass ihm mit der Zeit der Hals schmerzen müsste, sind die Trommeln auch mit einem Fuss versehen, mit dem sie sich auf die Erde stellen lassen.»

Obwohl Volz nun zwei Tage ohne Rast marschiert war, entschloss er sich doch, gleich folgenden Tags (28. Februar) schon aufzubrechen trotz des weiten und beschwerlichen Weges, der seiner wartete. Zwischen Bauwai und Sigitta, der Hauptstadt des Siamalandes, gibt es nämlich keine Ortschaft. «Wir marschierten sehr früh bei bedecktem Himmel ab. Mit grossem Missbehagen konstatierte ich, dass der Weg SSO—SO führte, statt, wie ich gehofft, nach O oder NO. Wir haben durch die Reise nach Djaiamai einen enormen Umweg gemacht, den wir den Bele zwischen Maleima und Bue zu verdanken haben. Es war sehr neblig, und einer meiner Begleiter prophezeite für die Nacht Regen. Zahlreiche, oft sehr steile und steinige Hügel mussten überschritten werden; fast überall stand Urwald, der nur selten durch ein kleines Grasfeld unterbrochen wurde. Im Walde hörten wir öfters das dumpfe Gebrüll der Schimpansen. Dabei müssen sich, der mächtigen Stimme nach zu schliessen, alte und grosse Exemplare befunden haben. Wo der Weg feucht war, sah man fast stets Fussspuren von Elefanten. Zweimal hatten wir bedeutende Steigungen zu überwinden. Das erste Mal handelte es sich um den 525 Meter hohen *Quiulu Vassa Gisi* (Gisi-Berg). Er ist zwar nur um 30 resp. 35 Meter höher als zwei Hügel, über die wir vorher gekommen waren, aber was ihn so unangenehm macht, ist der sehr plötzliche Anstieg. Ich hatte ein Kilometer von der 525 Meter hohen Spitze am Bache Rai noch 410 Meter abgelesen. Der Weg führt erst durch Wald, hierauf durch Gras, und endlich hört aller Pflanzenwuchs auf, und schwarzer Granit, vom Regenwasser glatt gewaschen, bildet die Spitze. Eine furchtbare Hitze herrschte hier, doch musste ich etwas verweilen, um ein paar Peilungen vorzunehmen. In N 35 W lag ganz am Horizont der Berg Lutuissisu. Ich konnte zwar des Dunstes wegen auch mit dem Zeissfeldstecher die Hütten des Dorfes nicht sehen, aber einer der anwesenden Männer versicherte aufs bestimmteste, es sei jener Berg mit der Ortschaft auf der Kuppe. N 50 O lag in zirka drei Kilometer Entfernung der Berg *Kotobarisu*. Mit Hilfe des Horizontalglases schätzte ich seine Höhe auf zirka 300 Meter mehr als unsern Berg, also auf zirka 800 Meter. N 125 W ungefähr fünf Kilometer entfernt ist der *Ubidi* und N 140 W der *Ugotingalu*, beide ebenfalls 200—300 Meter höher als der Quilulu Vassa, alle drei bis zur Spitze bewaldet. Ausserdem waren aber noch viele andere, ungefähr gleich hohe wie der unsrige, zu sehen, sowie unendlich viele niedrigere. Die ganze Gegend, soweit man sie überblicken kann, ist hügelig und ähnelt einem bewegten grünen Meere und einzelnen hohen Wogen inmitten der kleinern Wellen. In dem Walde, der alle diese Hügel und Berge bedeckt, sind zahlreiche Oelpalmen sichtbar. Viele von ihnen zeigen aber eine zerrissene Krone mit herausgerissenen Blättern. Die Eingebornen versicherten, dies täten die nach Palmkohl lüsternen Schimpansen, die freilich hier ein weites, ihnen unbestrittenes Gebiet haben. Die unbewohnte Distanz zwischen Bauwai und Sigitta beträgt 28 Kilometer. Sehr auffällig waren die zahlreichen rotbraunen Bäume inmitten all dem Grün; es handelte sich um eine Baumart, deren Blätter verdorrt waren, also ein Beispiel von Sommerschlaf wie bei den Wollbäumen (Bombax).»

«Im Weitermarsch hatten wir das Flüsschen *Amamo* zu überschreiten, das sich noch in den Lawo ergiesst, also zum Flussgebiet der Loffa gehört, welches wir nun heute wohl definitiv verlassen. Bald darauf stieg das Terrain wieder sehr stark an. Stets in Wald marschierend, erreichten wir die 650 Meter hohe Kuppe des Kassei-Lo-Berges, von dem wir aber der Vegetation wegen keine Aussicht hatten. Wir trafen hier, auf einem gefällten Baumstamm sitzend, eine ganze Reihe unserer Träger, sowie anderes Volk. Der Häuptling von Sigitta hatte nämlich von unserer Ankunft Kenntnis erhalten und uns viele Träger entgegengesandt, welche die Bauwaileute ablösten. Natürlich war von Krieg die Rede, und wir hörten, dass letzten Montag, den 25. Februar, nun der Angriff Degras auf Maleima stattgefunden habe, wobei Maleima die Bele geschlagen und zurückgejagt, auch viele gefangen habe. Letzteres ziehe ich zwar in

Zweifel, da es sich noch stets herausgestellt hat, dass solche Nachrichten nur zur Hälfte wahr sind.»

«Beim Abstieg von diesem Berg, der die Wasserscheide zwischen Loffa und St. Paul-River bildet, kommen wir an einer steilen Stelle vorbei, wo ein Granitblock von mehreren Meter Länge früher heruntergestürzt und in der Mitte gebrochen ist. Die Bruchflächen scheinen noch ganz frisch und zeigen prächtige, rosenrote Feldspäte, obschon die Leute erzählen, der Stein sei schon zu Zeiten ihrer Grossväter heruntergefallen. Mit Pfählen und Schlingpflanzen ist nun der Raum zwischen den beiden Hälften zu einer Art Befestigung umgewandelt.»

«Am Fusse des Berges zeigte das Aneroid 510 Meter Höhe. Wir hatten also in kurzer Zeit auf schlechtem, steilem Wege und mit schweren Lasten einen Höhenunterschied von 140 Meter überwunden. Bald darauf trafen wir das Jepeflüsschen, das bei Sigitta vorbeifliesst und zum Flussgebiet des St. Paul gehört.»

«In dem kleinen Ort Gubivo, der nicht befestigt ist, warteten wir die Ankunft der Nachzügler ab und gingen dann, erst den Ilpe nochmals kreuzend, gegen das zwei Kilometer entfernte Sigitta zu.»

«Sigitta ist auf zwei Seiten vom Jepeflüsschen umzogen, und an einer Stelle bildet dasselbe eine mehrere Meter hohe Stromschnelle, die jedenfalls während der Regenzeit einen hübschen Anblick darbietet.»

Die Ersten hatten Sigitta längst erreicht, als Volz dort eintraf und alles schon vorbereitet fand. «Als wir in die Stadt traten, begegneten wir Hunderten von Personen. Ich liess dem Häuptling sagen, ich sei müde, er möge zu mir kommen, was er auch tat. Nie habe ich eine solche Volksmenge beisammen gesehen. Kopf an Kopf standen Männer, Weiber und Kinder, erstere sämtlich bewaffnet. Der Häuptling selbst ist ein älterer, aber aufrechter, strammer Mann. Seine grauen Haare sind in der Mitte zu einem Kamm und einem kleinen Zöpfchen geflochten. Die Seiten des Schädels sind rasiert, und nur über den Ohren stehen wieder geflochtene Haare. Er trägt grauen Schnurr- und Kinnbart. Von der Stirne über die Wangen bis zum Kinn laufen beidseitig je drei Gruppen langer Einschnitte, die blauschwarz gefärbt sind. Es ist dies die Tätowierungsart der Weihmah Busi. Noch viele andere Männer und Frauen sind derartig tätowiert. Es sind aber alles ältere Leute. Bei den jüngern scheint man dies nicht mehr zu tun. Die Weihnah Busi tätowieren nur die Freigebornen. Bei sehr dunkeln Leuten, wie beim Häuptling, fallen übrigens diese Einschnitte kaum auf; um so mehr dagegen bei hellen Personen, und solche gibt es hier sehr viele. Namentlich viele Frauen, und unter diesen wieder besonders diejenigen des Häuptlings, sind braun, ja direkt gelb wie Chinesen. Bei ihnen tritt die blaue Farbe stark hervor und entstellt das Gesicht.»

«In unmittelbarer Umgebung des Häuptlings befinden sich mehrere Personen, die ihm stets zu folgen scheinen. Da war erstens ein sehr hübsches und junges, aber voll entwickeltes Mädchen, das sog. «Salaha girl», das sich stets beim Häuptling aufhalten muss. Ein jüngeres Mädchen, noch ein Kind, hat die Aufgabe, den mit einer Lehne versehenen, reich geschnitzten niedrigen Stuhl des Oberhauptes hinter diesem her zu tragen. Ferner folgt ihm ein Sänger. Er trägt einen prachtvoll verzierten Speer. Unterhalb der Spitze sind aus Schmiedeisen allerlei Ornamente angebracht, an denen zwei Pferdeschweife hängen. Ferner gehört zur unmittelbaren Umgebung des Häuptlings ein mohammedanischer Unterhäuptling, der einen grässlich schmutzigen alten Filzhut trägt, sowie der nie nüchterne Bote und ein Rufer in altem zerrissenem Kaftan.»

Nach dem Begrüssungspalaver mit den beidseitigen Versicherungen friedlicher Absichten und der üblichen Ueberreichung von Geschenken setzte das prophezeite Gewitter ein. Schon lange hatte es in der Ferne gedonnert. «Nun wurde es plötzlich merkbar dunkler, ein heftiger Wind wirbelte den heissen Staub der Stadt auf, und nun fielen die ersten Tropfen. Auf einmal schien es mir, als ob diese vom Boden zurückprallten, es waren Rieselkörner, die nach und nach grösser wurden wie grosse Erbsen, dann wie kleine Kirschen, und nun hagelte es wirklich und wahrhaftig. Lustig sprangen die Hagelkörner auf dem Dorfplatze umher oder bohrten sich in den immer noch warmen Staub, um in kürzester Zeit zu schmelzen. Sie trafen auf die erstaunten Enten, die, froh über das langersehnte Nass, nicht wussten, wie ihnen geschah. Es war mir werkwürdig zu sehen, dass die Kälte der kleinen Kügelchen auf die Leute nicht den geringsten Eindruck machte. Der Hagel dauerte nur etwa fünf Minuten, um dann in einen kurzen, herrlich kühlenden Regen überzugehen. Kaum war dieser vorbei, als eine Musikbande ähnlich der zuletzt geschilderten erschien, mit Elfenbeinhörnern und der dreifachen Trommel. Ein alter weisshaariger Mann, der uns von Bauwai herbegleitet, schien von dieser ermüdenden Tour keine Beschwerden zu haben. Er tanzte, wie ein Neger tanzt, geradezu wie ein Verrückter, und das schien ihn nicht weiter anzustrengen, kaum dass er ausser Atem geriet. Meinen Leuten sandte der Häuptling hierauf eine riesige Kalebasse mit gekochtem Reis, Palmöl und getrockneten Fischen.»

In der Frühe des 1. März erhielt Volz einen Besuch des Häuptlings, ohne ihn aber in ein richtiges Gespräch verwickeln zu können. Dieser schenkte ihm eine grosse Kalebasse weisser Kolas, sowie einen Widder, nachdem Volz eine ihm zugedachte Kuh hatte ablehnen lassen. Dann besichtigte Volz die Stadt.

»Um die Stadt herum liegen kleine Ortschaften, sogen. Half towns, die vollkommen den Talangs der Sumatramalayen entsprechen. Hier halten sich die Leute meistens auf, um Reis zu pflanzen, hier findet man auch ein paar einheimische Gemüse und meistens auch Hühner.»

«Sigitta ist auf eine ganz neue Art befestigt. Die Befestigungswerke, jedenfalls aber das Innerste derselben, sind ziemlich neu. Wenn man sich der Stadt nähert, hat man erst vier Palisadentore zu durchschreiten. Von der Stadt bemerkt man aber nur die obersten Spitzen der Häuser. Sie ist nämlich statt von den üblichen doppelten Palisadenreihen von einer hohen Mauer umgeben. Ein Graben von zirka zehn Meter Breite und ein Meter Tiefe ist rings um die Stadt ausgehoben, und mit dem Material hat man einen riesigen Wall gebaut. Aussen hat derselbe eine Höhe von ungefähr fünf, auf der Innenseite gegen die Stadt zu zirka vier Meter. Die Dicke der Basis beträgt etwa zwei, an dem obern Ende etwa einen halben Meter. Vier Eingänge sind ausgespart. Sie sind noch besonders stark, weil hier nach aussen und innen Steine aufgemauert wurden. Der übrige Teil der Mauer besteht einfach aus der ringsum ausgehobenen Erde. Da wo innen der Boden gegen den Wall abfällt, hat man unten Oeffnungen gelassen, um dem Regenwasser Abfluss zu gestatten. Diese sind beidseitig von grossen Steinen begrenzt, über welche Granitplatten gelegt wurden, auf denen dann der Erdwall ruht. Die Durchgänge tragen ein Dach aus Palmblättern; in jedem Eingang sind zwei aus Bohlen von 10—15 Zentimeter Dicke bestehende Türen angebracht, die nach innen aufgehen und dadurch geschlossen werden, dass man in ein Loch des Bodens hinter jedem Tore einen Pfahl senkrecht einschlägt, der ein Aufgehen der Türe verhindert.»

«Der Bau der Mauer geschieht in folgender Weise: Im Abstand der gewünschten Dicke werden lange Pfähle in den Boden geschlagen und unter sich durch Seile aus Schlingpflanzen verbunden. Andere Pfähle aussen und innen verhindern ein Umsinken der ersteren unter dem Druck der Erdmasse. Die ausserhalb des Walles ausgehobene Erde wird erst mit den Händen geknetet und zu Kugeln geformt, die dann fest auf die zu bauende Mauer geworfen und noch eingestampft werden. Steht die Mauer da, so werden beidseitig die Pfähle am Boden abgekappt. Stellenweise hat man an der Innenseite des Walles Gerüste und Leitern angebracht, auf denen Schützen postiert werden können. Ausserhalb des Grabens befindet sich noch eine Palisadenreihe, die aber nicht stark ist. Beidseitig ist die ganze Mauer mit rotem Ton (Laterit) bestrichen, so dass man schon von weitem diesen roten stolzen Wall sieht. Wenn man bedenkt, dass den Erbauern dieses Riesenwerkes als Geräte nur Hackmesser und kleine eiserne Hacken, aber keine Schaufeln, zur Verfügung standen, wird man ihnen die Achtung vor ihrem Mut, ihrer Arbeitskraft und Ausdauer nicht versagen.»

«Auch die Häuser in der Stadt sind mit Ton, meist weissem, bestrichen, und die Basis zeigt einen grauschwarzen Anstrich, der aus Kuhmist besteht und so lange hält, als er nicht mit Wasser in Berührung kommt.»

In Sigitta schien nun Volz der Moment gekommen, zu versuchen, ob er nicht mit den französischen Offizieren in Verbindung treten und einen Brief an sie abschicken könne. Die diesbezüglichen Schritte beim Häuptling stiessen aber auf passiven Widerstand; er behauptete, so etwas nicht ohne Zustimmung der Häuptlinge der umgebenden Dörfer entscheiden zu dürfen und versprach, sie auf den folgenden Tag herbeirufen zu lassen. Die Versammlung fand aber erst drei Tage später, am 5. März, statt. Man machte Volz den Vorschlag, am Donnerstag den 7. März, morgens, von Sigitta aufzubrechen, dann würde er Freitag abend in Bussamai sein. Von dort solle dann ein Bote auf einem grossen mehrtägigen Umweg über neutrales Gebiet einen Brief überbringen; auch Volz selbst solle diesen Umweg machen, statt von Bussamai direkt nach dem nur wenige Kilometer entfernten Siwilisu (Kuonkan) zu gehen.

Inzwischen hatte Volz vom 2.—6. März in Sigitta noch dies und jenes gesehen und erfahren, was hier nach seinem Tagebuche zitiert werden soll.

«In einer Nacht ertönte aus dem Nachbarhause Stöhnen, dann heftiges Kindergeschrei. Ein Weib hatte geboren. Das Kleine wurde am Morgen von einer alten Frau, welche Hebammendienste geleistet, viermal nacheinander hinaus vor die Hütte getragen und jedesmal in einer andern Himmelsrichtung emporgehalten, da es ein Knabe war. Bei Mädchen begnügt man sich, sie in drei Himmelsrichtungen zu zeigen. Das Kleine war so rot wie ein gesottener Krebs.»

«Hier wird sehr viel Po oder Té (auch Wari)[1]) gespielt. Ueber dieses Spiel erzählte Brggs folgende hübsche Geschichte: Ein König, der dem Téspiel leidenschaftlich huldigte, hatte eine einzige, sehr schöne Tochter. Wenn ein Freier kam und um die Tochter anhielt, forderte ihn der König auf, mit ihm Wari zu spielen. Sollte der Freier gewinnen, so sollte er die Tochter erhalten, falls er aber verliere, werde ihn der König töten lassen. Mancher Freier hatte auf diese Weise sein Leben eingebüsst. Wenn aber der König verlor, dann gab er dem Freier als Pfand, dass er sein Wort halten werde, einen Ring. Mit diesem hatte es eine ganz besondere Bewandtnis. Der König verehrte nämlich am Ufer eines Baches einen Geist, der im Wasser wohnte. Die Tochter durfte den Vater oft dorthin begleiten und war vollkommen mit der Art, den Geist herbeizurufen, vertraut. Dieser Geist hatte dem König einst den Ring geschenkt. Wenn nun der König, nachdem er beim Warispiel verloren hatte, den Ring seinem Partner gab, so holte der Geist während der Nacht den Ring von dessen Finger und brachte ihn dem König zurück. Pflegte dann der Freier am folgenden Morgen zum König zu kommen, so fragte ihn dieser nach dem Pfand. War er nun nicht imstande, den Ring zurückzugeben, so beschuldigte ihn der König des Diebstahls und liess ihn töten. So war es schon

---

[1]) Po, Te, Wari, Oware, auch Mankala genannt, ist ein in Afrika, Amerika und Asien verbreitetes Spiel, bei welchem eine Anzahl Bohnen (48) oder Steinchen nach bestimmten Regeln in einer Doppelreihe von 12 schüsselförmigen Vertiefungen vorwärts gespielt werden. Das Spielbrett mit den Schüsseln ist gewöhnlich aus Holz geschnitzt. A. d. H.

vielen Freiern gegangen, und die schöne Tochter war noch immer ledig. Eines Tages aber traf sie, als sie auf das Feld hinaus ging, einen schönen jungen Mann, der ihr sagte, er komme ebenfalls um sie zu werben. Er gefiel ihr gleich, und da sie nicht wünschte, dass er ihrem Vater zur Beute falle, beschwor sie ihn, nicht mit ihm Wari zu spielen. Als aber der junge Mann in die Stadt kam und dem König sein Vorhaben ausrichtete, forderte ihn der letztere auf, mit ihm zu spielen, welchem Ansuchen der Freier nicht zu widerstehen wagte. So wurde gespielt, und immer gewann der Jüngling. Am Abend gab ihm der König das Versprechen, seine Tochter heiraten zu dürfen, und als Pfand für sein Wort händigte er ihm den geheimnisvollen Ring ein. Als die Tochter vom Felde zurückkam und den von ihr Geliebten sah, erschrak sie heftig, als sie den Ring an seinem Finger erblickte. Sie machte ihm darüber Vorwürfe, aber es war zu spät. Als der Werber nun schlief, holte wie gewöhnlich der Geist den Ring von seinem Finger. Das Mädchen aber, welches den jungen Mann herzlich liebte, beschloss, diesen diesmal nicht opfern zu lassen, sondern lieber ihren grausamen Vater zu verlieren. Es war nämlich bestimmt, dass, falls jemand am Morgen zum König kam und den Ring noch besass, bei diesem Anblick der König sogleich sterben musste. Um Mitternacht begab sich die Tochter an den Bach zu dem heiligen Platz, tat dort das, was sie ihren Vater so oft hatte tun sehen, um den Geist zu rufen, und plötzlich erschien dieser. Sie bat ihn, ihr den Ring auszuhändigen, und da der Geist nicht anders konnte, als ihrer Bitte zu willfahren, so übergab er ihn. Sogleich eilte sie nach der Hütte des Geliebten, weckte ihn und steckte ihm den Ring wieder an den Finger. Am nächsten Morgen liess der König den Werber rufen. Als er ihn fragte, wo das Pfand sei und dieser den Ring zeigte, fiel der König tot hin. Die beiden heirateten nun, wurden König und Königin, und wenn sie nicht gestorben sind, so leben sie noch heute.»

«In diesen Gegenden werden fast ebenso viele gelbgrün gestreifte Tücher getragen wie blau und weiss gestreifte. Jene sind durch einen zweiten Färbeprozess aus den ersten hervorgegangen. Man benutzt dazu die Rinde des sog. Bassi-Baumes, einer häufigen Pflanze. Die Rinde wird längere Zeit in Wasser gekocht, hierauf taucht man das aus blauen und weissen Fäden gewobene Tuch 15—20 Minuten hinein, wodurch die weissen

Partien hübsch gelb, die blauen aber grün geworden sind. Leider ist die Farbe aber nicht sehr haltbar und verschwindet nach mehrmaligem Waschen. Bei den Mendi dienen die gelbgrünen Tücher nur als Trauerkleider und werden nur getragen, wenn ein näheres Familienglied stirbt.»

«Im Laufe des einen Tages holten viele Frauen in Körben Steine von ausserhalb der Stadt. Es waren etwa faustgrosse harte Lateritstücke, welche da und dort hinter der Stadtmauer aufgehäuft wurden und im Falle eines Angriffes mit Schleudern geworfen werden sollten. An einem andern Tage brachte man ein in Stücke zerschnittenes Nilpferd (Hippopotamus liberiensis), das in der Nähe erlegt worden war. Nicht lange nachher kam ein Ausrufer durch die Strassen. Daraufhin bemerkte ich ein paar Männer in absonderlichen Kostümen. Sie trugen Tücher um den Kopf, was sonst gar nicht üblich ist, hatten Rücken und Bauch mit weissen Tupfen versehen und trugen ein oder mehrere Röckchen aus den Fasern junger Weinpalmenblätter um die Hüften, so dass sie aussahen wie Weiber. In der Hand hielt jeder einen Kuhschwanz, und der Obmann hatte eine Schnur um den Körper gebunden, an der zwei kleine Glöckchen hingen. Es handelte sich nämlich darum, ein noch fehlendes Stück der Stadtmauer zu vollenden. Zu diesem Zwecke hatte man ausserhalb, am Fusse derselben, die Erde gelockert, und Weiber hatten viele Kessel voll Wasser darauf geworfen. Die Leute begaben sich nun an Ort und Stelle, ein paar Trommeln wurden geschlagen, und die Männer tanzten nun im $3/4$-Takt sehr energisch in dem nassen Boden herum. Bei jedem ersten Takte stampften sie mit dem einen Bein kräftig in den Lehm, und während den drei folgenden drehten sie sich so, dass die Röcklein flogen wie bei Balletteusen. Das Ganze sah ausserordentlich wild aus und war von allen Tänzen, die ich gesehen habe, wenn auch der anstrengendste, so doch auch der nützlichste. Als schliesslich alles zu einem dicken, zähen Brei geworden war, warf man mit Hilfe gebogener Bretter, die als Schaufeln dienten, trockene Erde auf die Oberfläche, und die Tänzer ruhten aus. Die weissen Flecke und Tupfe waren durch den Schweiss längst abgewaschen. Dann ging's wieder los, bis das Baumaterial gut gemischt war und verwendet werden konnte.»

«An demselben Tage, es war ein Montag, fand auch hier innerhalb der Stadtmauer ein kleiner Markt statt, der allerdings nicht entfernt die Dimensionen desjenigen von Djaiamai erreichte, sondern eher an Loma erinnerte. Der Montag ist aber nicht nur Kriegs- und Markttag, sondern auch eine Art Festtag. Nachdem eine Mittagspause den oben erwähnten Tänzern Gelegenheit zum Essen geboten, setzten sie nachmittags ihre Tänze fort. Als die Mauer vollendet war, fanden an zwei Stellen der Stadt andere Tänze statt. An dem einen Orte waren es die Weiber, welche nun auftraten und die ermüdeten Lehmtänzer entschädigten, an einer andern Stelle tanzten ein paar Männer, die heute nicht Lehm gestampft hatten. Die Lehmtänzer hatten sich gewaschen, umgezogen und ihre Füsse und Unterschenkel mit weissem Lehm angeschmiert (als Medizin). Ich besuchte die Tanzplätze und stellte mich hinter ein paar Zuschauer, aber bald entdeckte man mich, wich scheu zur Seite, und diejenigen, welche mich nicht bemerkt hatten, wurden von den andern aufgefordert, mir Platz zu machen. So war ich nach einiger Zeit wieder isoliert und wurde auch in den gelegentlich gehaltenen Reden erwähnt, so dass ich bald wieder wegging.»

Am Abend des 5. März fand endlich die bereits erwähnte Zusammenkunft der Häuptlinge statt, um zu beraten, ob es möglich sei, einen Brief an die Franzosen zu senden. Das Resultat ist oben mitgeteilt. Es stellte sich bei der Gelegenheit heraus, dass die Leute froh seien, wenn Volz abreise. Denn es hatte sich die Nachricht verbreitet, der französische Kommandant habe, durch zwei erfolglose Angriffe auf Bussamai wütend gemacht, geschworen, die Stadt zu verbrennen, und es sei deshalb von Beyla ein Geschütz mit Brandraketen unterwegs. Volz, den man für einen liberianischen Offizier, ja sogar für den Vater von Lomase hielt, solle den Franzosen sobald als möglich schreiben, sie möchten den Krieg einstellen. «Nun ist aber interessant, dass die dem französischen Gebiet zunächst wohnenden Bunde gerne unter französischem Regiment stehen würden trotz des momentanen Krieges, und es scheint, dass sie viel mehr Sympathien für die Franzosen als für die Liberianer haben. Sie sehen wohl ein, dass die Franzosen dem Lande den Frieden gewährleisten können, Liberia aber nicht. Dazu kommt noch ein anderer Grund. Man sieht hier viel mehr europäische Produkte, namentlich Stoffe, als der Loffa entlang und weiter südlich. All das kommt von Französisch-Guinea. Sie wissen, dass Frankreich den Handel namentlich durch die Anlage grosser und guter Strassen fördert, dass auf französischem Boden reich besuchte Märkte abgehalten werden, die ihnen nun entweder verschlossen oder nur auf grossen Umwegen zugänglich sind. Alle diese Leute «handeln» ein bisschen, und viele von ihnen würden in grösserem Massstabe Handel treiben, wenn nicht Krieg herrschen würde. Von Liberias Seite erhalten sie nichts, der Entfernung, der mangelnden und unsichern Wege und Liberias Armut wegen. Das Land ist zwar reich, wenn es richtig verwaltet wird und wenn die Staatsidee bei den Beamten vor dem Egoismus käme. Aber daran krankt eben das Land, dass jeder dreimal an sich denkt, bevor einmal an das Land und seine Stellung benutzt, um sich zu bereichern, statt den Staat.»

«In all diesen Kriegsgegenden, die ich in den letzten Wochen bereiste, existiert ein Stand von berufsmässigen Kriegern. Dieselben rekrutieren sich aus den verschiedensten Stämmen und siedeln sich, unbekümmert um den Stamm oder das Recht, stets dort an, wo Krieg geführt wird. Es sind fast alles jüngere Leute, die man daran erkennt, dass sie fast stets einen roten Fez tragen. Diese Kopfbedeckung ist sonst bei den Bande und Bunde selten zu sehen. Diese Krieger, *Gora* oder *Gore* genannt, führen in den Intervallen des Krieges ein faules Leben. Sie beschäftigen sich nicht mit Reisbau oder irgend einem Zweig der Landwirtschaft, da sie vom Häuptling resp. vom Dorfe, in dem sie sich niedergelassen haben, ernährt werden. Nur selten haben sie ein Weib, aber sie beanspruchen gelegentlich die Weiber der Dorfbewohner, die ihnen auch nicht vorenthalten werden. Zeichnen sie sich besonders durch Mut aus, so bekommen sie auch ein Weib geschenkt. Diese Leute liegen meist in den Hängematten der Bare, spielen Po oder spazieren in hübschen Kleidern durch die engen Dorfstrassen. Was sie als Kämpfer leisten, ist mir nicht bekannt; jedoch wird behauptet, sie kämpften stets an der Spitze und kennen kein Zurückweichen. Dies scheint mir aber mehr als zweifelhaft. Nach meinen Erfahrungen sind alle diese Schwarzen feige, solange sie nicht in dichten Haufen beisammen sind. Soldaten gibt es aber in keiner Stadt sehr viele, da ihr Unterhalt zu teuer

sein würde, und so wäre es ihnen nicht möglich, in grössern
Abteilungen zu fechten. Ich habe zwar in Loma einen solchen
Gore gesehen, dem mehrere Finger der linken Hand abgehauen
waren und der deshalb doch seinen Beruf nicht aufgab.»

VII. Von Sigitta nach Bussamai.
(Vom 7. März bis 2. April 1907.)

Am 7. März früh war Aufbruch. «Da ich wusste, dass
unser ein sehr langer Marsch wartete und dass wir die nächste
Nacht im Walde schlafen mussten, so ging ich mit einigen
Begleitern voraus. Der Weg ist fast völlig eben und gut. Ich
hatte mich auf Berge gefasst gemacht und gedacht, ein Weg,
zu dessen Zurücklegung selbst die leichtfüssigen Eingebornen
zwei Tage brauchen, sei schlecht imstande. Ich war deshalb
auf das angenehmste enttäuscht, oft lange gerade Strecken vor
mir zu sehen, die das Aufnehmen der Karte ungemein erleich-
terten. Es fehlten zwar Brücken über die Bäche und kleinen
Flüsschen, die sich alle direkt oder indirekt in den obern
St. Paul ergiessen. Der Wald hatte auch im ganzen nicht den
Charakter jener sich majestätisch ausdehnenden Urwälder. Wohl
sahen wir vielerorts Spuren, dass auch dieser ausgedehnte und
gegenwärtig von Menschen gänzlich unbewohnte Busch, der sich
über 50 Kilometer in nordöstlicher Richtung ausdehnt, jene
Tiere des Urwaldes beherbergt. Vielerorts war der Weg von
Elefanten ausgetreten, oder niedergebogene Bäumchen und
Sträucher bezeichneten ihre Wanderungen. Stellenweise roch
es stark nach Leoparden, denn man riecht die Stelle, wo sie
lagen, noch lange nachher, auch ohne über eine so feine Nase
zu verfügen, wie sie ein Hund besitzt. Gewöhnlich fand man
dann an solchen Plätzen auch Stellen, wo der Leopard die
Erde aufkratzte, wahrscheinlich um die Krallen zu schärfen,
wie die Leute sagen, oder, was mir noch wahrscheinlicher erscheint, um sich womöglich der Zecken zu entledigen, die zwischen den Zehen sitzen. An feuchten Orten hatten auch Schweine
(jedenfalls das interessante Pinselschwein) den Boden aufge-
wühlt.»

«Die Ursache, dass dieser ausgedehnte Buschwald nur zum
geringsten Teile Urwald ist, liegt darin, dass früher längs der
Strasse mehrere grössere Ortschaften lagen, die nun allerdings
durch den Krieg so gründlich zerstört wurden, dass man davon

nichts mehr sieht, was von Menschenhand hergestellt worden. Die ausgerodeten Plätze, wo früher Städte und Dörfer standen und reges Leben herrschte, wo die Krieger tanzten, wo Freude und Leid von Menschen gefühlt wurden, sind nun mit hohem, hartem Gras bedeckt, durch welches der Weg in vielen kleinen Windungen sich hindurchschlängelt. Nur die mächtigen Baumwollbäume, welche stets am Rande der Lichtungen stehen, lassen die alten Ansiedelungen von andern Grasfeldern unterscheiden. Bei einer dieser ehemaligen Städte führte der Weg zwischen zwei jungen, doch schon recht hohen Wollbäumen hindurch. Man machte mich darauf aufmerksam, dass es sich um ein altes Stadttor handle, bei dem zwei als Seitenpfosten verwendete Wollbaumstämmchen ausgeschlagen hatten und nun, ungehindert vom Menschen, höher und höher wuchsen.»

«Nachdem wir etwa 15 Kilometer von Sigitta entfernt waren, wurden auch die Spuren von Menschen häufiger in der Form niedriger, meist schon zerfallener Schutzdächer, unter denen ein paar Blattschäfte der Weinpalme nebeneinander lagen. Auch Spuren eines Feuers, angebranntes Holz, war zu sehen. Hier hatten Menschen, die von Bussamai kamen, die Nacht zugebracht. Solche Lagerplätze fanden sich in der Folge sehr häufig, und wenn wir auf einen stiessen, dann wussten wir, dass auch bald ein Bach folgen würde. Reisende, wir trafen hin und wieder solche, nehmen einen kleinen Topf und etwas Reis mit, schlagen mit Stahl und Feuerstein Funken und zünden die Nacht über ein grosses Feuer an, das sie wärmt und die Leoparden scheucht. Man erzählte, es komme nie vor, dass Leoparden solche einsame Schläfer überfallen.»

«Als wir wieder einmal aus dem Walde traten und über eine mit Gras bewachsene Lichtung gingen, sahen wir vor uns eine malerische Bergkette, die *Itiberge*. Man hatte das Gras beidseitig des Weges abgebrannt, die Asche war zum Teil noch heiss, und die Sonne brannte vom wolkenlosen Himmel. Nun ich dies überstanden, glaube ich, lassen sich auch die bevorstehenden Höllenqualen ertragen. Wir kamen dann an ein Flüsschen und etwa zehn Schritt jenseits wieder zu einem etwas grösseren, der *Wea* oder *Wera*. Beide Flüsschen fliessen lange Zeit, nur durch einen schmalen, natürlichen Damm getrennt, parallel. Die Wea ist ein Hauptgewässer und ergiesst sich direkt in den *Djanco* (St. Paul), und fast alle Flüsschen, die wir trafen, vereinigen sich erst mit der Wea.»

«Während wir hier rasteten, flog plötzlich ein weisser Geierseeadler[1]) aus dem Flussbett auf und setzte sich ganz nahe bei uns auf einen überhängenden Ast, wo er uns aber erblickte und etwas weiter flog, immerhin nicht zu weit, denn auf einen Schuss fiel er klatschend ins Wasser, begab sich dann an das Ufer, wo er sich zu verstecken suchte und wo ihn dann die Leute fingen. Auch hier[2]) wurde mir bestätigt, dass dieser Adler neben Fischen und Krebsen sehr gerne Palmnüsse frisst, die ihm ein zartes Fleisch geben. Abends wurde das Tier gekocht, und ich kostete etwas davon. Der Geschmack schien nicht übel, jedoch hatten die Leute, wie gewöhnlich wenn sie für sich kochen, nicht die Zeit genommen, das Fleisch gar werden zu lassen.»

«Während wir weiterzogen, kam uns ein Mann entgegen, der mir etwas mitteilen wollte. Da wir ihn jedoch nicht verstanden, einstweilen auch nicht auf den Korporal warten wollten, so schloss er sich uns an, bis wir einen längeren Halt machten, um auf die Nachzügler zu warten. Es stellte sich dann heraus, dass es ein Abgesandter von Bussamai war, welcher kam um zu sehen, ob wir auch wirklich auf dem Wege dahin seien. Er eilte wieder davon, um unsere Ankunft in Bussamai zu melden und zugleich Träger zur Ablösung der Sigittaleute zu senden.»

«Etwa um 4 Uhr nachmittags kamen wir an ein kleines, fast stille stehendes Flüsschen, das leider sehr bald durch die badenden Träger völlig getrübt wurde. Man teilte mir mit, dies sei ungefähr die Hälfte zwischen Sigitta und Bussamai. Ich beschloss deshalb, hier zu übernachten. Zwei elende Hütten, auf vier Pfählen waren ein paar Palmblätter liederlich hingelegt, standen da, sowie mehrfach alte Feuerplätze. Es schien zwar nicht, als ob es in der Nacht regnen würde, aber da die Leute zudringlich umherstanden und alles begafften, gab ich ihnen Arbeit. Ich befahl ein Dach für mich herzustellen. Dabei zeigte es sich, dass viel mehr Leute vorhanden waren, als ich angenommen hatte. Es mochten zwischen 50 und 60 Mann

---

[1]) Gypohierax angolensis. A. d. H.
[2]) Vergleiche Büttikofer, Liberia II, Seite 398.

sein. Einige holten nun Blätter von den benachbarten Weinpalmen und machten ein Dach, gerade gross genug, um darunter sämtliche Traglasten und mein Bett aufzuschlagen. Die Schäfte dieser Wedel wurden nebeneinander auf den Boden gelegt, so dass sie ein trockenes Lager bildeten, auf dem die Leute schliefen. Wir hatten 25 Kilometer zurückgelegt, wobei die häufigen Umgehungen umgefallener Bäume nicht mitgerechnet sind. Wir waren denn auch sehr müde. Ich liess meinen Feldstuhl aufschlagen und schaute dem Treiben ringsum zu. Man kochte, die Träger sangen, und einige Unverwüstliche tanzten sogar zu den Klängen einer Kalebassengitarre. Die Nacht war schon hereingebrochen, als wir zum Essen kamen; über ein Dutzend Feuer waren längs des Weges zu sehen, und um jedes derselben lagen 4—6 Mann ausgestreckt. Bald ging ich dann zu Bett. An Schlaf war jedoch für mehrere Stunden nicht zu denken trotz der Müdigkeit. Denn noch lange wurde geschnattert, gebrüllt, getanzt und gekocht, und als es mir endlich genug schien und ich Ruhe gebieten liess, da wurde geflüstert, unterdrückt gelacht, gehustet, geschnarcht. Wenn schliesslich alles zu schlafen schien und ich hoffte, endlich auch so weit zu kommen, dann erwachte wieder einer, rief den Namen eines Kameraden und knüpfte ein lautes Gespräch an. Ich drohte schliesslich, zu schiessen; dies wirkte aber kaum fünf Minuten, dann begann alles aufs neue. Nach langem Wachliegen kam ich schliesslich doch noch zu etwas Schlaf, aber beständig hörte ich die Feuer anblasen, neues Holz spalten und anlegen, auch mitten in der Nacht kochen und baden."

«Am Morgen (8. März) nach dieser unangenehmen und wenig erquickenden Nacht wurde flüchtig gekocht und dann sehr frühe abmarschiert. Unter den Leuten, die uns begleiteten, war auch einer, der Mendi sprach; von ihm hörte man, dass die Leute hier samt ihren Häuptlingen trotz des Krieges mehr Sympathie für die Franzosen haben als für Liberia. Der Häuptling von Bussamai würde, wenn ihm dies möglich wäre, nicht nur mit den ersteren Frieden schliessen, sondern sein Land auch am liebsten unter französischen Schutz stellen. Die Gründe, weshalb die Siama-Leute die Franzosen den Liberianern vorziehen, entsprechen vollkommen der kindlichen Denkart dieser Menschen. Sie sagen nämlich, von den Franzosen bekämen sie Gewehre, Tücher, Rum und seien anderseits instande, Landesprodukte dort gut und schnell abzusetzen, namentlich Elfenbein und Gummi, was eben in Liberia der geringen Preise und der grossen Distanzen wegen nicht möglich sei. Auch wurde erzählt, bei dem ersten Besuche von Lomase und auch seither hätten sich die Liberianer sehr schäbig aufgeführt, auf Geschenke wie Kühe und einen Sklaven habe Lomase stets nur versprochen, nie etwas gegeben; im Grunde sei deshalb die Stimmung gegen ihn.»

«Nach einigen Kilometern Marsch trafen wir unsere Leute, verstärkt durch etwa 40 Mann aus Bussamai. Nach langwierigem Zank um die Verteilung der Lasten gingen wir weiter. Als wir die gleiche Distanz zurückgelegt wie gestern und den Angaben der Leute nach in Bussamai sein sollten, war noch nichts zu sehen als Wald und Gras, und aus den Reden des Gewehrträgers vernahm ich so viel, dass es noch sehr weit sei.»

An einer Stelle im Walde fanden wir einen Stein von der Grösse eines Hauses. Zu Seiten des Weges bemerkten wir sehr häufig 2—3 Meter tiefe, oben 1—1½ Meter Durchmesser zeigende trichterförmige Löcher. Sie sind so regelmässig, dass ich zuerst an Entstehung durch Menschenhand dachte, etwa an Fallgruben für grosse Tiere. Macauley, ein alter Buschmann, bestritt dies auf das entschiedenste. Ich dachte, sie könnten vielleicht davon herrühren, dass sich in dem untergelagerten Gestein Löcher befänden, wo das Wasser gut abfliessen kann und nach und nach den Trichter ausgespült habe.[1]»

«Etwa 20 Kilometer von unserem Lagerplatz traten wir eine Zeitlang aus dem Wald. Ein Ruf der Ueberraschung entfuhr mir. Die Luft war rot von Heuschrecken. Millionen und Millionen flogen ziemlich hoch von NW nach SO. Stellenweise bildeten die Schwärme eigentliche Wolken, die bei grosser Entfernung manchmal von andern grauen Wolken nicht zu unterscheiden gewesen wären, hätten sie ihre Form nicht schnell gewechselt. Das Geräusch der Flügel hörte sich an wie eine entfernte Brandung. Kam eine Wolke der Tiere vor die Sonne, so wurde sie für Momente verdunkelt. Das Sonnenlicht hatte übrigens beständig eine fahle Farbe, als ob die Luft voll Rauch sei. Nach und nach senkten sich viele tiefer, flogen wie wild um

---

[1] Diese Erklärung ist offenbar die richtige, es handelt sich wohl um jene Erscheinung, die in der Geologie als sogenannte «Geologische Orgeln» bekannt ist. A. d. H.

uns herum, setzten sich auf Kleider und Hut, auf die Kartenskizze und die Brille. Dann stürzten sie sich auf die grünen Stellen zwischen dem versengten und verbrannten Gras. Andere Tausende flogen auf die Bäume, die in kurzer Zeit nicht mehr grün, sondern rotbraun waren. Ihre Zahl war stellenweise so enorm, dass Aeste unter der Last brachen und Bäumchen geknickt wurden. Selbst die harten Blätter der Oelpalme wurden nicht verschont, und was dort nicht Platz fand, das setzte sich auf den Stamm. Stellenweise war der Boden wie gepflastert mit ihnen; mein Gewehrträger, der vor mir herging, stürzte sich mit Jauchzen mitten in das Getümmel, und die auffliegenden Tiere umschwärmten mich wie toll. Ein Schlag mit dem Spazierstock irgendwo durch die Luft schlug Dutzende nieder. Als wir wieder in den Wald kamen, hörten wir sie oben in den Baumkronen an der Mahlzeit, und als ob auf die verdunkelte Sonne nun Regen folgen müsse, so prasselte es rings vor den herunterfallenden Exkrementen. Glücklicherweise ist mein Hut sehr gross. Diese Tiere liessen uns nicht mehr los bis Bussamai. Ungefähr 10 Kilometer weit war die Luft dunkel von ihnen. Raubvögel wiegten sich in ihr und fanden reichliche Beute. Aber auch die Menschen, die wir vor Bussamai in kleinen Dörfchen trafen, benutzten die Gelegenheit, zu einem reichlichen Fleischmahl zu kommen. Männer, Weiber und Kinder gingen mit Fischnetzen hinaus auf die Wege, warfen die Netze über Hunderte, töteten sie mit einem leichten Schlage der Hand und steckten sie massenhaft in Säcke. Später wurde das, was nicht sogleich verzehrt wurde, in der Sonne getrocknet und als Vorrat aufbewahrt, nachdem man zuvor die Flügel abgerissen hatte.[1]»

«Beim Flüsschen Wele, das von Bussamai herunterkommt und eine ziemlich liederliche Brücke besitzt, traten wir endgültig aus dem Wald hinaus ins Grasland. Es ist zwar einförmig, aber neu und zeigt, dass wir doch ein gut Stück weiter nördlich gekommen sind. Der Wald ist übrigens auch einförmig, namentlich für die Routenaufnahme; das Grasland gewährt doch einen Ueberblick, während der Waldpfad wie zwi-

---

[1] Wie ich später in Bussamai hörte, wurde ich als die Ursache dieses Heuschreckenschwarmes gehalten, der natürlich etwas Schlechtes, Krieg, bedeutete.

schen lebenden Mauern verläuft, dafür aber ist das Grasgebiet unendlich viel wärmer. Flache Hügelwellen sind überall zu sehen; im Westen, N—S laufend, eine lange, blaue Bergkette.»

«Von Bussamai war aber noch lange nichts zu sehen. Erst kamen wir durch ein paar kleine Dörfchen, wo uns Palmwein kredenzt wurde. Der Weg war auch heute recht gut gewesen. Gegen die Stadt hin wurde er vorzüglich, abgesehen von der Nähe von Wasser, wo Brücken fehlten. Einmal hatte ein Bach den Weg als Bett erwählt, und wir wateten etwa eine halbe Stunde; dann sahen wir ein paar Palisaden, ein Reiter kam auf mich zu und bot mir sein kleines Pferd an. Hinter der letzten Palisade tauchte dann die weissgetünchte Stadtmauer von *Bussamai* auf. Es macht die Stadt vollkommen den Eindruck eines nordafrikanischen befestigten Ortes, nur fehlen dahinter die schlanken Minarets, und nur die dunkeln Kegeldächer der Hütten ragen etwas über den Mauerrand empor. Auch die Eingangstore sind gleich wie in Sigitta, nur noch etwas stärker, und im Durchgang befinden sich drei starke Bohlentore. Im ganzen führen drei Eingänge in die Stadt. Was aber Bussamai von Sigitta unterscheidet, das sind Graben und Wall. Die Erde zum Bau der Mauer wurde nicht auf einer so grossen Fläche ausgehoben wie in Sigitta, dafür ist der Aushub tiefer und nach unten zu einer Kante zusammenlaufend. Dadurch ist ein richtiger Graben entstanden, der zwar nur an einer Stelle etwas schmutziges Wasser enthält, **eine Brutstätte für Moskitos.**

Ueberschüssige Erde wurde ferner ausserhalb des Grabens zu einem niedern Damm aufgehäuft, auf dem ein Weglein rings um die Stadt führt. Auf der obern Kante der Mauer

Schema der Befestigung von Bussamai.

sind niedrige Gestelle aus Palmblattschäften befestigt, welche ein Erstürmen und Ueberklettern der Mauer erschweren sollen, meiner Ansicht nach aber kaum diesen Zweck erfüllen. Innen liegt die Stadt, der eigentliche Hauptort des Siamalandes. Die Häuser sind stellenweise sehr eng zusammengedrängt, lassen aber doch anderswo grössere Plätze für Versammlungen und für einen kleinen Markt frei. Die Hütten sind meist rund, viele haben ähnliche Veranden, wie ich sie von einem Haus in Dabu anführte, und die

Stützen sind manchmal geschnitzt. Die Stadtmauer ist auch innen weiss getüncht. In gewissen Abständen sind Gestelle mit Leitern angebracht, von denen aus man den Kopf über die Mauer strecken kann, um auf die Angreifer zu schiessen oder Steine zu schleudern. Zu beiden Seiten dieser Gestelle liegen nämlich grosse Haufen solcher aufgestapelt.»

«Es war etwa 6 Uhr, die Sonne ging eben unter, als wir in Bussamai einzogen. Man brachte mich auf den grössten Platz der Stadt, wo zahlreiche Leute sassen. Mitten auf dem Platz stand ein leerer Stuhl, und als ich herankam, ging ein Liberianer auf ihn zu und setzte sich hin. Offenbar wollte er mich in recht würdiger Weise empfangen. Als ich auf ihn zutrat, stand er aber doch auf und stellte sich als Sergeant Carr vor, an den ich durch Lomase einen Empfehlungsbrief hatte. Man wollte natürlich ein Palaver abhalten; dazu hatte ich aber jedoch nicht die mindeste Lust und forderte Carr auf, mich mit den Häuptlingen bekannt zu machen. Es war ein Sohn von Jagbo, ein junger, ziemlich eingebildeter Herr, der in seinem Haar einen grossen Leopardenzahn befestigt hatte, dann ein älterer Mann, der mit Jagbo die Stadt gebaut, und ein alter Vater, der dunkelblaue Augen hatte wie ein junges Kaninchen. Darauf bat ich, mich nach meinem Quartier zu bringen, denn nach den heutigen 36 Kilometer war ich sehr hungrig. Mein Haus zeigt nichts Besonderes. Es liegt gegen einen kleinen Platz hin; ganz nahe dabei ist die Küche und die Stadtmauer.»

Da Volz viel daran lag, baldmöglichst aus liberianischem Gebiet auf französischen Boden' zu kommen, liess er gleich am folgenden Morgen des 9. März die Häuptlinge rufen und teilte ihnen mit, Oberhäuptling Jagbo in Sigitta habe ihm versprochen, sie würden sofort einen Boten mit einem Briefe nach Siwilisu (Kuanha)[1] zu den Franzosen überbringen lassen. Hier beginnt nun die Intrige. Die Häuptlinge zogen sich zur Beratung zurück, an der die liberianischen Unteroffiziere Brggs und Carr offenbar teilnahmen, denn diese verkündeten Volz als Resultat der Beratung, es solle zunächst ein Bote an Jagbo gesandt werden, um genauere Instruktionen einzuholen, was mindestens fünf Tage beanspruche. Volz protestierte, und er erklärte, wenn nicht

---

[1] Was Volz bisher und im weitern Siwilisu oder Kuanha nennt, ist der Ort Kuonkan der französischen Karten. A. d. H.

andern Tags die Boten nach Siwilisu abgehen, so werde er die
Verhandlungen abbrechen und ohne die Hilfe der Häuptlinge
dorthin abmarschieren. Er bemerkt im Tagebuch dazu: «Mir
war übrigens nicht klar, wie ich ohne Hilfe dorthin gelangen
wollte.» Daraufhin lenkten die Häuptlinge scheinbar ein und
versprachen, nächsten Tags einen Boten zu senden, vereinbarten
auch die besondern Bedingungen und Kautelen wegen der französischen Sendlinge, welche die Antwort zu überbringen hätten.

«Nachdem diese Angelegenheiten geordnet waren, sah ich
mich etwas in der Umgebung Bussamais um. Die Stadt krönt
einen der vielen flachen Hügel. Von den Kämpfen der letzten
Zeit sind im Osten und Norden viele und deutliche Spuren zu
sehen. So waren z. B. zwei der Türen des Osteinganges von
Kugeln derartig zerschlagen, dass sie ersetzt werden mussten.
Sie liegen nun im Innern der Stadt und werden als Sehenswürdigkeit gezeigt. Auch die Häuser und die Stadtmauer in der
Nähe dieses Tores zeigen viele Kugelspuren, ebenso die dort
stehenden Bäume. Die weiter aussen befindlichen Palisaden
sind entweder umgehauen oder verbrannt. Als wir dort vorbeigingen, brachte der Wind aus nächster Nähe grässlichen Geruch. Wir fanden drei menschliche Leichen, nur wenige Schritte
von der Strasse entfernt und jedermann sichtbar. Die Köpfe
fehlten; was damit geschehen, konnte ich später sehen. Ein
Unterkiefer war z. B. am untern Ende eines Kriegshornes befestigt.[1]) Die Leichen waren alle angebrannt und deshalb noch
nicht so stark verwest, wie es sonst der Fall sein würde, da
sie schon zirka acht Tage hier liegen. Das Fleisch hatte sich
stellenweise von den Knochen gelöst und war zusammengedorrt.
Es waren die Ueberreste von Angreifern des letzten, bisher
heftigsten Kampfes. Mandingo und französische schwarze Soldaten waren auf dem direkten Wege von Siwilisu hergekommen,
hatten die Torwachen zurückgetrieben und dem Stadttor sich
genähert. Eine Abteilung umging die Stadt nach Osten, brannte
dort eine sog. Halftown[2]) nieder und vertrieb auch hier die

---

[1]) Diese Sitte ist in Westafrika weit verbreitet. Am ausgiebigsten ist wohl
der Brauch bei den Aschanti der Goldküste geübt worden, wo die im Besitz
der Könige befindlichen Kriegshörner mit ganzen Garnituren von Unterkiefern
besetzt sind. A. d. H.

[2]) Diese Halftowns sind kleine, ausserhalb der befestigten Städte liegende
Dörfer. A. d. H.

Bussamaileute allenthalben von den Palisaden, die zerstört wurden. Dann griffen sie mit Aexten und Pickeln das Osttor an. Sogar von Dynamit wird erzählt, sowie man habe mit einer Rakete versucht, die Stadt in Brand zu stecken, und derartige Dinge mehr. Die Liberianer hatten nahe dem Tore ihre Flagge gehisst zum Zeichen, dass die Stadt liberianisch sei. Die Offiziere hätten aber befohlen, darauf zu schiessen. Wenn ich daran Zweifel äussere, so stimmt der Berichterstatter sogleich ein, er zweifle auch daran. Auf liberianischer Seite fielen 16 Leute. Während man die Leichen der Feinde verstümmelte und zum Teil anbrannte, was als besondere Strafe angesehen wird, wurden die Toten der Stadt beerdigt. Dabei geht es sehr rasch zu; man scharrt eine Grube, legt die Toten hinein, und es ist bei Strafe verboten, über dieselben zu reden, um bei andern nicht Furcht vor demselben Schicksal zu erregen. Wenn sich eine Frau beklagen wollte, so sagte man ihr, sie finde schon wieder einen Mann; sie solle nur wieder Kinder gebären für spätere Kriege, das sei ihre ganze Aufgabe.»

«Der Krieg zwischen Bussamai und Siwilisu[1]) datiert weit zurück. Seine Geschichte ist nicht uninteressant. Vor langer Zeit war der Vater des jetzigen Häuptlings von Siwilisu Oberhaupt der ganzen Gegend. Er war der reichste Mann im Land. Jagbos Vater war einer seiner Untergebenen, wenn nicht gar sein Sklave. Da aber die Sklaverei eine äusserst milde ist, herrschte zwischen dem Häuptling und Jagbos Vater eine enge Freundschaft. Der Häuptling betraute den letzteren mit dem Bau von Bussamai, das früher etwas südlich der heutigen Stadt stand, und er wurde Vorsteher desselben, war aber, wie ganz Bussamai, natürlich vom Häuptling abhängig. Die beiden lebten in gutem Einvernehmen, und jeder hatte mehrere Söhne. Jagbo war der älteste seiner Brüder und war zugleich auch älter als der älteste Sohn des Häuptlings von Siwilisu. Als nun der letztere starb, wurde der älteste Sohn sein Nachfolger. Bald darauf starb auch Jagbos Vater, und Jagbo folgte ihm als Vorsteher. Dadurch war Jagbo, der älter war als der Häuptling von Siwilisu, dessen Untertan geworden. Er weigerte sich aber dessen, indem er auf sein Alter hinwies. Jener wollte ihn dazu zwingen und drohte, die Stadt Bussamai anzugreifen und zu

---

[1]) Kuonkan.

zerstören. Der Kampf fand statt. Die Leute von Siwilisu, obwohl zahlreicher als die von Bussamai, wurden aber geschlagen und zurückgejagt. Darauf griff Jagbo umgekehrt Siwilisu an, nahm es ein und verbrannte es vollständig. Der Häuptling von Siwilisu flüchtete nun nach Beyla und stellte sich unter französischen Schutz, indem er zugleich sein Land an die Franzosen abtrat. Es kam ein französischer Offizier nach Bussamai, um Frieden zu stiften, was ihm auch gelang. Jagbo willigte ein, dass Siwilisu wieder aufgebaut werde, und es folgte eine längere Periode des Friedens, während welcher die Bussamaileute eifrig mit den französischen Orten Handel trieben. Vor einem Jahr soll nun der Häuptling von Siwilisu, angeblich ohne Ursache, Bussamai den Krieg erklärt haben. Jagbo sandte als Friedenspreis eine weisse Kuh, fünf weisse Tücher, 200 weisse Kola und ein helles Mädchen. Trotzdem erfolgte der Krieg, angeblich weil die Franzosen dahinter stecken.[1]»

«In Bussamai gibt es ebenfalls, ähnlich wie in Loma, einen kleinen Markt innerhalb der Stadt. Gegenwärtig werden z. B. sehr viele Termiten verkauft. Pferde sind in der Stadt drei Stück, ferner mehrere Kühe und ein riesiger, brandschwarzer Ochse, der verehrt und deshalb nicht geschlachtet wird. Geht er von der Stadt weg, so glauben die Leute, der Krieg komme. Das tun auch sämtliche Liberianer, die trotz ihres Christentums so abergläubisch sind wie die Bunde. Ziegen sind nicht sehr häufig, dafür aber Schafe. Bisamenten, deren es sonst in jeder Ortschaft hat, sah ich keine; auch die Hühner sind nicht zahlreich.»

«Die Leute unterscheiden sich nicht von den bisher Gesehenen, nur haben die Frauen noch längere und infolge Einflechtens von Palmbast steifere Zöpfe. Die Haartracht zeigt im übrigen meist die hohe Keilform. Bemalung ist seltener als anderswo, dagegen weisen sehr viele die 2—3 breiten Tätowierungen von Stirn über die Wangen nach dem Kinn auf.»

[1] Volz scheint nie recht inne geworden zu sein, dass der Krieg zwischen Siwilisu und Bussamai nur eine kleine Episode der französischen Expansionspolitik im Sudan gewesen ist und dass die internen Händel der Häuptlinge in der Grenzzone gerne benutzt wurden, um die Grenze selbst südwärts zu verschieben.

Sonntag, den 10. März, war Kriegsalarm. Während Volz dem Abhäuten des ihm von den Häuptlingen geschenkten Stieres zusah, hörte man in weiter Ferne kurz nacheinander mehrere Schüsse. Ein Mann meldete, es stehe ein Angriff bevor. Volz begab sich bewaffnet mit einigen seiner Leute vor das Stadttor. «In der Stadt befanden sich nur wenige Leute, da der Krieg gewöhnlich Montag oder Dienstag kommt. Die noch anwesenden Frauen flüchteten aus der Stadt; Boten wurden in alle Vorstädte und Farmen gesandt. Wenn ein erwachsener Mann dem Ruf nicht Folge leistet, so bezahlt er sieben, ein Knabe zwei Sklaven oder deren Wert. Nach und nach kamen immer mehr Männer; die acht Liberianer kamen mit ihren Gewehren und vollgespickten Patronengürteln, Krieger kamen von allen Seiten heran, die meisten mit Feuersteingewehren bewaffnet. Aber auch primitivere Waffen waren zu sehen: Lanzen, Schwerter, kurze Messer, Steinschleudern und namentlich Bogen und Pfeile, letztere mit Eisenspitzen und Widerhaken und fast immer vergiftet. Ein Taubstummer trug grosse Bündel solcher Pfeile, dazu auf dem Rücken eine mächtige mit Fell überzogene Kürbisflasche, die Pulver enthielt. Die meisten Krieger hatten ausser einem schmalen Streifen Tuch um die Hüften und zwischen den Beinen durch alle andern Kleider entfernt; dagegen waren sie ausser mit Waffen, worunter prachtvolle Pfeilbogen, mit Tritombohörnern und Kaurimuscheln geziert und mit allerlei Medizinsäckchen, Hörnchen, Täubchen, Lappen etc. behängt, die sie vor den Kugeln schützen sollten. Zuerst herrschte eine ziemliche Erregung unter dem sich stets mehrenden Volke; nach und nach wurde man ruhiger, man brachte sogar kleine Stühle, auf welche die Häuptlinge, die nur mit Schwertern bewaffnet waren, sowie ich sich niederliessen. Wir warteten sehr lange, hörten keine Schüsse mehr, so dass ich den Vorschlag, aus der brennenden Sonne in die Stadt zurückzugehen, annahm. Nach einiger Zeit kam dann die Nachricht, der Angriff sei abgeschlagen worden. An jeder Strasse befinden sich nämlich, mehrere Kilometer von der Stadt entfernt, Tag und Nacht zirka 50 Wächter mit Gewehren. Es hatte auf der direkten Strasse von Siwilisu wirklich ein Angriff stattgefunden, doch habe der Feind nur aus Mandingo bestanden und habe nach der ersten Salve die Flucht ergriffen.»

«Auf Seite Bussamais fiel niemand und wohl auch vom Feinde nicht. Die Leute sind nämlich die schlechtesten Schützen, die man sich nur denken kann. Sie schlagen das Gewehr nie an die Schulter, sondern halten es mit ausgestreckten Armen weit von sich ab, und sobald ein Feind erscheint, wird gefeuert. Diese Art zu schiessen, erklärt sich wohl aus der schlechten Beschaffenheit der Steinschlossgewehre. Hier geht nämlich der Schuss sehr oft hinten hinaus, und so hat sich die Methode, das Gewehr von sich weg zu halten, so eingebürgert, dass die Leute (auch in Loma und überall, wo sie nicht durch Europäer gedrillt sind) auch Zündhütchen- oder Hinterladergewehre von sich strecken.»

«Nun fand auf dem grossen Dorfplatze eine Versammlung statt, und man forderte mich auf, ebenfalls zu erscheinen. Rings um den Platz standen und sassen die Krieger. Ich zählte die Gewehre in einer Gruppe, es waren bei 50, und gegen fünf solcher Gruppen. Nun kamen die 50 Mann, welche den Angriff abgeschlagen, im Gänsemarsch anmarschiert, gingen langsamen Schrittes um den ganzen freien Platz und setzten sich dann in mehreren Reihen nebeneinander. Kaum niedergekauert, sprangen sie plötzlich auf und rannten mit gefälltem Gewehr und unter schrillem Ruf gegen den Häuptling zu, worauf sie wieder an ihren Platz zurückgingen. Darauf stand ihr Hauptmann, ein sehniger Graubart, auf, dankte seinen Leuten und erzählte nun allen Anwesenden in kurzen Worten den Hergang des Gefechtes. Darauf erhob sich der Häuptling, wandte sich an die Krieger und dankte ihnen brüllend, mit vielen Gesten und überschwänglichen Worten für ihre Tapferkeit.»

Auf eine Aufforderung hin hielt auch Volz eine Rede, er hoffe, es sei dies der letzte Krieg; er werde den Franzosen, sobald er dort sei, mitteilen, man wünsche auch hierseits den Frieden.

«Gegen Abend begab ich mich mit Macauley auf die Taubenjagd. Ich fand dabei ein Reisfeld, das man verbrannt hatte, sowie mehrere Hütten, von denen nur noch verkohlte Balken standen. Macauley, der etwas vorausgegangen war, meldete, nicht weit von hier befinde sich ein verbranntes Dorf. In der Tat standen dort 30—40 Lehmhäuser, ein Bare, kurz ein regelrechtes, wenn auch nicht befestigtes Dorf; aber alles war verbrannt, die Mauern vor Hitze geborsten. Massenhaft lagen

Scherben zerschlagener Töpfe umher. Dichte Haufen verkohlten Reises waren im Innern der Häuser. Die Bananen ringsum waren versengt, kurz, alles bot ein Bild grosser Zerstörung. Die Siwilisuleute hatten bei einem ihrer Angriffe hier den ersten Widerstand gefunden, die Leute zurückgejagt und das Dorf verbrannt.»

«Am Morgen des 11. März wehte ein sehr starker Harmattan. Obwohl er angenehme Kühle bringt, mag ich ihn doch nicht, da er so trocken ist, dass in kurzer Zeit die Nase vollkommen austrocknet und ein unangenehmes Gefühl entsteht. Auch Schwarze beklagten sich über dasselbe.»

«Nachmittags zog ich wieder mit Macauley auf die Jagd. Wir gingen erst ein Stück weit gegen Siwilisu und fanden unterwegs den Platz, wo die Mandingo sich zum Kampfe bereit gemacht hatten. Grosse, tellerförmige Dinger aus Gras waren auf den Kopf gelegt worden, um mehrere Gewehre darauf zu tragen, da die Soldaten, um für den Kampf frisch zu sein, diese durch Träger hatten bringen lassen.»

«Ich sandte dem Häuptling zwei Tauben. Bald darauf kam ein langer Zug Leute an meinem Hause vorbei, welche nach den Klängen einer Gitarre Tanzbewegungen ausführten; unter ihnen war der junge Häuptling, der sich loslöste, auf mich zukam und, die Ellenbogen nach abwärts bewegend, für die Tauben dankte.»

«Im Laufe des 12. März kam der Sohn des Häuptlings von Sewela (östlich von Bussamai gelegen) und brachte zwei Stiere, indem er den Bussamaileuten für ihre Tapferkeit den Dank aussprach. Selbstverständlich fand dabei eine grosse Versammlung statt mit vielen unnützen Reden. Krieg und Reden, das sind die stärksten Seiten der Bunde.»

«Nachmittags begab ich mich vor das Nordtor, wo sich der Hügel ziemlich stark senkt. Hier entdeckte ich einen kleinen, sehr schmutzigen Weier. Ein Mann, der eben daran vorüberging, warf etwas hinein. Als ich mich näherte, bemerkte ich überall ziemlich grosse Fische, welche an die Wasseroberfläche kamen, um Luft zu schnappen. Sogleich ging ich nach meinem Hause zurück, nahm Angelgeräte und Köder und begab mich zum Fischen. Ich hatte in der kurzen Zeit von zehn Minuten vier ziemlich grosse Welse der Gattung Clorias; einer mochte über 40 Zentimeter lang sein. Als ich weiterfahren wollte, kam ein bewaffneter Mann und sagte etwas, was ich nicht verstand. Nun stellte ich das Angeln ein, hatte mir übrigens schon gedacht, es könne nicht mit rechten Dingen zugehen, dass ich hier mit so leichter Mühe fische und dass niemand anders die Gelegenheit benutzt, sich hier ein gutes Essen zu fangen und beschloss deshalb, mit dem Mann ins Dorf zu gehen, um dort Aufklärung zu erhalten. Diese Mühe wurde mir aber sofort erspart, denn Brggs kam in Gesellschaft des Häuptlings und vieler anderer Männer soeben den Hügel hinunter und sagte, es sei verboten, hier zu fischen. Die Fische seien heilig und werden von den Bewohnern Bussamais gefüttert. Nun gewahrte ich auch am Fuss einer Weinpalme allerlei Zeug, das ich nicht recht erkennen konnte, und vernahm, dass dies der Platz sei, wo man den Fischen Opfer darbringe. Der Mann, welcher mir das Fischen verboten hatte, war ihr Priester. Ich fürchtete, man möchte nun über meine Handlung sehr erbost sein, doch war dies keineswegs der Fall. Man lachte nur, aber verbot das Fischen für die Zukunft und suchte die ganze Sache möglichst günstig darzustellen, um nicht den Argwohn zu erregen, die Fische könnten nun für die weitern Kriege einen feindseligen Standpunkt einnehmen. Man wollte zwar, ich solle die toten Fische wieder ins Wasser werfen, und ich erklärte mich dazu bereit, falls man mir versichern könne, dass sie wieder lebendig würden, und als dies nicht der Fall war, äusserte ich, es wäre doch schade, sie nicht zu essen, und man gab mir die Erlaubnis, sie mitzunehmen.»

«Macauley berichtete übrigens, er habe in der Nähe von Kenema (Sierra Leone) einen ähnlichen Weiher mit denselben Fischen gesehen, die dort von den Mendi geschützt und gefüttert werden. Man werfe Reis hinein, um sie zu füttern und zugleich sein Schicksal zu bestimmen; denn falls die Fische den Reis verschmähten, so sei dies ein sicheres Zeichen, dass man bald sterben müsse. Die dortigen Fische ständen unter einem Häuptling oder, wie er sich ausdrückte, unter Aufsicht einer «Mutter», eines alten, grossen und fetten Fisches. Wirft nun jemand Reis ins Wasser, so kommt erst diese Mutter, betrachtet aufs genaueste den, der das Reis spendete, und falls ihre Prüfung befriedigend ausfiel, beginne sie etwas von dem Reis zu fressen, worauf auch alle ihre Untertanen herankommen, um ihre Portion zu kriegen.»

«Ausser diesen Fischen werden hier auch andere Tiere geschützt, so z. B. die räuberischen Milane, welche beständig nach Hühnern spähend über der Stadt kreisen. Man darf, wenigstens von der Stadt aus, nicht nach ihnen schiessen, obwohl sie den Bewohnern grossen Schaden anrichten; ausserhalb jedoch sind sie vogelfrei. Es ist selbstverständlich irgend ein Aberglaube, welcher die Milane schützt. Gleich verhält es sich mit mehreren Affenarten, die gelegentlich die Bäume der Umgebung der Stadt aufsuchen; man darf sie weder fangen noch schiessen.»

«Eigentümlich ist, dass im ganzen Bundeland das Rauchen unbekannt ist, und im Bandelande ist es sehr selten. Das rührt nicht etwa von einem Mangel an Tabak her, sondern aus einem solchen an Pfeifen. Tabak wird überall gepflanzt, obwohl weit seltener als weiter im Süden und Westen. Er wird hier entweder geschnupft oder noch viel häufiger, und zwar bei Männern und Weibern, in Schnupfform unter die Zunge gelegt, wo sich sofort sehr viel Speichel ansammelt. Trotzdem dauert die Unterhaltung fort.»

«Eines Abends brachte mir mein Nachbar, der zugleich Besitzer des Hauses ist, in dem ich wohne, einen schwarzen Hahn zum Geschenk. Das konnte er aber selbstverständlich nicht direkt tun, sondern musste den Häuptling und dessen Umgebung herbeirufen. Er gab mit einigen Worten das Tier einem Unterhäuptling, dieser wiederholte genau dasselbe und gab es dem Häuptling, der letztere tat dasselbe und gab es einem Soldaten. Dieser übersetzte die Worte ins Englische, und der Hahn wanderte in Kaibas Hände, worauf letzterer ihn mir überreichte. Mein Dank, sowie ein später als Gegengeschenk bestimmtes weisses Tuch schlugen den gleichen, langen Weg ein.»

«Heute[1]) wurde einer der Stiere von Sevela geschlachtet, und man sandte mir ein enormes Stück, dazu die halbe Leber, welche bei den Negern als das Beste am ganzen Tiere gilt.»

«Sergeant Carr beklagte sich bei mir bitter über Lomase, der ihn hier so lange warten lasse, ohne etwas von sich hören zu lassen und auf Briefe nie antwortete. Als Ursache der Nachlässigkeit und Untätigkeit Lomases bezeichnete er zwei Dinge, die eigentlich für den Liberianer typisch sind: Weiber und Schnaps. Auch die Häuptlinge seien heimlich gegen Lomase

---

[1]) 13. März. A. d. H.

aufgebracht, weil er für ihre Geschenke nie gedankt und keine
Gegengeschenke gesandt habe. Er selbst, Carr, wäre nicht mehr
hier, wenn ich nicht gekommen wäre. Nach dem letzten Kampfe
hätten die Soldaten fortlaufen wollen, und er wäre selbst auch
gegangen, hätte er nicht von meiner unmittelbaren Ankunft gehört. Er habe immer gedacht, es handle sich nicht um einen
echten Weissen, sondern um einen hellen Mulatten; er habe
immer gehört, ich sei ein Liberianer. Er sandte nun gestern
einen Boten an Lomase und schrieb ihm, dass er ihm drei
Wochen Zeit zur Herreise gebe. Wenn er in drei Wochen nicht
in Bussamai sei, so werde er, Carr, weggehen, und zwar auf
dem kürzesten Wege nach Monrovia, wo er Frau und Kinder
zurückgelassen.»[1])

«Wenn nun Lomase in drei Wochen nicht hier ist und
Carr wirklich weggeht, so hat dies sehr weitgehende Folgen.
Die Häuptlinge haben nämlich beschlossen, sobald Carr Bussamai verlässt, diese Stadt aufzugeben. Sie sind gewillt, mit allen
Bewohnern und ihrer Habe wegzugehen (die meisten nach Sigitta), die Stadt stehen zu lassen, wie sie ist, die angefangenen
Felder im Stiche zu lassen und anderswo ein Unterkommen zu
finden. Ich hörte zwischen durch, dass sie eigentlich am liebsten bleiben und unter Frankreichs Schutz treten möchten; aber
das können sie Carr nicht sagen, da sie die Liberianer im Grunde
fürchten, weil sie diese für stärker halten, als sie sind. So
wollen sie lieber weiter in das Innere Liberias, als hier stets
in Angst vor weitern Angriffen der Mandingo resp. der Franzosen
leben. Sie müssen eingesehen haben, dass sie einem solchen
Angriff wie dem letzten, wenn er sich wiederholt, nicht standhalten können, denn alle Palisaden sind zerstört, und den einzigen Schutz bildet noch die Mauer. Doch würde eine Rakete,
über diese geworfen, die Stadt in Brand stecken.»

«Sollte aber Bussamai verlassen werden, so hätte dies noch
weitere Folgen für Liberia. Es würde nämlich nicht nur Bussamai verlieren, sondern alle Ortschaften nördlich des grossen
Waldes, denn wenn Liberia nicht imstande war, Bussamai zu
halten, so wird es noch weniger die östlichen Plätze behaupten

---

[1]) Carr äusserte sich noch weiter über die Vergangenheit und die Qualitäten seines Vorgesetzten, was aber ohne weiteres Interesse ist. Inwieweit
Carr die Wahrheit sagte und sich nicht einfach bei Volz einschmeicheln
wollte, mag man aus den folgenden Ereignissen herauslesen A. d. H.

können, die dann zwischen Orten mit französischer Garnison, wie Bussamai, Siwilisu, Djogbeida, Beyla und Bola, liegen.»
«Lächerlich ist übrigens der Optimismus der Liberianer. Sie sind nämlich überzeugt, falls Frankreich oder England oder irgend ein anderer europäischer Staat ein Stück liberianischen Bodens wegnehmen wollte, dann würden gleich die Vereinigten Staaten Nordamerikas einschreiten. Es wird dies als Geheimnis betrachtet.»[1])

Im Laufe der folgenden Tage, vom 14. März ab, machte Volz eine Reihe von Beobachtungen, die wir hier, so wie das tägliche Geschehene es ergab, ohne inneren Zusammenhang aneinanderreihen. So bestimmte Volz zunächst die Richtung der Tore von Bussamai und ihre Abstände voneinander. «Es geschah dies auf dem Wall, ausserhalb des Grabens, weshalb die Masse etwas zu gross sind, wenn auch nicht viel. Auf der Nordwestseite ist die Mauer gegen die Stadt zu etwas konvex.»

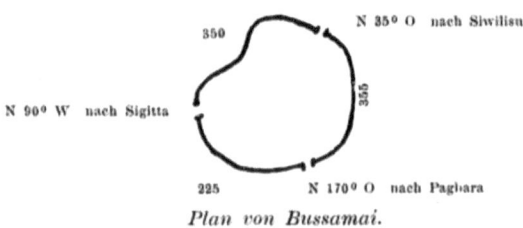

Plan von Bussamai.

«Ich fragte mich schon, wie es möglich sei, dass die Weiber mit ihren hohen Haartürmen imstande seien, etwas auf dem Kopf zu tragen. Sie besitzen ein besonderes Tragkissen, das auf der einen Seite dick, auf der andern dünn ist. Der dicke Teil wird ganz auf den Vorderkopf, der dünne auf die Basis des Haarkeiles gelegt, der nicht direkt von der Stirn, wo die ersten Haare stehen, aufsteigt, sondern mehr zurück, weil die vorderen Haare mehrere Zentimeter breit wegrasiert werden. Auf dieses Tragkissen, das also fast nur auf den Stirnbeinen ruht, wird nun der Wasserkessel oder ähnliches gestellt; der Kamm steigt dahinter auf.»

---

[1]) Angesichts der neuesten Vorschläge der Vereinigten Staaten (Sommer 1910) für die Sanierung der liberianischen Finanzen scheint es fast, als ob diese bereits 1907 gemachten Aeusserungen einen gewissen Hintergrund besitzen. A. d. H.

«Alle Weiber, die ich hier in Bussamai sah, sind entsetzlich hässlich; dazu kleiden sie sich sehr schlecht und binden oft nur ein schmales Tuch über die Hüften. Alle haben lange Hängebrüste; kurz, es ist ein keineswegs erfreulicher Anblick.»

«Es wird hier allerlei Zauberei getrieben, die gegen den Krieg gerichtet ist; vornehmlich ist es der junge Häuptling, der daran teilnimmt und Reis streut, Blätter zerreibt, etwas verbrennt usw. Jeden Abend geht ein Weib, mit einem Bündel Vogelfedern in der Hand, um die Stadt und stösst langgezogene Schreie aus, ebenfalls um vor dem Krieg zu schützen. Glücklicherweise fehlen hier die sog. Nachtwächter, deren Tätigkeit sich darauf beschränkt, einige Zeit zu brüllen wie Besessene, so dass niemand schlafen kann. Sind sie dann heiser, und das dauert bei solchen Negerkehlen sehr lange, so schlafen sie wie Tote.»

«Man merkt an verschiedenem, dass wir uns nicht mehr im eigentlichen Waldgebiete befinden. Die Türen der Häuser bestehen nun wieder aus Matten gröberer oder feinerer Art, die auch angestrichen sein können wie das Haus und selbst eine dünne Lage Kuhmist besitzen. Einige Türen haben Selbstschliesser, ein elastisches Holz ist derart angebracht, dass es beim Oeffnen der Türe gebogen wird und diese wieder zudrückt, wenn man sie loslässt. Eine ähnliche Einrichtung sah ich gelegentlich bei Türen, die weit ausserhalb der Stadt Wege abschliessen, um die Ziegen am Fortlaufen zu verhindern. Bei ihnen beruhte der Selbstschliesser auf einem in den Boden gesteckten, elastischen Stock, der mit der Türe durch einen Strick derartig verbunden war, dass beim Oeffnen der Stock gebogen wurde, und wenn man die Türe losliess, dieselbe durch Zurückschnellen in seine frühere Lage schloss.»

«Ich besuchte auch die Schmiede und war erstaunt zu sehen, mit welch geringen Hilfsmitteln die Leute doch sehr nette Dinge machen können. Aus leeren Patronenhülsen, alten Messing- und Kupferkesseln machen sie Fuss- und Armringe, Knöpfe u. a. Sie schmelzen das Metall in kleinen Tontöpfchen und giessen es in Formen, welche sie aus den Blattschäften der Weinpalme geschnitten haben. Sie reparieren Gewehre, verfertigen Dolche, Schwerter, Pfeilspitzen und Hackmesser. Aus solchen, die aus Europa importiert sind, schneiden sie Stücke heraus und machen Lanzenspitzen oder Dolche daraus. Die Handgriffe werden hauptsächlich aus Elefantenrippen verfertigt. Die Feuerzangen machen sie selbst, ja sogar die Feilen. Dieselben werden zurechtgeschmiedet, und in den gewünschten Abständen werden mit andern Feilen Kerben gemacht, so dass wieder neue entstehen. Für ihre Arbeit werden die Schmiede nicht bezahlt, wenn es sich um Reparaturen von Waffen und Schärfen solcher handelt. Dafür sind sie vom Kriegsdienst befreit. Für andere Dinge bezahlt man sie, wobei Kola unser Kupfer-, Eisen oder Salz unser Silber-, und Hühner, eventuell Schafe unser Goldgeld ersetzen.»

«An den Toren sind bei kleinen Häuschen innerhalb der Mauer Wächter aufgestellt. Sie haben lange Stöcke aus Weinpalmenschäften und an denselben in Abständen von zirka 1 Fuss kleine Grasbündel befestigt. Wenn Frauen zum Tore hereinkommen, so werden ihnen diese Stangen vor die Füsse gehalten. Sie dürfen nicht darüber hinschreiten, und der Wächter nimmt die Stange erst wieder weg, nachdem die Frau etwas bezahlt hat. Männer gehen über die Stange weg.»

«Vor dem Krieg, sobald die ersten Schüsse ertönen, rennt alle Weiblichkeit aus der Stadt, wobei die ganze tragbare Habe mitgenommen wird. In diesen Kriegszeiten ist stets alles zum Abmarsch bereit, und es werden nur jene Gegenstände aus dem Bündel genommen, die man gerade braucht. Die Weiber rennen dann in der entgegengesetzten Richtung, aus der der Kriegslärm ertönt, und verstecken sich nach einiger Zeit im Walde. Wird die Stadt eingenommen, dann passieren die flüchtenden Männer ebenfalls diese Gegend, und die Weiber schliessen sich ihnen an. Wenn die Schüsse aufhören und niemand durchflüchtet, dann nehmen die Frauen an, ihre Angehörigen hätten gesiegt und wagen sich nach und nach wieder in die Stadt zurück. Als kürzlich Schüsse ertönten, kam das Mädchen Carrs zu ihm und wollte alles, was Carr gehört, zusammenpacken. Er wehrte ihr aber und sagte, er schliesse dies lieber in seinen Koffer ein; es konnte nämlich der Fall eintreten, dass sie, trotz des Sieges von Bussamai, nicht mehr erscheine.»

«Auf dem hiesigen kleinen Stadtmarkt sah ich zum ersten Male Steinsalz, das aus dem Norden kommt; daneben natürlich auch sog. Country-Salz und Meersalz. Es ist hier aber nicht, wie ich erst vermutete, der Berührungspunkt der beiden echten Salzarten, sondern das Meersalz geht noch viel weiter nach

Norden, und ebenso geht Steinsalz viel weiter nach Süden, wie mir Carr sagte, bis Inë. Das Country-Salz ist Soda. Das Holz des wilden Pflaumenbaumes und die alten Stämme der als «Planti» bezeichneten, grossfrüchtigen Banane werden zerschnitten, getrocknet und verbrannt. Die Asche wird in Filter gelegt, und von oben schüttet man Wasser hinein, welches die Soda der Asche löst und unten heraustropft. Dieses Wasser wird dann eingedampft, und der Rückstand ist Soda, welche in Ermangelung von Kochsalz als solches gebraucht oder mit Palmöl gekocht wird, und zwar zu einem dicken Brei, der nach und nach fest wird und völlig schwarz aussieht, die sog. Country-Seife.»

«Die geerntete Baumwolle wird, nachdem man die gröbsten Unreinigkeiten mit den Fingern daraus entfernt hat, gewalzt. Ein Weib sitzt, die Beine vor sich ausgestreckt, am Boden auf einer Matte. Zwischen den Beinen hat sie einen ebenen Stein, auf welchen sie die einzelnen Baumwollknäuel legt. Sie walzt dann mit einem runden Eisenstab kräftig über diese Baumwolle und presst dadurch Unreinigkeiten heraus. Die neuen Bündel kommen stets auf schon gereinigte zu liegen und werden auf diese gepresst, so dass zugleich ein relativ fester Verband zwischen den einzelnen Fasern entsteht. Die so gereinigte Baumwolle wird dann noch etwas aufgezupft und gesponnen. Dabei bedienen sich die Weiber als Rocken nicht eines einfachen Stäbchens, wie ich das im Süden sah, sondern eines Instrumentes, das am meisten Aehnlichkeit mit einem Rahmschwinger hat, in dessen Inneres die Baumwolle gelegt wird und wo zwischen einer Oeffnung so viel herausgezupft wird, wie nötig ist, um den Faden zu spinnen.»

«Wenn die Frauen einem Manne die Hand geben, knallen sie ebenfalls mit dem Mittelfinger, aber sie geben nicht einfach die rechte Hand, sondern sie umfassen die Oberseite der Rechten des Mannes mit ihrer Linken; sie geben also gleichsam beide Hände. Wenn ein Mann oder ein Knabe einer Frau etwas gibt, so darf diese nicht nur eine, sondern muss beide Hände hergeben, um die Sache in Empfang zu nehmen. Dadurch soll die niedrigere Stellung der Frau ausgedrückt werden.»

«In einer Nacht bemerkte ich zwischen den Häusern mehrere brennende Fackeln, aus langen, dünnen Stücken gespaltener Weinpalmenschäfte bestehend. Ich ging hin, um zu sehen, was los sei. Mehrere Frauen kauerten auf dem kleinen Platze zwischen den Häusern, in der einen Hand die Fackel, in der andern einen kleinen Besen, mit dem sie grosse Scharen schwärmender, geflügelter Termiten zusammenfegten und sie in einen Kessel warfen. Bald lassen die Tiere die Flügel fallen, und sie werden getötet, getrocknet und gegessen. Auf dem heutigen Montagsmarkt waren viele zum Verkaufe ausgestellt, sowie riesige Landschnecken (Melania?)[1]), die gegessen werden.»

Bei seinen Wanderungen durch die Stadt und Umgebung beobachtete Volz eine Reihe sog. Salahas; das sind Zaubermittel, vermittelst deren man andern Böses zufügen oder umgekehrt die Wirkung anderer gegen einen gerichteter Salahas, sowie böser Geister aufheben kann. So erwähnt er: «in einem grossen Netz aus Lianenfasern aufgehängte Steine; verkehrter Topf auf einer Stange; Blätterbündel in der Nähe der Kehrichthaufen auf Stöcke geklemmt; ebensolche an überhängenden Zweigen bei den Eingängen in die Dörfer; Baum mit Webervögeln; umfriedeter Platz in den Ortschaften, wo allerlei Töpfe herumliegen; in einen Pfahl geschlagenes Beil; Ringe aus Holz an den Vordächern der Häuser; alte Besen unter die Baumwurzeln gelegt, die beim Eingang in die Städte die Wege kreuzen; «Block» aus einem Bananenschaft[2]) mit durch die Oeffnung gestecktem Reisstampferstock wird kreuzweis über den Weg zum Dorfeingang gelegt; beim Pfeilgiftkochen wird ein Bündel Hühnerfedern gegen einen Stein gelehnt, auf dem der Kopftopf stand. Der junge Häuptling holte ein Stück halbtrockenen Menschenkotes ausserhalb der Stadt, nahm hierauf den Kot in den Mund, hierauf wickelte er ihn mit einem Ei zusammen in ein Blatt und legte dieses auf den Weg, von wo der Krieg kommen sollte. Solche scheussliche Dinge zeigen am besten, wie sehr die Leute in Angst vor dem Kriege sind und durch was für demütigende und ekelhafte Handlungen sie das Schicksal für sich gewinnen möchten. — Herumgehen zweier Frauen und eines kleinen Mädchens, die Hüften mit einem weissen Tuch umwickelt. Die eine fächelt die Stadt mit einem Bündel Hühnerfedern, die andere mit einem weissen Lappen; Kochen

---

[1]) Es handelt sich wohl um Schnecken der Gattung Achatina, namentlich A. zebra, welche vom Senegal bis Kamerun vorkommt und von den Negern sehr geliebt wird. A. d. H.

[2]) Siehe oben Seite 233.

einer Medizin unter Gesang, Gebrüll und Musik vor dem Porobusch; ein Tau aus zusammengebundenen Lianen eng um die Basis des Hauses, unmittelbar auf dem Boden ruhend, gezogen (wohl gegen Feuer oder Diebe); grüne Blätter werden gestampft und mit Wasser auf die Hausdächer geworfen als Mittel gegen Feuersbrunst; Tau aus aneinandergebundenen Lianen, das an der Basis der äussern Mauer rings um die Stadt läuft, als Schutz vor Krieg.»

«Eines Tages kochten die Männer vor dem einen Tore irgend eine Medizin gegen den Krieg; was es war, konnte ich nicht sehen. Macauley sagte, viele hätten in den Kessel gespuckt, und er teilt mir mit, welch verderbliche Medizinen es hier gebe, solche, mit denen man Leute töten könne, indem man nur deren Namen ausspreche.»

Ein andermal rief man Volz vor dasselbe Tor. «Es handelte sich um die Herstellung von Gift zum Vergiften von Pfeilen und Kugeln. Ein sehr alter, beinahe nackter Mann schien der Küchenchef zu sein; zwei jüngere Leute tauchten die Bündel von Pfeilen etwa eine Minute in die warme, schwarze Flüssigkeit, welche die Konsistenz eines sehr dünnen Breies hatte. Dann wurden die Pfeile auf zwei parallele Stöcke auf den Boden in die Sonne zum Trocknen gelegt. Unterdessen sprachen viele Männer mit ihren Pfeilen, neben sie gekauert, und wünschten, sie möchten die Feinde treffen. Tausende und Tausende von Pfeilen lagen nach einiger Zeit hier, und beständig wurden neue gebracht. Die Hälfte mochte mit Eisenspitzen versehen sein; die andere Hälfte bestand aus dünnen, langen Stöckchen der vorzüglich spaltbaren und doch harten Weinpalmenblattschäfte und besitzt hinten eine Hühnerfeder zum Steuern; die ersteren bestehen aus einem Stäbchen einer kleinen Bambusart mit mehreren Internodien. Während des Kampfes werden die Pfeile nicht direkt auf den Gegner geschossen, sondern nur indirekt in die Luft, und zwar sind zahlreiche Bogenschützen an der Arbeit, so dass ein eigentlicher Pfeilregen entsteht. Wie es sich mit dem Pfeilgift verhält, ist mir unbekannt; seine Zusammensetzung ist selbstverständlich Geheimnis. Bei Verwundungen, selbst schwachen, soll es unbedingt den Tod zur Folge haben. Auch die Flintenkugeln werden in Gift gelegt. Diese Kugeln sind aus Eisen, rund geschmiedet. Natürlich sind sie polygonal und haben zahlreiche Risse und Spalten, so dass sie wohl kaum gerade fliegen. Aber das ist eben das Gefährliche. Die Leute legen die Gewehre beim Schiessen nicht an, sondern strecken sie weit von sich.[1]) Wenn nun die Kugeln eine schiefe Bahn nehmen, so können sie zufällig die Ungeschicklichkeit des Schützen wieder gut machen. Es werden stets zwei Kugeln voreinander geladen.»

«Gegen Ende März sind die Leute überall mit der Vorbereitung der Reisfelder beschäftigt. Auch haben sie den Reis teilweise schon in kleinen Flächen von Poto poto (Sumpf) gepflanzt, von wo aus er später in die Felder übertragen wird. Auf einem kürzlich angelegten, sehr sauberen Felde sah ich zwei Buschhühner[2]). In einem benachbarten Dorfe trafen wir einen grossen Reichtum an Hühnern, Hähnen und Küchlein jeden Alters. Aber man wollte uns nichts verkaufen, ohne erst dafür bezahlt zu sein. Und was tun die Menschen mit all diesem Hühnerreichtum? Die Alten behält man, um Nachzucht heranzuziehen, so lange, bis sie eines natürlichen Todes sterben, was selten der Fall sein mag, da Raubvögel und Katzen sie vorher holen, und die jüngern braucht man zu allerlei Opfern, Beschwörungen, kurz «Salahas».»

Am 27. März setzte der erste Regen ein. «Er fiel ganz schwach, nur in grössern Unterbrechungen und nur kurze Zeit, ganz so wie die Regenzeit beginnt, erst einen Tag, dann mehrtägiger Unterbruch, dann wieder einer, die Unterbrechung wird kürzer, dann zwei Tage u. s. f. Aber anfänglich regnet es nur nachts. Dabei wird der Krieg erwartet. Es ist eigentlich Sünde. Draussen warten die Felder auf Bestellung, und niemand rührt sich. Unterholz und Bäume sollten gefällt sein, um verbrannt zu werden. Dies geschieht auch stellenweise, doch fand ich bei meinen gelegentlichen Ausgängen zahlreiche Plätze, wo nur das Unterholz fiel und alle Bäume von Armsdicke und darüber noch standen, selbst einige, wo man mit Kappen des Gebüsches noch nicht zu Ende war. Und überall macht sich die unaufhaltsam heranrückende Regenzeit fühlbar. So wird nächstes Jahr mit Sicherheit Hungersnot erwartet; dies wird sogar von den Leichtsinnigsten zugegeben. Aber bis zur Reisernte ist es noch weit, und doch macht sich schon jetzt Mangel an Nahrung geltend.

---

[1]) Vergleiche Seite 259).

[2]) Gemeint ist das Perlhuhn, das in Westafrika als «bush-fowl» bezeichnet wird. A. d. H.

Die Leute führen teilweise schon jetzt eine jämmerliche Existenz. Täglich sieht man Frauen vor der Stadt allerlei Unkraut sammeln, das dann gekocht wird. Auf dem kleinen Montagsmarkte erhält man für ein Eisen eine Portion Reis, die für einen Menschen einen Tag ausreicht. Allerlei, was wir so gelegentlich kaufen, Früchte etc., wird gegen unsern Reis eingetauscht. Der Markt von Pagbara, der grösste Markt der Umgebung, wo bis vor kurzem Reis gekauft werden konnte, ist den Bussamaiern durch den Anschluss Pagbaras an Frankreich verschlossen. Mit Ausnahme zweier Ortschaften sind alle auf dem östlichen Dianiufer diesem Beispiele gefolgt, und dass die beiden übrig bleibenden das gleiche tun werden, ist nur eine Frage der Zeit. Dass Gobovalla im Begriffe steht, dem Bunde mit Bussamai untreu zu werden, dafür mehren sich die Anzeichen täglich. Mit dessen Abfall ist aber Bussamai isoliert nördlich dem Waldgebiet. Die nächste befreundete Stadt würde dann Sedimai sein; doch ist bis dorthin eine gute Tagereise ohne Last, und wie es mit Sedimai steht, geht daraus hervor, dass es von den Mandingo schon einmal verbrannt wurde. Was aber die Sachlage aufs höchste prekär macht, ist die bevorstehende Ankunft von Lomase. Man sagt, er werde mindestens 150 Mann mitbringen, die natürlich alle auf Kosten Bussamais leben wollen. Lange werden sie übrigens hier nicht aushalten, denn der Hunger wird stärker sein als die eingebildete Vaterlandsliebe der Liberianer und ihrer Söldner ohne Sold.»

Im Anschluss an die zitierten Beobachtungen, welche Volz anlässlich seines Aufenthaltes in Bussamai gemacht hatte, erübrigt uns noch, eine gedrängte Darstellung der Ereignisse zu geben, welche mit der Einnahme von Bussamai und dem Tode von Dr. Volz ihren Abschluss finden sollten. Die Erzählung dieser Ereignisse nimmt selbstverständlich im Tagebuch einen grossen Platz ein, und es fallen scharfe Lichter und herbe Worte auf Liberia und seine sogenannte Armee. Immerhin hätte es keinen Zweck, diese nur allzu begreiflichen und in den Verhältnissen wohlbegründeten Ausführungen, welche Volz in seinem Journal niedergelegt hat, wohl nicht zum mindesten um sich selbst den Kummer vom Herzen zu schreiben und um vielleicht später selbst eine Darstellung dieser Verhältnisse zu geben, in extenso anzuführen. Es genügt, wenn man sieht, wie alles kam und den tragischen Ausgang möglich machte

Wir knüpfen an bei der Darstellung des Verlaufes des 9. März, an welchem Tage Volz den Häuptlingen drohte, er werde ohne ihre Hilfe nach Siwilisu abmarschieren, wenn sie nicht sofort einen Boten mit einem Brief an die Franzosen abgehen lassen (siehe S. 254), und am 10. März vermerkt er im Tagebuch: «Heute sandte ich den Brief an die französischen Offiziere in Siwilisu.» Da die Boten für die Hin- und Rückreise ein paar Tage benötigten, sehen wir Volz erst am 16. März diese Sache wieder anschneiden, wo er schreibt: «Nun sind wir also schon eine ganze Woche hier untätig. Ich erwartete heute bestimmt die Nachrichten von den Franzosen, doch umsonst. Es reut mich, dass ich hier, statt wie gewohnt tüchtig anzugreifen, mich habe bestimmen lassen, zu warten, statt den von den Eingebornen gefahrlos begangenen Pfad über Goboralla und Pagbara nach Siwilisu zu nehmen. Wenn er auch weiter ist, so hätte er doch ans Ziel geführt, und schliesslich muss ich ihn vielleicht doch nehmen; der Häuptling braucht mir nur Träger für den direkten Weg zu verweigern, dann hat's mich.»

«Ich nähte im Laufe des Tages eine Schweizerflagge, indem ich zwei Kreuze aus dem weissen Tuch ausschnitt und dieselben auf ein Stück rötlichen Tuches befestigte. Ganz rotes Tuch habe ich nicht, nur rot und weiss karriertes. Falls wieder ein Angriff stattfindet, hisse ich sie vor meinem Hause, in der Hoffnung, eventuell anwesende französische Offiziere werden sie erkennen und respektieren.»

Am folgenden Tag, dem 17. März, notiert Volz: «Heute ist es eine Woche, seit mein Brief nach Siwilisu ging; die Hin- und Rückreise nimmt je drei Tage in Anspruch. Falls die Franzosen prompt antworten, hätte ich gestern Antwort haben können. Spätestens sollte sie heute da sein. Ist dies nicht der Fall, so treffe ich Anstalten, morgen selbst auf dem Umwege nach Siwilisu zu gehen.» Und später: «Ich habe Auftrag gegeben, für morgen Träger bereit zu halten, da ich gehen will.» Aber wir vernehmen am andern Tag (18. März): «Ich bin immer noch in dem verdammten Bussamai. Die Häuptlinge begaben sich zwar gestern nachmittag mehrere Stunden in den Gri-gri-Busch, um den «Kopf hängen zu lassen»[1]. Es fiel aber keinem

---

[1] «To hang head», eine Redensart der Eingebornen für «beraten». A. d. H.

von ihnen ein, mir eine Antwort zu geben, und auch die Liberianer unterliessen es. Man liess deshalb abends die Häuptlinge rufen. Es schien, als wolle man mir keine Träger geben.» Sie hatten allerlei Ausflüchte, der Weg sei gefährlich. «Nach unendlichen Verhandlungen, die mich beinahe aus dem Häuschen brachten, versprach man endlich für Dienstag[1]) morgen Träger bis Gobovalla.» Volz gab daraufhin entsprechende Geschenke an die Häuptlinge. Leider sehen wir ihn folgenden Tages das Tagebuch mit dem Satze eröffnen: «Erneute Schwierigkeiten; ich scheine in diesem Bussamai wie in einem Kloster oder Gefängnis.» Er hatte nämlich alles zur Abreise gerüstet, aber es erschienen keine Träger, und auf Erkundigung erzählten Carr und Brggs, es seien gestern abend plötzlich zwei Boten gekommen, welche die Nachricht brachten, man werde sich in den Dörfern, die er zu passieren haben werde, dem widersetzen. Eine Abhörung der Boten ergab, dass sie gar nicht aus Dörfern kamen, welche Volz zu passieren hatte. Aber das nützte alles nichts; die Häuptlinge, sowie Carr und Brggs liessen sich nicht davon abbringen, dass man nicht reisen könne. Volz konnte nur durchdrücken, dass ein Bote nach Gobovalla abgehe, um den dortigen Häuptling zu fragen, ob er die Durchreise gestatte; aber am nächsten Tage wartet er vergebens auf dessen Rückkehr. Die Vorwürfe, die er darüber Carr und Brggs macht, regen ihn selbst so auf, dass er nicht imstande ist, zu essen. «Der Kelch,» schreibt er, «den die meisten Afrikareisenden trinken müssen, geht also auch an mir nicht vorüber, in einer Ortschaft warten und warten zu müssen, mit Versprechungen der Häuptlinge getröstet, von denen man weiss, dass sie nie gehalten werden sollen, mit Entschuldigungen überhäuft, deren Grundlage nur Hypothesen sind.» Volz beabsichtigte nun, durch seine beiden Leute Macauley und Kaiba einen zweiten Brief nach Siwilisu zu senden, und diese erklären sich endlich bereit zu gehen, wenn noch ein Dritter mitkomme, der Bunde spreche. «Ich würde den französischen Offizieren meine Lage hier schildern, die Unmöglichkeit, genügende Nahrung zu erhalten und namentlich die, hier wegzukommen. Wird die Stadt nämlich angegriffen und eingenommen, so bin ich sicher verloren, weil man mich als Liberianer ansieht und niedermachen würde. Es ist also

---
[1]) den 19. März. A. d. H.

nicht nur die Langeweile und die Furcht, während der Reise nach Konakry, wenn dieselbe noch lange hinausgeschoben wird, jeden Tag vom Regen durchnässt zu werden, sondern auch der Umstand, dass ich sehr ungerne hier in einem Streit fallen möchte, der mich im Grunde nichts angeht.»

Am 21. März stellten sich die beiden Boten bei Volz ein, die den ersten Brief hatten nach Siwilisu bringen sollen. Es kam dabei heraus, dass die beiden das Schreiben in Pagbara Marktleuten zur Weiterbeförderung, und zwar auf einem grossen Umweg über Boola, übergeben hatten. Dann hatten die Boten gar nicht auf die Antwort gewartet, sondern waren ohne diese zurückgekehrt. «Alles das lässt erkennen, dass bis zu dem beinahe fieberhaft erwarteten Eintreffen derselben noch viele Tage vorbeigehen können, in denen ich mich vor Ungeduld verzehre.»

Am 24. März, dem Palmsonntag, schreibt er: «Vor 14 Tagen ging der Brief nach Siwilisu und noch immer keine Antwort; täglich hoffe ich, aber umsonst.»

Inzwischen war auch der «Comander Freemann», den wir von dem ersten Zusammentreffen Volzens mit Lomase her kennen (siehe S. 55), mit ein paar Soldaten in Bussamai eingetroffen. Volz trug ihm seine Beschwerden vor, ohne dass der Mann darauf reagierte und nur versprach, er wolle mit den Häuptlingen reden. «So ging ich, innerlich tief niedergeschlagen, weg. Die Aussichten, hier wegzukommen, werden immer schlimmer. Ich äusserte mich gegen Macauley, der sagte, er habe mir doch kürzlich angedeutet, ich werde jedenfalls Brggs die von mir ausgewählten Geschenke nicht geben, wenn ich alles wisse. Er wolle es mir nicht jetzt sagen, fürchtend, ich könnte zu zornig werden und alles verderben. Ohne Details anzugeben, bemerkte er nur, man lege mir von den Liberianern so viele Schwierigkeiten in den Weg als möglich, um mich hier zu behalten bis zur Ankunft Lomases, damit ich ihm bei den Verhandlungen dolmetsche. Man hätte mir vom Häuptling aus längst Träger gegeben, wenn nicht die Liberianer das hintertrieben. — Ich habe keinen Grund, an den Angaben Macauleys zu zweifeln, und die heutige Besprechung[1]) scheint mir eine deutliche Bestätigung.»

---

[1]) Mit Freemann. A. d. H.

Um den Schein zu wahren, unterbreitete Freemann den Häuptlingen das erneute Gesuch von Volz um Träger; jene erklärten darüber erst beraten zu müssen. So vergeht inzwischen die Zeit, nicht ohne dass von Zeit zu Zeit Kriegslärm entsteht. «Alles wartet auf den Krieg,» schreibt Volz am 27. März, «wie gewöhnlich vergeblich. Ich sage zu Freemann und Carr, falls die Franzosen meinen Brief erhalten haben, würde sicherlich kein Angriff stattfinden. Man nimmt dies mit überlegenem, ungläubigem Lächeln hin.[1]) Ich habe zwei lange Bambusrohre zusammenbinden lassen und hisse die Schweizerflagge, die weithin über die Mauer der Stadt sichtbar ist; dann nähe ich eine weisse Flagge, die, sobald ein Angriff auf die Stadt beginnt, ebenfalls gehisst wird. Was die Bussamaier und Liberianer dazu sagen werden, ist mir gleichgültig. Jedenfalls werde ich am Kampfe nicht teilnehmen, höchstens auf Seiten des Feindes. Den ganzen Tag bemerkte man aber nichts Feindliches, so dass die 300 Männer wieder einen Arbeitstag verloren. Sie waren ungeduldig und hielten nachmittags eine Versammlung ab, der ich aber nicht beiwohnte, da die Reden zu lang und zu prahlerisch sind. Man machte die Anregung, nun auch nach Siwilisu zu ziehen, um dort zu fechten, da der Feind augenscheinlich nicht den Mut habe, herunterzukommen. Das sind dieselben Leute, die den Frieden wünschen. Andere schlugen vor, auf die Strasse zwischen Siwilisu und Pagbara zu gehen, um die neuen Verbündeten der Franzosen anzugreifen und zu bestrafen. Soviel ich hörte, sollen 15 Mann dahin abgehen. Natürlich spricht es sich gut innerhalb der Stadtmauer, wenn Weiber zuhören, aber zu Taten wird es kaum kommen.»

Am 28. März teilt Comander Freemann Volz mit, die Häuptlinge hätten erklärt, es sei unmöglich, ihm bis Gobovalla Träger zu geben. «Man würde uns entweder mit Schüssen empfangen oder, falls man mir gestattete, einzutreten, liesse man mich nie fort. Das letztere wäre ja abzuwarten, da Gobovalla nicht schlimmer sein kann als Bussamai, und an die Schüsse glaube ich nicht. Ich würde auch hingehen, aber da die Bussamaier

---

[1]) Es ist offenbar, dass die Liberianer den Brief von Volz an die Franzosen einfach unterschlagen haben und die seinerzeit zurückgekehrten Boten fingiert sind. Der ehrliche Volz denkt gar nicht an die Möglichkeit solcher Niedertracht. Siehe die Aktenstücke am Schluss des Abschnittes. A. d. H.

unter *gar keiner* Bedingung zu bestimmen sind, mein Gepäck hinzubringen, so kann ich nicht gehen, denn ich müsste dann dort eventuell wochenlang ohne Gepäck zubringen.»

Volz macht nun Freemann den Vorschlag, er möge ihm einen Führer geben, damit er, vorläufig unter Zurücklassung des Gepäckes, auf einem sichern Umweg nach Siwilisu käme. «Die ganze Sache ist selbstverständlich nicht ungefährlich, doch *muss* ich hier weg. Falls man mir den Führer verweigert, drohe ich, Montag oder Dienstag mit Carr nach Sigitta zu gehen und von dort einen andern Weg einzuschlagen. Doch fragt es sich sehr, ob man mir die Träger bewilligt. Ein Hauptgrund hier wegzukommen ist der, so rasch als möglich Nachrichten nach Hause zu senden, dass es mir bisher wohl geht. Als Freemann nämlich Anfang März von Kanre Lahun nach Bonumbu zurückkam, wurde ihm erzählt, man habe mich und Brggs in Maleima gefangen, und man begnüge sich, uns Hunde als Nahrung vorzusetzen. Dieses Gerücht hielt sich hartnäckig, und erst in Dabu vernahm Freemann, dass wir unbehelligt nach Norden gereist waren. Unzweifelhaft ist dieses Geschwätz auch nach Baiima gekommen, wobei womöglich noch etwas beigefügt wurde. Dort vernahmen es sicherlich die Europäer und damit auch die Herren in Freetown und Sherbro, und wenn möglich kam es bis nach Hause. Wer weiss, man betrauert mich, während ich hier relativ fröhlich meine Pfeife schmauche und mich körperlich überhaupt wohl befinde. Abends liess man mir sagen, Freemann habe mit den Häuptlingen gesprochen. Doch müssen diese natürlich erst den «Kopf hängen».»

Es half aber alles nichts. Freemann erklärte Volz, dass er keine Träger erhalten werde; von dem obigen Vorschlag eines Führers ist überhaupt nicht mehr die Rede. Auch für eine Rückreise nach Sigitta sollten erst in drei Tagen solche zu haben sein. Volz sieht ein, dass man ihn hier zurückbehalten will, bis Lomase kommt, und hat keine Möglichkeit dagegen aufzutreten. So geht die Karwoche ihrem Ende zu. Fast jeden Tag gibt es Kriegsalarm, ohne dass etwas erfolgt. Auch in der Nacht vor Ostern werden die Krieger auf dem Platz zusammengerufen und heisst es, morgen (Ostern, den 31. März) werde es zum Kampfe kommen. Die Weiber belustigen sich am Ostermorgen damit, Steine vom Wall in die Stadt zu schleppen zur Bedienung der Schleudern. Volz sehnt einen Angriff herbei. «Wenn nur morgen ein Angriff stattfände, der könnte uns zwar vernichten, aber möglicherweise auch retten. Ich werde, wie mir aus allem hervorgeht, von diesen Liberianern als Gefangener betrachtet, allerdings als solcher, mit dem man es nicht ganz verderben will.»

Es ist begreiflich, wenn Volz für diese Kreaturen liberianischer Offiziere, über die er eine Menge Details notiert, nicht eben freundliche Worte findet und in seinem Tagebuch seinen Gefühlen freien Lauf lässt. «Ich wollte eigentlich,» schreibt er, «nicht eine Sammlung liberianischer Lügen aus diesen Tagebuchblättern bilden; aber es wird mich und vielleicht andere

Befestigung von Bussamai nach der Erstürmung.
Aufnahme des französischen Sergeanten Bost vom 2. April 1907.

später belustigen, zu sehen, in welch netter Gesellschaft ich mich befand und über was ich mich so tagsüber mit meiner Umgebung unterhalten konnte.» Damit schliesst am 31. März das mit Tinte geschriebene grosse Tagebuch; wir finden nur noch in einem kleinen Notizbüchlein wie für alle Tage, so auch für den folgenden Tag, den 1. April, einige Notizen eingetragen in Form von Stichworten, die ihm für die spätere Ausarbeitung in Tagebuchform dienen sollten, so diesmal: «Kriegslärm, Vorschlag Brggs und der Häuptlinge, Vorschlag Carrs zur Desertion.» Worin der erstere Vorschlag bestanden hat, wissen wir nicht; Volz kam offenbar im Drange der folgenden Ereignisse nicht mehr dazu, die Notizen weiter auszuführen.

Denn am 2. April kam es zum Angriff, bei welchem Volz fiel. In seinem Tagebuch hatte er mehrmals angedeutet, er werde in einem Kampfe neutral bleiben, aber wenn der Sieg den Franzosen zuneige, sich zu diesen schlagen.

Die auf der Einvernahme der dabei Beteiligten beruhenden Akten der französischen Militärbehörden geben über den Kampf und die Auffindung von Dr. Volz folgende Darstellung:

«Au moment de l'entrée de la colonne d'assaut dans le village, le docteur Volz, étant monté dans le grenier de la case qu'il occupait, fit feu de son revolver sur les tirailleurs indigènes qui ripostèrent. En entrant dans la case ils trouvèrent le docteur atteint de coups de feu et expirant et un noir, qui venait d'être tué; outre son revolver, M. Volz avait à côté de lui deux fusils de chasse chargés, un troisième fusil fut trouvé à l'extérieur de la case. — D'après divers témoignages fournis par les indigènes, ceux-ci considéraient M. Volz comme une espèce de fétiche, dont la présence devait empêcher les Français d'entrer, et ils le tenaient dans une sorte de demi-captivité. Le commandant Mourin a déclaré être convaincu que le docteur Volz a fait usage de ses armes, mais uniquement contraint et forcé par les menaces de ses geôliers.»

«Au moment où le corps a été découvert, les cases composant le village commençaient à brûler. Le docteur Volz était expirant, mais non encore décédé. Un tirailleur fut chargé de ramasser rapidement les papiers et les instruments épars sur le sol. M. Volz étant mort, le commandement du détachement fut informé du décès et donna aussitôt l'ordre de mettre le corps à l'abri, mais à ce moment, une poudrière venait de sauter et les explosions provenant de dépôts de poudre et de munitions se succédaient dans le village qui était devenu entièrement la proie du feu. C'est seulement après l'incendie qu'on a pu retrouver le corps presque carbonisé et que les derniers devoirs lui ont été rendus, conformément aux ordres du commandant Mourin.»

Ferner geht aus dem amtlichen Bericht hervor, dass Kommandant Mourin von der Anwesenheit von Dr. Volz in Bussamai oder Boussedou, wie die Franzosen es nennen, keine Kenntnis hatte. Es ist also der Brief verloren gegangen oder einfach unterschlagen worden.

Es ist ein wahrhaft tragisches Geschick, das dem Forschungsreisenden so nahe dem Ziele durch die Tücke der Liberianer und durch den Zufall des Krieges den Untergang gebracht hat. Es ist dieser Ausgang auf das tiefste zu bedauern, einmal wegen der Persönlichkeit des Reisenden, der in seinem Alter und mit seiner Energie der Wissenschaft noch unschätzbare Dienste geleistet hätte, dann auch in diesem speziellen Falle, weil er aus seinen Tagebuchnotizen dasjenige hätte herausholen und aus dem Schatze der Erinnerungen ergänzen können, was nun vielfach nur als Bruchstück und Andeutung uns übrig blieb. Aber auch so bedeutet seine Reise einen Markstein in der Erforschungsgeschichte Liberias.

www.ingramcontent.com/pod-product-compliance
Lightning Source LLC
Chambersburg PA
CBHW030121240426
43673CB00041B/1363